배우 예술

역할(嫦)로 행동하는 자연인

박상하朴尙河, Park Sang Ha

밀양에서 태어나 부산대학교 영문과 학, 석사를 졸업하고 러시아 모스크바 〈슈킨 연극대학교〉에서 실기석사(M.F.A)를 마친 후, 〈기티스(러시아 연극예술 아카데미)〉에서 예술학 박사(Ph.D) 학위를 취득했다.

경력 현재, 한국예술종합학교 연극원 연기과 교수
　　　현재, 극단〈어우름〉, 극단〈시나위〉상임연출. 한국연극대학 교수협의회 이사, 한국연극교육학회 이사, 한국문화예술교육진흥원 중앙교육위원, 한국연극협회 정책개발위원, 사)한국문화콘텐츠진흥원 전문심사위원 역임
저서 및 번역서 『연기교육자, 연출가 박탄고프』(2009), 『러시아 현대희곡 －사랑』(2008), 『러시아 현대희곡 －그와 그녀』(2010), 『차고 넘치는 시간』(2010), 『스타니슬랍스키 배우교육 I』(2012), 『스타니슬랍스키 배우교육 II』(2015), 『무대 에튜드』(2014), 『배우 예술: 자신(自身)으로 행동하는 자연인』(2017), 『배우 예술: 역할(役割)로 행동하는 자연인』(2018)
연기워크숍 〈국립극단 단원 연기워크숍〉(2002, 2003), 〈한국예술위원회 주최 연기워크숍〉(2009), 〈명동예술극장 주최 연기워크숍〉(2010), 〈서울시립극단 단원 연기워크숍〉(2011), 〈한국연기예술학회 주최 연기워크숍〉(2013), 〈부산영상위원회 주최 연기워크숍〉(2013)
연출 〈예쁘고 외로운 여자와 밤을〉(2010, 2011), 〈열여덟 번째 낙타〉(2012), 〈사랑언저리(살롱음악극)〉(2013), 〈검찰관〉(2014), 〈성스러운 게임(원제: 라이겐)〉(2015), 〈어느 가을 배우의 일상 －체홉 단편소설에 대한 단상〉(2016, 2017), 〈버스정류장〉(2017), 〈바다 한가운데서〉(2017), 〈세 자매〉(2018), 〈귀여운 장난〉(2018)

배우 예술 역할(役割)로 행동하는 자연인

초판 3쇄 발행일 2024년 11월 1일
박상하 지음

발행인 이성모
발행처 도서출판 동인
주 소 서울시 종로구 혜화로3길 5 118호
등 록 제1-1599호
TEL (02) 765-7145 / FAX (02) 765-7165
E-mail donginpub@naver.com
ISBN 978-89-5506-792-7
정 가 18,000원

※ 잘못 만들어진 책은 바꿔 드립니다.

배우 예술

역할役割로 행동하는 자연인

박상하 지음

도서출판 **┃동인**

서문

—

　작년에 『배우예술: 자신自身으로 행동하는 자연인』을 출간한 후 연극동료로
부터 들었던 격려와 응원은 나를 더욱 겸손하게 만들었다. 그래서 나로 하여금
『배우예술: 역할役割로 행동하는 자연인』 출판을 결국 1년이나 미루게 하였다.

　돌이켜보면, 박사논문을 근간으로 한 『연기교육자, 연출가 박탄고프』를 한국
적 글쓰기에 맞춰 거의 다시 쓰다시피 하며 출판할 무렵, 차후의 번역서와 저서
출판, 연기워크숍, 연출작업 등에 대한 〈0918 프로젝트〉를 계획하고 있었다.

　그 첫 번째 프로젝트가 바로 러시아어 원본 『스타니슬랍스키 전집 8권』을
완역하는 것이었다. 그런데 그의 전집 8권의 번역작업이 워낙 방대한지라 각계
전문가─스타니슬랍스키 (배우교육) 시스템 전문가, 러시아어 전공자, 러시아문
학 전공자 등─분들을 섭외하고 작업을 시작하려고 할 즈음, 믿었던 재정지원이
수포로 돌아가 버렸다.

　그 주된 이유는 일어본, 영어본으로 된 번역서가 이미 출판되어 있다는 것이
었다. 하지만 필자의 견해로는 이전의 번역서 원본이 일어본, 영어본이라는 것

도 문제지만, 국내에 출판된 그의 저서는 일어본, 영어본을 통틀어 8권 중 세 권에 불과했고, 번역 또한 삭제, 오역 등으로 상당히 문제가 많다는 것이다. 그리고 또 다른 이유는, 그의 저서 5권부터 8권까지는 〈논고〉, 〈담화〉, 〈메모〉, 〈일기〉, 〈회상〉, 〈편지〉 등으로 집필되어 있어 출판했을 경우 판매부수가 고민스럽다는 것이었다. 그러나 필자의 생각으로, 그의 시스템을 정확히 알기 위해서는 5권에서 8권까지가 오히려 중요하다는 것인데, 그것은 한 사람의 예술가로서의 업적과 세계관은 종종 그의 삶에서 더욱 또렷이 드러나는 법이기 때문이다.

게다가 그의 저서 전집 8권은 유럽과 미국, 중국, 일본, 심지어 북한에서도 이미 1950~60년대에 러시아어 원본으로 번역 출판되었다는 사실이다. 그렇지만 한국에서는 70년대에 8권 전집 중 2권에 해당하는 것만 일어본을 텍스트로 번역 출판되었고, 2000년대 들어 8권 전집 중 2, 3, 4권만 영어본을 텍스트로 번역 출판되었다. 당시 이 모든 상황으로 인해 참으로 답답했던 기억이 새록새록 하다.

결국 나는 방향을 틀어 그동안 틈틈이 번역해왔던 크리스티 박사의 『스타니슬랍스키 배우교육』을 출판하기로 결정하고 〈0918 프로젝트〉를 이어갔다. 필자가 이 책을 선정한 이유는 크리스티가 당시 스타니슬랍스키와 함께 시스템을 연구하고 분석하여 차후에 〈스타니슬랍스키 (배우교육) 시스템〉을 학년별로, 단계별로 일목요연하게 정리한 매우 명쾌한 실기서 라고 판단했기 때문이다.

한편 필자가 학교에서 강의를 하며 저서와 번역서를 출판함과 동시에 〈국립극단〉, 〈명동예술극장〉, 〈서울시립극단〉 등에서 연기워크숍을 주관하면서 항상 아쉬움으로 남았던 것은 '에튜드etude'에 대한 정확하고 구체적인 책의 필요성이었다. '에튜드'는 〈스타니슬랍스키 (배우교육) 시스템〉에 있어 가장 중요한 도구이자 기자재다. 해서 모스크바에 있는 지인을 통해 쉬흐마토프와 리보바 공저인 『무대 에튜드』를 추천받아 검토를 거쳐 번역작업에 착수했다. 그리하여 〈한국연구재단 명저번역 지원 사업〉의 일환으로 지원금을 받아 출판하기에 이르렀다.

강의, 저서와 번역서 출판, 공공연극단체나 극단에서의 연기워크숍 등을 통해 국내에서 〈스타니슬랍스키 (배우교육) 시스템〉의 전파자 노릇은 얼추 했다고 나름 자부하고 있었지만, 한편으론 모스크바에서 수학했을 당시(러시아의 체재 변화기) 러시아인의 사랑관에 대해, 그리고 귀국하여 맹렬히 연극 작업할 당시(러시아의 체재 안정기) 러시아인의 사랑관이 희곡에 어떻게 반영되어 있는지 무척 궁금했다. 그래서 모스크바에서 활동하고 있는 연극동료로부터 50~60대 러시아의 남녀 사랑과 20대 러시아의 남녀 사랑에 관한 희곡 책을 추천받아 번역작업에 착수했다. 『러시아 현대 희곡 —사랑』과 『러시아 현대 희곡 —그와 그녀』가 그것이다.

그리고 대학로에서 〈예쁘고 외로운 여자와 밤을〉이라는 러시아 현대 희곡을 공연하고 있을 때, 어떤 스포츠 기자가 관객으로 찾아와 전자신문을 창간한다고 했다. 그 기자는 월요 칼럼을 만들어 연기에 대해 써보면 어떠냐고 제안했다. 오래전부터 언젠가는 연기에 대한 책을 쓰리라고 마음먹고 있던 차에 나는 그의 제안을 흔쾌히 수락했다. 그래서 전자신문 『뉴스 브릿지』에 2년 반 동안 매주 월요일마다 〈연기 칼럼〉을 싣게 되었고, 이후 그것들을 수정, 보완하여 〈0918 프로젝트〉의 끝 작업으로 『배우예술』 두 권을 출판하게 되었다.

『배우예술: 자신自身으로 행동하는 자연인』과 『배우예술: 역할役割로 행동하는 자연인』은 나의 30여 년 동안의 연극 작업들의 총체이며 결과물이다. 이것은 대학 연극동아리 시절, 그리고 극단에서 배우와 스태프로 치열하게 작업했던 시절, '연기는 어떻게 해야 하나?'라는 질문에 대한, 그리고 모스크바에서 수학하고 귀국하여 가열하게 연극 작업을 시작했던 시절, '연기는 배울 수 있나?', '연기는 가르칠 수 있나?'라는 질문에 대한 나의 현재 답서이기도 하다.

〈0918 프로젝트〉는 2009년부터 2018년까지 필자의 연극 작업 계획서를 뜻한다. 이것은 필자가 스스로에게 약속했던 연극 작업에 대한 열정적 시간이다. 이

즈음 한 가지 소심하게 바라는 것이 있다면, 배우를 직업으로 생각하고 있는 연기자, 필자와 같은 길을 걷고자 하는 후배 연기교육자, 후배 연출가들에게 미력하게나마 도움이 되었으면 하는 것이고, 아울러 필자가 많이도 돌아왔던 거리와 시간을 이 책들이 조금이나마 그들에게 지름길로 인도했으면 하는 바람이다.

⟨1928 프로젝트⟩!

이제 나는 또 한 번 프로젝트를 시작하려고 한다. 그것은 연극 작업의 최종 목적지인 공연 작업을 위한 필자의 또 다른 진실한 시간일 것이다. 즉 연출Director에 대한 번역작업, 연출가로서의 나의 경험과 생각을 고스란히 담은 저서출판, 그리고 이전보다는 훨씬 다양한 연출가로서의 공연 작업, 극장 외 작업이다.

본서가 나오기까지 언제나 든든한 받침대인 아내와 인서, 도서출판 동인의 이성모 대표님과 관계자 분들, 그리고 컴퓨터와 결코 친해질 수 없는 나를 위해 자기 일처럼 원고수정을 도와줬던 제자들─소이, 나영, 혜승, 현정, 민지, 유진, 지수─에게 감사의 말씀을 드린다.

K.C. 스타니슬랍스키와 E.V. 박탄고프의 명언은 연기교육자이자 연출가인 나에게 오늘도 여전히 지렛대이며 이정표다.

'삶은 연극이며, 작은 진실이 모여 큰 진실을 만듭니다.'

'연출가는 누룩이며 효모입니다!'

2018년 여름
체홉의 ⟨세 자매⟩ 공연을 끝내고
돌곶이에서

차례

—

1
부

몸을 바꾸다!

1

연기교육자가 실기실로 들어와 의자에 앉으면 학생들은 편한 자세로 의자에 앉아 있거나 마룻바닥에 아무렇게 앉아 있다가 그에게 주의를 기울인다. 교육자는 학생들을 한 번 휙 둘러보고 나더니 천천히 입을 연다.

"여러분들이 입학하여 첫 수업 때 내가 언급한 바 있지만, 우리의 작업은 크게 두 단계로 나누어져 있습니다. 첫 번째 단계는 여러분들이 1년 동안 학습한 '자신으로서의 작업'이 그것이고, 두 번째 단계는 앞으로 여러분들이 1년 동안 학습해야 할 '역할로서의 작업'이 그것입니다.

여러분들이 그동안 수행해 왔던 작업 단계를 간략하게나마 요약해봅시다. 우선 우리는 허구의 무대에 '있기' 위한 사전작업으로써 행동을 위한 다양한 요소훈련을 수행했습니다. 그것은 긴장과 이완, 주의와 집중, 상상력, 공간/시간/사물 관계 치환, 행동의 정당성 등이었어요. 그리고 난 후 우리는 대상 다루기의 첫 번째 작업으로써 '대상없는 행동'을 거쳐, 제시된 상황에서 자신으로서 행동 찾기와 실행이었던 '1인 에튀드', 상대배우와의 상호행동, 즉 교류 작업이었던 '2인 에튀드' 등을 수행했었고요.

이 모든 것을 한마디로 정의해보면, '허구의 무대에서 대상에 대한 자신으로서의 행동 찾기와 실행'이라고 말할 수 있을 겁니다. 이 과정은 결국 행동을 통해 '자신은 누구인가?'에 대한 간접적이고도 우회적인 인지와 인식의 연속선상에 있었다고 감히 말할 수 있습니다.

이러한 작업과정을 성실하고, 끈기 있게 수행한 여러분의 의지와 노력에 다시 한 번 박수를 보냅니다."

교육자의 박수에 학생들도 일제히 힘찬 박수를 보낸다. 잠시 후 교육자가 다시 천천히 말문을 연다.

"이제 우리는 다음 과제로 진입해야 합니다. 그것은 누차 언급한 것처럼, 역할이라는 과제입니다. 역할이란 무엇이고, 그것을 해결하거나 수행하기 위해서 우리는 무엇을, 어떻게 해야 할까요?"

". . ."

학생들은 잠시 생각에 잠기더니 제각각 자신의 의견을 피력한다.

"역할은 내가 아닌 다른 사람입니다."

"그렇지만 배우 자신이 없는 역할은 있을 수 없어요."

"작가에 의해 창조된 인물이라고 할 수 있습니다."

"작가에 의해 창조된 인물을 배우 자신의 행동 방식으로 찾아야 해요."

교육자는 고개를 끄덕이며 학생들의 의견을 듣고 있다. 그리고는 천천히 입을 뗀다.

"여러분의 생각에 동의합니다. 그렇다면 작가에 의해 탄생한 허구의 인물을 배우 자신은 어떻게 창조해야 할까요? 예를 들면, 체홉의 〈갈매기〉에 등장하는 '니나'라는 인물을 배우는 어떻게 창조해야 하나요?"

". . ."

몇 명의 학생들은 생각에 잠겨 있고, 몇 명의 학생들은 웅성거리기 시작한다. 잠시 후 교육자가 끼어든다.

"니나는 체홉에 의해 쓰인 가상의 인물, 즉 텍스트의 인물이죠. 그것은 책 속에 있는 사람입니다. 우리는 이 여자를 일으켜 걷게 만들고, 앉게 만들고, 차를 마시게 만들고, 말하게끔 해야 하는데 도대체 이것은 어떻게 가능할까요? 이것은 확실히 복잡하고도 쉽지 않은 문제임엔 틀림없습니다.

체홉의 니나는 어떻게 창조될 수 있을까요? 면벽을 하여 도를 깨치듯 해야 할까요? 그리하여 마침내 '아, 이런 사람이구나!'라고 터득해야 할까요? 아니면 작가의 텍스트를 주도면밀하게 분석한다면 해결될까요? 결론부터 말하자면, 우리는 작가가 창조한 인물을 배우 자신의 이해를 통해 배우 자신의 몸으로 구현해야만 한다는 것이죠."

학생들은 고개를 끄덕끄덕 거리고 있다. 교육자는 잠시 생각에 잠긴 듯하더니 다시 자신의 말을 계속 이어간다.

"얼핏 보면, 현 과제는 이전 작업과 비교해볼 때 전혀 다른 새로운 과제인 듯합니다. 왜냐하면 그것은 다른 사람으로의 삶을 살아야 한다는 것이기 때문이죠. 하지만 우리는 이 단계 또한 이전의 작업과 별개의 것이 아니라 유기적이어야만 한다는 사실을 우선 명심해야만 합니다. 이 말은 배우 자신이 없는 다른 사람으로의 이동은 무의미함을 의미합니다. 그러므로 현 단계는 이전 작업과 동일선상에 있어야 한다는 것이죠.

'다른 사람으로의 삶'은 인물이거나 역할의 삶을 뜻합니다. 이러한 점 때문에 현 과제는 이전까지 우리의 작업보다 훨씬 복잡하고 매우 고민스러울 수도 있습니다. 그것은 현 과제가 무척 모호하고 추상적인 작업인지라 어디부터 시작해야 하며, 어떻게 해야 할 것인지 막연하기 그지없기 때문이겠죠. 자, 그렇다면 '다른 사람으로의 삶'을 위해 우리는 어디서, 어떻게 작업을 시작해야 할까요?"

". . ."

학생들은 눈만 말똥말똥 굴리며 침묵하고 있다. 그때 무신이 먼저 말문을 튼다.

"우선 작가로부터 도움을 받아야 하지 않을까요?"

소희도 한마디 거든다.

"뿐만 아니라 인물을 창조하기 위해서는 자신의 상상력이 절대 필요할 것 같아요."

이번에는 정태가 손을 들고 자신의 의견을 피력한다.

"자신이 이해하고 있는 텍스트 상의 인물과 유사한 어떤 사람이 배우 자신에게 필요할 듯합니다."

"좀 더 구체적으로 말해보세요, 정태!"

교육자가 그를 바라보며 질문을 던지자 정태는 잠시 생각하더니 이내 답변한다.

"음. . . 인물과 유사한 사람의 행동거지와 소리를 자신에게 가져와야 한다는 의미입니다."

"자신에게 가져와야 한다는 것은 무슨 뜻이죠?"

교육자가 재차 그에게 질문하자 그는 다시 잠시 생각하더니 큰소리로 외친다.

". . . 자신의 몸에 입히는 것이요!"

교육자가 고개를 끄덕거리고서 큰소리로 말문을 연다.

"오케이! '다른 사람으로의 삶을 산다'는 것은 정말이지 매우 추상적이며 모호한 문제입니다. 하지만 무신이 말한 것처럼, 무엇보다도 우선 우리는 작가로부터 도움을 받아 작업의 출발선상에 설 수 있을 겁니다. 그런데 작가가 인색하게 묘사해 놓은 인물의 정보에 대해서는 소희가 말한 것처럼, 우리의 상상력을 적극 발휘하여 좀 더 구체적으로 인물로 다가갈 수 있어야 합니다.

그러고 난 다음 이제 우리에겐 어떤 구체적인 방법이 필요로 하겠죠. 그것은 작가가 제시한 인물의 형상과 됨됨이에 대해 우리의 상상력을 작동시켜 구체화할 수 있는 방법이라고 할 수 있을 겁니다. 즉 그것은 방금 정태가 언급한 것처럼, 배우 자신이 이해하고 있는 인물과 유사한 사람의 행동을 자신의 몸에 입히는 것입니다. 이때 '몸에 입히다'라는 의미는 모방, 복사와 일맥상통한 뜻입니다."

교육자가 잠시 말을 끊자 몇 명의 학생들은 눈을 똘망똘망 굴리며 교육자에게 주의를 기울이고 있고, 몇 명의 학생들은 노트에 무언가 쓰고 있다.

"여러분의 동료인 무신은 어떤 사람입니까?"

교육자의 갑작스러운 질문에 학생들은 무신 쪽으로 일제히 고개를 돌린다. 그는 겸연쩍은 미소를 짓고 있다.

"무슨 일이든 열심히 최선을 다하는 형입니다."

기주의 답변에 무신은 어깨를 으쓱한다.

"말을 안 하고 있으면 차가운 인상을 주기도 해요."

문숙도 방긋 웃으며 한마디 거든다.

"오케이, 무신은 수업 시 어떤 형상을 취하고 있나요?"

교육자가 기주를 쳐다보며 질문을 던지자 그는 잠시 머뭇머뭇 하더니 이내 답변한다.

". . . 무신 형은 평소에 팔짱을 끼고서 살짝 인상을 찌푸리며 골똘히 생각하는 형태를 자주 취하곤 합니다. 음. . . 그리고 책상에 앉아 강의를 들을 때는 한 팔로 턱을 괴고서 눈을 아래로 지그시 깔고는 천천히 눈을 깜박거리기도 하죠."

학생들은 기주의 답변에 고개를 세차게 끄덕이며 박수로 맞장구친다. 무신은 어깨를 들썩이며 머쓱해 한다.

"오케이, 무신이 평소 말을 안 하고 있을 때 그의 얼굴은 어떤 형상을 하고 있는지 기억하나요, 문숙?"

교육자가 이번에는 문숙 쪽으로 고개를 돌린다. 그녀는 잠시 생각하더니 입을 뗀다.

". . . 무신 오빠는 윗입술이 아랫입술을 살짝 덮고 있고, 고개는 오른쪽으로 조금 기울여져 있어요. 그리고 다른 사람과 대화할 때는 이런 형상을 유지한 채 턱을 위쪽으로 가볍게 들고 경청하는 형태를 취해요."

문숙이 무신인 듯한 형태를 연방 취하며 답변을 하자 학생들은 격한 반응을 보인다. 무신은 자신이 언제 그랬냐는 듯한 제스처를 취한다. 교육자가 빙그레 웃는다.

"오케이! 기주와 문숙이 말한 것처럼, 우리는 이러한 형상을 가진 사람을 보면 아마 무신을 떠올릴 겁니다. 또한 우리는 무신의 걸음걸이와 자세, 말의 억양과 피치, 그리고 버릇이나 습관 등을 알고 있죠. 이러한 그의 외적 형상은 무신이라는 사람을 결정하는 중요한 요소들입니다. 아울러 이러한 외적 형상은 무신이 어떤 사람인지, 어떤 성격의 소유자인지 이해하는 첫 걸음이자 동시에 구체적인 면이라고 할 수 있겠죠. 오케이?"

학생들이 고개를 세차게 끄덕이며 동의의 뜻을 전하자 교육자는 자신의 말을 계속 이어간다.

"지금 내가 말하고자 하는 것은, 다른 사람으로의 삶을 살기 위해 우리가 무엇으로부터 출발해야 할 것인지에 관한 것입니다. 그것은 우리가 어떤 인물을 찾고 모색하는 데 있어서 모호하고 추상적인 인물의 정신세계로부터 시작할 것이 아니라, 인물의 외형을 찾아 자신의 몸에 입혀 그의 행동을 통해 접근한다면, 그것은 한층 용이하고 편리한 방법이라는 사실입니다. 그렇다면 이것은 인물의 외적 형상의 탐색과 그것으로부터의 행동을 통해 인물의 정신세계로 접근하는 것이라고 할 수 있을 지도 모릅니다. 환언하면, 이것은 인물로의 삶을 찾아가는 데 있어서 직접적인 방법이 아니라 간접적인 방법이라고 말할 수도 있겠죠.

이러한 인물의 외적 형상을 통한 행동 찾기와 실행을 우리는 '변신變身'이라고 말합니다. 변신은 몸을 바꾸는 것입니다. 즉 이것은 껍데기(외형)를 바꿔 속(내용)을 채우는 작업이라고 할 수 있어요. 그렇다면 우리의 현 작업은 몸을 바꿔 인물의 정신으로 접근하는 것이라고 할 수 있습니다.

몸의 변형으로 인한 변신은 추상적이거나 모호하지 않으며 정서에 기대지 않기에 매우 구체적인 방법입니다. 이러한 변신은 우선 모방copy을 전제로 해야 합니다. 모방은 대상이 있어야만 가능하죠. 이때 필요한 도구가 관찰입니다. 그리하여 '몸바꿈', 즉 변신은 대상에 대한 관찰로부터 시작되어야만 합니다. 내 말에 따라오고 있나요?'

몇 명의 학생들은 고개를 세차게 끄덕이고 있고, 또 다른 몇 명의 학생들은 깊은 생각에 잠겨 있다. 무신과 소희는 노트에 뭔가를 빠르게 적고 있다. 교육자가 다시 천천히 말문을 연다.

"러시아의 극작가 고골의 〈검찰관〉에 등장하는 '시장'의 경우를 예로 들어 봅시다. 작가는 그를 이렇게 묘사하고 있습니다.

> 관리로 늙어 버렸으나 제 딴엔 꽤 현명한 인간. 뇌물을 받을 땐 아주 의젓하게 처신한다. . . . 상당히 근엄하고 설교하기를 대단히 좋아하는 사람이다. 그의 목소리는 크지도 작지도 않고, 말수는 많지도 적지도 않다. 그의 말 한마디 한마디가 의미심장하다. 그의 용모는 하급 관리부터 발을 내디뎌 힘들게 일을 해온 사람들처럼 거칠고 굳어있다. 야비한 성격의 사람에게서 흔히 볼 수 있는 것처럼 변덕이 죽 끓듯 하여 전전긍긍하다가 기뻐하고, 굽신거리다가 거드름을 피우곤 한다. 그는 언제나 깃이 달린 제복을 입고 있고, 박차가 달린 목이 긴 장화를 신고 있다. 짧게 깎아 올린 머리에는 흰 머리카락이 섞여 있다.

'시장'이라는 등장인물에 대한 고골의 묘사는 우리에게 있어서 작가적 친절이자 배려입니다. 이러한 그의 친절과 배려에 힘입어 우리는 직접적이든 간접적이든 자신의 경험으로부터 이러한 인물을 연상하거나 상상하기 시작합니다. 그러고 난 다음 이러한 인물과 유사한 사람을 관찰하여 자신의 몸에 입힌다면, 처음에는 막연하기만 했던 인물을 구체적인 인물로 창조할 수 있는 길목으로 들어설 수 있을 지도 모릅니다.

이때 모방은 우리에게 있어서 필연적인 첫 단계입니다. 하지만 모방을 통한 몸의 바꿈(변신)은 단순한 복사로 끝나는 것이 아니라, 바뀐 몸을 통해 행동으로 드러나야만 인물의 정신세계를 구현할 수 있다는 사실에 주목해야만 해요. 그러므로 우리의 현 과제인 '관찰 작업'은 처음에는 관찰을 통한 모방을 거치지만, 이후에 자신의 상상을 통해 자신으로서 이해된 인물의 행동을 찾고 실행하여 결국 인물의 정신세계로의 구축과정이어야 한다는 의미를 강력히 내포하고 있습니다. 이해되나요?"

"네!"

"…"

몇 명의 학생들은 큰소리로 화답하고, 또 다른 몇 명은 고개를 천천히 움직이고 있고, 나머지 무리는 자신들의 노트에 뭔가 적고 있다. 교육자는 빙그레 미소를 머금고서 이내 자신의 말을 계속 이어간다.

"오케이! 모방은 대상에 대한 관찰을 전제로 시작됩니다. 한자로 관찰은 觀察(관찰)이라고 표기합니다. 觀은 '자세히 보는 것'입니다. 察은 '생각하며 보는 것'입니다. 한편 관찰의 영어 표기는 'look, see, glance, stare' 등이 아니라 'observe'로 표기합니다. 이런 이유로 보건대, 관찰이라는 단어는 자세히, 생각하며 보는 것을 의미해요. 좀 더 구체적으로 얘기하면 관찰은 대상을 꿰뚫어보는 것입니다. 그렇다면 대상의 무엇을 꿰뚫어보는 것일까요? 그것은 대상의 본질이라고 감히 말할 수 있을 겁니다. 좁은 의미로는 대상의 특징, 특질을 꿰뚫어보는 것이죠.

배우의 눈은 보통 사람들의 눈과 달라야 합니다. 아이와 같은 눈이 필요합니다. 아이의 눈은 겉치레를 보질 않아요. 그들은 단박에 대상의 본질, 특징(질)을 봅니다. 그래서 우리의 현 과제인 '관찰 작업'은 아이 같은 눈을 필요로 합니다.

나는 '관찰 작업'이야말로 본격적인 우리의 역할작업으로 들어가기 전에 필히 거쳐야 할 단계라고 말하고 싶습니다. 우리는 이러한 관찰 작업을 세 가지 형태로 나누어 진행할 것입니다. 첫째, '인물 관찰', 둘째, '동물 관찰', 셋째, '사물 관찰'이 그것입니다.

'관찰 작업'은 반드시 발품을 팔아야만 합니다. 그래서 수업은 이제 더 이상 실기실에 머물러서는 안 됩니다. 사람, 동물, 사물을 관찰하기 위해 이제 우리의 작업은 삶으로 확대됩니다. 부디, 주위의 대상들을 자신의 매서운 눈으로 주의를 가지고 생각하며 보길 바랍니다."

학생들은 고개를 힘껏 끄덕거리며 생각에 잠겨있다.

"오케이, 좀 더 구체적인 이야기는 수업을 통해 차차 언급하도록 해봅시다!"

교육자가 자신의 물건들을 주섬주섬 챙기더니 실기실을 나선다. 무신과 소희는 생각에 잠겨있고, 문숙과 정태는 노트에 뭔가를 열심히 적고 있다. 현정은 하품을 크게 하며 두 팔을 위로 쭉 뻗는다. 나머지 학생들은 마룻바닥에 벌러덩 드러누워 깊은 한 숨을 내쉰다.

2

수업이 시작되자 교육자가 실기실로 들어와서 의자에 앉는다. 그는 학생들과 눈을 일일이 마주치고서는 미소를 머금은 채 말문을 연다.

"다음 주부터 겨울방학이죠?"

"네!"

학생들의 목소리는 우렁차다. 교육자가 빙그레 웃는다.

"겨울방학에는 여행도 하고, 책도 보고, 사람들도 많이 만나 보세요. 우리의 '관찰 작업'은 방학이 끝나고 새 학기가 되면 본격적으로 다시 시작해봅시다."

승욱이 손을 번쩍 든다.

"선생님, 책은 어떤 것들을 보는 게 좋을까요?"

"자신에게 흥미로운 책이면 무엇이든 상관없습니다. 아울러 이제 우리와 직접적으로 관련 있는 책들도 읽어 보도록 하세요. 이를테면 디드로, 스타니슬랍스키, 메이에르홀드, 박탄고프, 미하일(미카엘) 체홉, 그로토프스키, 브레히트, 리 스트라스버그, 피터 브룩 등과 관련된 연기서적들 말입니다.

또한 희곡도 폭넓게 읽어 보세요. 그리스 희/비극, 로마극, 셰익스피어, 몰리에르, 라신과 꼬르네이유, 입센, 체홉, 브레히트, 오닐, 베케트 등과 아시아 희곡, 한국의 근현대극 등은 우리가 기본적으로 섭렵해야 할 작품들입니다.

한편 우리와 직접적으로 관련은 없지만 도움이 되는 좋은 책들도 있습니다. 그것은 시와 수필, 소설 등이죠. 시는 상상력과 논리성을 동시에 배가시켜 주는 좋은 재료입니다. 수필은 청량제와 같은 산뜻한 생각을 불러일으키는 활력소와 같은 텍스트입니다. 소설은 구체성을 길러주는 무기가 될 것이고요. 국내외를 막론하고 좋은 시와 수필, 소설의 목록을 뽑아 차근차근 읽어 보세요."

"선생님, 사람들을 많이 만나 보라는 말씀은 관찰이라는 목적이외에 어떤 특별한 의미가 있습니까?"

뒤쪽에 서 있던 소희가 손을 들어 질문한다.

"다음 학기 때 우리의 본격적인 과제는 '관찰 작업'입니다. 따라서 사람들을 많이 만나보라는 말은 우선 다음 학기 '관찰 작업'을 위한 자료를 방학 때 수집하고, 연구해 오라는 의미이겠죠.

좀 더 구체적으로 얘기하자면, 우리의 역할 작업은 결국 자신으로부터 이해되어진 인물의 창조 작업이어야 합니다. 그런데 우리가 창조해야 하는 인물은 책 속에 존재합니다. 이러한 책 속의 인물, 즉 지면상의 인물은 허구의, 비실제적인 사람이라고 할 수 있죠. 이것은 인물을 구체적으로 창조해야 하는 우리에게 인물에 대한 적은 정보를 제공할 뿐이며 또한 그다지 실제적이지도 못해요.

그러므로 책 속의 인물은 우리에게 구체적이거나 생생하게 각인되지 못합니다.

그런데 관찰을 통해 여러분들이 실제로 만나는 사람들, 이를테면 농부, 소설가, 영화기획자, 옆집 아주머니, 공원 수위 아저씨 등은 실제적인 인물들이기에 우리에게 생생하고 구체적인 재료가 될 수 있습니다. 그러므로 이러한 실제 인물들을 만나 그들의 형상과 행동거지를 자신이 모방할 수 있다면, 이것은 여러분에게 인물 창조를 위하여 좋은 재료임에 틀림없을 겁니다. 그렇다면 '관찰 작업'은 우리의 인물 창조 작업과도 매우 적합한 일이라고 말할 수 있겠죠."

교육자가 말을 멈추고 잠시 생각하는 듯하더니 이내 입을 연다.

"우리에게 있어서 사람에 대한 이해는 어떤 형태이어야 할까요? 종교, 인문학, 심리학, 역사학 등의 전문가들이 사람을 이해하는 것과 비교해볼 때 우리의 사람에 대한 이해는 분명 다릅니다. 우리에게 있어서 사람에 대한 이해 방법과 방향은 좁으면서도 광범위하다고 할 수 있습니다.

내가 우선 '좁다'라고 말하는 이유는 '행동하는 인간'으로서의 사람에 대한 이해라고 할 수 있어요. 즉 행동을 통해 그 사람을 이해하는 것이죠. 그리고 '광범위하다'라는 의미는 '사회생활을 하는 인간'으로서의 사람에 대한 이해라고 할 수 있습니다. 이것은 관계에 의한 행동을 통해 그 사람을 이해하는 것입니다. 우리의 '관찰 작업'은 전자와 후자를 아울러 고려되어야만 합니다. 왜냐하면 둘은 따로 떼어내어서는 의미가 없기 때문이죠. 그러므로 우리의 '관찰 작업'은 관계와 행동을 통해 사람을 이해하는 일이라고 말할 수 있을 겁니다.

한편 우리가 어떤 사람의 눈, 손, 어깨, 등, 걸음걸이, 소리 등을 관찰하다보면 그 사람에 대한 흥미가 생겨 그 사람과의 대화도 가능할 지도 모릅니다. 이것은 관찰을 통해 좀 더 적극적으로 타인과 만나는 방법입니다. 이러한 '관찰 작업'의 과정을 거치면서 타인을 이해하기 위한 자신의 상상력은 필수 조건이고요. 이때 상상력은 이후에 자신의 몸을 확고히 변형시킬 수 있는 힘을 제공합니다.

'관찰 작업' 시 상상력의 필요성과 중요성에 대해서는 다음 학기 수업이 시작되면 더욱 구체적으로 언급해보도록 합시다."

학생들이 고개를 끄덕거리자 교육자는 빙그레 미소를 지으며 그들을 바라본다. 그리고는 천천히 입을 뗀다.

"그리고... 일전에 언급한 것처럼, 겨울방학이 끝날 무렵에 여러분들은 '자율 작업'을 준비해서 보여주어야 합니다."

학생들은 일제히 함성을 지른다. 잠시 후 현정이 동료들의 소음을 뚫고 큰소리로 질문한다.

"선생님, 대본을 직접 써서 작업을 해도 될까요?"

"물론입니다. 본인이 쓴 시, 단편소설, 수필, 희곡 등의 습작도 관계없습니다. 아울러 전에도 언급한 것처럼, 에튀드에서 확대된 텍스트가 되어도 무방하고요. 그야말로 여러분들의 자유로운 자율 작업입니다. 나한테는 '자율 작업'의 발표 날짜만 통보해주세요."

"혼자서 발표해도 괜찮나요?"

이번에는 수정이 손을 번쩍 들어 질문한다.

"혼자하든, 10명이 하든 상관없습니다. 필요하다면 학교 배우가 아닌 외부의 다른 배우와 함께 작업을 해도 무방합니다. 그렇지만 발표 시간은 20분을 넘기진 마세요. 왜냐하면 발표 시간은 '자율 작업'이 계속됨에 따라 점차적으로 늘려 나갈 것이기 때문입니다. 그리고 연습기간도 여러분들의 파트너와 협의하여 자율적으로 결정하세요. 일주일이 되어도 좋고 한 달이 되어도 좋습니다. 오케이?"

"네!"

학생들은 큰소리로 화답한다.

"선생님은 방학 때 무얼 하실 계획인가요?"

무신이 화제를 바꾼다.

"좋은 질문인데!"

학생들은 큰소리로 웃으며 교육자에게 주의를 기울인다.

"나도 여행을 할 겁니다. 이번에는 국내의 시골을 여행해볼까 합니다. 이때 맛집 탐방은 필수고요."

학생들이 소리 내어 웃는다.

"그리고 책도 읽고, 원고도 쓰고, 공연도 보고, 바둑도 두고. . . 당구장에도 가고! 그 중에서도 제일 중요한 건 겨울 방학 때 공연 연습에 들어가서 내년 봄쯤 대학로에서 공연을 올려야 합니다."

"이번에는 무슨 작품입니까?"

소희가 재빠르게 질문을 던진다.

"체홉 작품입니다."

교육자가 즉각 대답한다.

"작품 제목은요?"

"배우는 캐스팅 했나요?"

"공연은 언제 합니까?"

학생들이 한꺼번에 질문을 퍼붓자 교육자는 낮은 소리로 대꾸한다.

"비밀입니다!"

"우, 우, 우!"

학생들이 야유를 보낸다.

"오케이, 멋진 방학이 되길 바랄게요!"

교육자가 자신의 가방을 챙겨 실기실을 나서면 몇몇 학생들이 그를 뒤따라 나간다.

3

학생들은 자신들의 겨울방학에 대해 큰소리로 떠들어대며 이야기를 나누고 있다. 실기실은 시끌벅적하다. 무신과 문숙은 지난 주 발표했던 '자율 작업'에 대해 열띤 대화를 하고 있다.

교육자가 실기실로 들어서자 학생들은 일제히 큰소리로 그를 맞이한다. 교육자는 함박 미소를 띠고서 학생들을 향해 큰소리로 외친다.

"방학은 잘 보냈나요?"

"네!"

학생들도 활짝 웃으며 큰소리로 화답한다.

"선생님께서도 방학 잘 보내셨나요?"

새 학년 반대표인 무신이 큰소리로 외친다. 교육자가 고개를 크게 끄덕인다.

"오랜만에 얼굴을 보니 반갑군요! 물론 지난 주 '자율 작업' 때 보긴 했지만. 지난 주 공개 발표한 '자율 작업'은 처음치곤 무척 흥미로웠어요. 작품 선택도 다양했고, 무엇보다도 그동안 수업의 성과를 가지고 여러분의 창의적인 작업이라는 점을 높이 평가하고 싶습니다. 해서 두 번째 '자율 작업'이 매우 기대돼요."

학생들의 표정은 살짝 상기되어 있다. 교육자는 미소를 한껏 머금고 학생들을 쭉 바라보고 나더니 입을 연다.

"햇살도 좋은데 학교 근처 공원으로 산책하러 가볼까요?"

"네!"

학생들은 일제히 큰소리로 고함치며 자신들의 물건을 재빨리 챙기기 시작한다.

화창한 봄 날씨에 학교 인근 공원은 많은 사람들로 북적대고 있다. 걸음마 아이를 데리고 나온 엄마, 개와 함께 산책을 하고 있는 젊은 여자, 노숙자, 자전거를 타고 있는 젊은 연인, 벤치에 앉아 있는 할아버지와 할머니, 소풍 나온 유치원생 등의 사람들이 봄 날씨를 만끽하고 있다.

"자, 두어 시간 동안 시간을 줄 테니 공원에 있는 사람들을 관찰해보세요! 그리고 다음 수업시간에 관찰한 사람들의 걸음걸이를 보여주세요. 시연 시에는 관찰한 사람과 유사한 의상을 입고 보여주도록 하고요! 질문 있나요?"

"수업은 끝인가요?"

정태가 즉각 큰소리로 외치자 교육자는 고개를 힘껏 끄덕인다.

"오늘 수업은 공원에 있는 사람들의 걸음걸이를 관찰하는 것입니다. 주의해야 할 것은, 관찰하고자 하는 사람에게 불편함을 주어서는 절대 안 됩니다. 조심스럽게 대상을 관찰해야만 합니다. 오케이?"

"네!"

학생들은 큰소리로 화답하고 나서 삼삼오오로 뿔뿔이 흩어진다. 그들은 산책을 하며 공원에 있는 사람들을 관찰하기 시작한다.

다음 날, 책상 위에 놓여 있는 새로운 수업용 노트에는 다음과 같은 순서가 빼곡히 적혀있다.

1. 이소희 . . . 3~4세가량의 여자아이 걸음걸이
2. 감무신 . . . 60세가량의 할아버지 걸음걸이
3. 김현정 . . . 40대 아주머니의 조깅
4. 권주희 . . . 20대 아가씨의 걸음걸이
5. 손기주 . . . 20대 뚱뚱한 젊은이의 걸음걸이
6. 윤문숙 . . . 70~80대 할머니의 걸음걸이
7. 양승욱 . . . 12살가량의 초등학생 걸음걸이
8. 이정하 . . . 30대 아주머니의 걸음걸이
9. 박정태 . . . 20대 대학생의 걸음걸이
10. 이수정 . . . 솜사탕 아주머니의 걸음걸이

"준비되면 시작하겠습니다."

소희가 가림막 뒤에서 큰소리로 외친다.

"네!"

교육자가 짧게 답변한다. 잠시 후 소희는 멜빵바지 차림의 어린아이 복장과 두 갈래로 땋은 머리모양을 하고서 가림막 뒤에서 소리 내어 웃으며 뒤뚱뒤뚱 뛰어 나온다. 그러더니 갑자기 멈춰 선다. 그녀는 까르르 웃으며 다시 뒤뚱뒤뚱 뛰어다니다가 가림막 뒤로 빠르게 뛰어 간다. 동료들이 큰소리로 웃어댄다.

"공원에서 관찰한 여자 어린애인가요?"

교육자가 가림막 뒤로 퇴장한 소희를 향해 외친다.

"네."

소희는 가림막 뒤에서 나오며 쑥스러운 듯 머리카락을 풀어 제치고서 계속 쓸어 넘긴다.

"아이 주변에 부모님은 있었나요?"

교육자가 그녀에게 묻는다.

"네, 엄마처럼 보이는 아주머니가 뒤에서 따라오고 있었어요."

"아이는 몇 살 정도로 보였나요?"

"제가 보기엔, 걸음걸이가 아직 정확하지 않은 것으로 보아 3~4살 정도로 보였어요."

교육자의 질문에 소희는 또박또박 대답한다. 그는 고개를 끄덕이더니 학생들을 향해 고개를 돌린다.

"초등학교를 들어가기 전, 그러니까 3~5살 정도 어린아이의 걸음걸이를 유심히 관찰한 적이 있습니까?"

"네!"

몇몇 학생들은 소리치고, 다른 학생들은 대답대신 고개만 끄덕거린다.

"그들의 걸음걸이에는 어떤 특징이 있죠?"

교육자가 빠른 어조로 다시 묻는다.

"팔, 다리가 자유자재로 움직여요."

"금방이라도 넘어질 듯한 걸음걸이입니다."

"머리 또한 심하게 앞, 뒤, 옆으로 움직이며 걷거나 뛰곤 합니다."

"상체와 하체가 마치 따로 노는 듯해요."

학생들은 제각각 큰소리로 답변한다. 교육자는 고개를 끄덕거린다.

"그들은 왜 이러한 걸음걸이로 걷거나 뛸까요?"

그가 다시 학생들에게 되묻는다.

"· · ·"

"여러분들이 입학하여 첫 수업을 시작할 무렵, 나는 여러분들의 상태를 갓 태어난 어린아이에 비유한 적이 있는데 기억납니까?"

교육자가 미소를 띠고 있다.

"네! 그때 선생님께선 갓 태어난 어린아이의 머리 가누기, 뒤집기, 팔과 다리의 힘으로 일어서기, 그리고 다리 힘을 기르기 위한 보행기의 사용 등에 대해서 말씀하신 적이 있어요."

문숙이 카랑카랑한 목소리로 답변한다.

"오케이, 잘 기억하고 있네요. 우리의 척추는 누워 있는 아이를 일으키게 하여 걷게 만들고 뛰게 만드는데 있어서 매우 중요한 역할을 합니다. 그리하여 척추의 완벽한 사용은 안정감 있는 걸음걸이를 만들죠. 따라서 아직까지 척추가 견고하지 않은 3~5세가량의 어린아이들은 뒤뚱거리며 걷게 되는 것이겠죠.

일반적으로 걸음은 앞, 옆, 뒤쪽으로 나아가고자 하는 의지에 의해 발생하는 어떤 행동입니다. 이때 척추는 나아가고자 하는 힘의 원천이며, 팔은 그렇게 하도록 하기 위하여 힘을 발생시키는 보조 장치입니다. 마치 요트에 있어서 노에 해당하는 것이 바로 팔이라고 할 수 있죠. 노를 앞에서 뒤로 밀어야 배는 앞으로 나갈 수 있는 이치입니다. 동물들의 앞발과 뒷발도 자세히 보면 이러한 원리를 가지고 움직이고 있죠.

그런데 3~5세가량의 어린아이들의 걸음은 아직까지 척추도 잘 형성되지 못했을 뿐만 아니라, 앞으로 나아가고자 하는 의지는 있는 반면 위의 원리를 아직까지 몸이 모르고 있다고 할 수 있어요. 물론 이와 같은 원리는 알고 모르고의 문제가 아닙니다. 왜냐하면 이것은 수많은 반복으로 인해 무의식적으로 행해지는 것이기 때문이죠. 간단히 말하면, 어린아이들의 걸음걸이는 몸이 앞으로 나아가고자 하는데 자신의 신체 기관들이 그에 따라주지 않는 것입니다. 그러므로 그들의 걸음걸이는 뒤뚱거릴 수밖에 없거나 팔다리는 엇박자로 흔들거리는 등의 아직까지 완전한 인간의 걸음걸이가 아니라고 할 수 있죠. 이해되나요?"

"네!"

학생들은 고개를 끄덕이며 큰소리로 합창한다.

"이런 측면에서 볼 때 소희의 시연은 걸음걸이가 안정적이지 않은 어린 아이를 제법 잘 관찰하여 모방하고 있었다고 평가됩니다."

교육자가 현정을 힐끗 쳐다본다.

"오케이, 10분만 쉬었다가 다음 사람으로 넘어가 볼까요?"

현정은 아무 일도 없다는 듯 방긋 웃고 있다.

4

휴식 후 교육자가 다시 실기실로 들어오면 무신의 목소리가 가림막 뒤에서 들린다.

"준비되면 시작하겠습니다."

"네!"

교육자가 자리에 앉으며 화답한다. 무대 위에는 이미 벤치가 놓여 있다. 허리와 어깨가 구부정한 60~70대 남짓한 남자로 분한 무신이 실눈을 뜨고 오른손에는 지팡이를 짚고 느릿느릿 걸어 나온다. 그의 왼손에는 검은 봉지가 들려 있다. 그는 몇 걸음을 걷고서 잠시 멈춰 선다. 그리고 허리를 천천히 쭉 편다. 잠시 후 그는 다시 허리를 천천히 굽히더니 느릿느릿하게 걷기 시작한다. 60~70대로 분한 무신은 벤치로 가서 힘겹게 앉는다. 그리고 봉지와 지팡이를 왼쪽에 놓고서 지나가는 사람을 물끄러미 쳐다본다. 무신은 허리를 구부정하게 말아 목은 앞으로 뺀 자세를 취하고 있다. 이윽고 그는 지팡이와 봉지를 들고 천천히 일어나서 왔던 곳의 반대편으로 발바닥을 끌다시피 하며 걸어 나간다.

"수고하셨어요. 관찰한 사람의 연세는 어느 정도였나요?"

교육자는 고개를 끄덕이며 막 뒤로 퇴장한 무신에게 큰소리로 외친다.

"60대 후반 정도인 것 같았는데, 정확히는 모르겠습니다."

"그 사람을 몇 분 정도 관찰했나요?"

"약 20~30분 정도였습니다."

무신이 짧게 대답한다. 교육자는 질문을 멈추고 잠시 생각하는 듯하다가 그에게 재차 질문을 던진다.

". . . 그를 관찰할 때 그의 젊은 시절에 대해서 생각해 봤나요?"

교육자의 질문에 무신은 잠시 머뭇거리더니 불분명하게 대답한다.

". . . 생각해보지는 않았습니다."

"만일 그때 생각해보지 않았다면 지금 그 분의 형상을 기억하며 생각해볼 수 있을까?"

교육자가 무신에게 빠른 어조로 답변을 요구한다. 무신은 턱을 살짝 치켜들어 생각하는 듯한 포즈를 취하더니 이내 입을 뗀다.

"음. . . 일정한 직업 없이 막노동을 하셨을 거라고 생각됩니다."

"이유는요?"

교육사는 흥미로운 듯 다시 무신에게 재빠르게 질문한다.

"왜냐하면. . . 구부정한 허리는 젊었을 때 너무 무리하게 쓴 결과인 것 같고. . . 음, 또. . . 연세와 왜소한 체격에 비해 팔뚝만큼은 유난히 굵었던 것 같았기 때문입니다."

무신은 자신이 관찰한 사람의 형상을 기억해가며 느릿느릿 답변한다.

"오케이, 그럼, 이제 그의 가족에 대해서 우리에게 말해줄 수 있을까요?"

교육자는 무신을 찬찬히 바라보며 또다시 질문을 던진다.

"음. . . 그것도 생각을 못했습니다."

그는 머리를 긁적인다.

"오케이, 그 당시 생각을 못했다면 지금 생각해보죠. 자네가 관찰한 그 사람은 왜 이 공원에 왔을까요?"

교육자의 질문에 무신은 눈을 크게 뜨고 몇 번 끔벅거리더니 천천히 답변한다.

". . . 제가 비교적 먼 거리에서 그를 관찰하다가 봉지에 든 것이 무엇인지 궁금해서 벤치로 다가가 앉았습니다. 슬쩍 봉지 안을 봤는데, 몇 가지의 먹거리와 튀김 등이 있었습니다. 추측건대, 손주에게 아니면 할머니께 사다주려고 한 것 같았습니다."

동료학생들과 교육자는 그의 답변에 고개를 끄덕거린다.

"오케이! 나이 드신 분들을 관찰해본 적이 있나요?"

교육자가 학생들에게 눈길을 돌리며 질문을 던진다.

". . ."

학생들이 침묵하자 교육자가 재차 질문한다.

"연세가 있으신 분들을 평소에 관찰한 적이 없나요?"

"아주 세세하게 관찰한 적은 없는 것 같습니다."

정태가 침묵을 뚫고 큰소리로 대답하자 교육자가 고개를 끄덕이더니 입을 연다.

"나이 드신 분들은 젊은이들의 관절과는 많은 차이를 보이죠. 우리 몸의 뼈는 마디마디마다 관절로 이루어져 있고, 그 관절의 이음새는 연골로 이어져 있습니다. 연골은 뼈를 상하로, 앞뒤로 또는 회전하게 만들어줍니다. 그런데 이러한 연골의 노쇠는 뼈를 자유롭게 움직이는데 분명 방해를 일으키죠. 그래서 젊은이들은 한 번에 앉았다 일어설 수 있지만, 나이 드신 분들은 몇 번의 단계를 거쳐야만 앉았다 일어날 수 있는 것입니다. 무신이 방금 시연했던 것처럼 말입니다.

목이나 허리 부분도 마찬가지입니다. 나이 드신 분들이 일어날 때 손바닥으로 무릎이나 바닥을 짚고 일어나는 것과, 목이나 허리를 돌려 다른 방향으로 향하고자 할 때 목이나 허리만 돌리지 못하고 상체를 혹은 온 몸을 돌리는 것은 그와 같은 이유 때문입니다."

교육자는 말을 멈추고서 잠시 생각하는 듯 하더니 이내 다시 입을 뗀다.

"나이 드신 분들의 눈을 본 적이 있나요? 얼굴 근육은 밑으로 처져 있고, 주름이 있어 눈을 크게 뜨는 데 방해를 주고 있죠. 그런데 그들의 눈은 마치 관조하는 듯한 눈매를 가지고 있어요. 즉 대상을 직접적으로 본다기보다는 넌지시 보는 듯한 눈매라는 말입니다. 그렇죠?"

학생들은 연방 고개를 끄덕거리며 동의를 표한다. 교육자가 다시 말을 끊고서는 학생들을 넌지시 바라보며 입을 연다.

"겨울방학 전 내가 관찰 작업에 있어서 상상력에 대해 잠시 언급한 적이 있었는데, 기억해요?"

"네!"

학생들은 큰소리로 화답한다.

"관찰과 상상력은 어떤 관계가 있을까요?"

교육자가 학생들을 향해 질문을 던진다.

"방금 선생님께서 무신오빠가 관찰한 할아버지의 걸음걸이를 보고 몇 가지 질문을 던진 걸로 봐서 대충은 짐작이 되는 것 같아요. 그것은 관찰한 인물에 대한 일대기 같은 것을 자신의 상상력을 동원하여 생각하고 연구하여 그 인물에 대한 이해도를 높이는 것 같은데요? 그래서 선생님께서 자주 말씀하셨던 것처럼, 이것은 사람에 대한 이해와 밀접한 관계가 있는 것 같아요!"

소희가 또박또박하게 자신의 생각을 피력한다. 소희의 답변에 동료들은 고개를 연신 끄덕거린다.

"소희의 생각에 전적으로 동의합니다!"

교육자가 소희를 향해 엄지손가락을 치켜들며 경쾌한 목소리로 응답한다.

"그렇다면 '관찰 작업'에 있어서 상상력은 관찰 대상에 대한 자신의 주의와 집중을 통해 대상으로의 이해로 진입하는 통로와 같은 것이라고 말할 수 있을지도 모릅니다. 즉 상상력은 대상을 이해하기 위한 어마어마한 무기가 되는 셈이죠."

학생들이 힘차게 고개를 끄덕이자 교육자는 계속 자신의 말을 이어간다.

"이제부터 대상, 즉 인물, 동물, 사물 등을 관찰할 때 자신의 상상력으로 비어있는 여백을 꼭 메워보세요! 만일 그러할 때 관찰한 대상에 대한 신체적 모방은 단순한 미믹mimic을 뛰어 넘어 자신을 살아 있는 인물로 바꾸게 할 가능성이 높습니다. 이러한 과정을 우리는 관찰을 통한 모방으로부터 '자기화과정'이라고 말합니다. 이것은 결국 단순한 껍데기만을 획득하는 것이 아니라 다른 사람의 정신세계로의 이동이라고 할 수 있어요. 그러므로 대상으로의 모방을 통해 이러한 자기화과정을 거치면 우리는 무대에서 제법 단단한 서기, 걷기, 행동하기, 말하기 등을 하게 될 것임에 틀림없습니다.

자, 우리의 상상력은 이처럼 눈에 보이지는 않지만 무지막지한 자본입니다. 부디 이 잠재된 자본을 유감없이 활용하길 바랍니다! 오케이?"

"네!"

학생들의 목소리는 우렁차다. 소희와 문숙은 자신의 노트에 뭔가 빠르게 메모하고 있다.

5

수업이 시작되자 교육자가 실기실로 들어서며 학생들에게 큰소리로 외친다.

"오늘은 학교 근처 재래시장으로 가볼까요?"

교육자의 말이 떨어지기가 무섭게 학생들은 큰소리로 '와!'하고 소리 지르며 서둘러 옷을 갈아입기 시작한다.

따뜻한 봄날, 그들은 많은 사람들이 북적대는 시장 입구에 모여 있다. 교육자는 학생들의 숫자를 눈으로 대충 확인하고서 큰소리로 말한다.

"자, 지금부터 시장에 있는 많은 사람들을 관찰해보세요. 그들의 걸음걸이는 물론이거니와 손과 어깨, 눈 등을 꼼꼼하게 관찰해보세요! 누차 말하는 것이지만 그들을 관찰할 때는 무척 조심스럽게 해야 해요. 오케이?"

"네!"

교육자의 과제가 떨어지기가 무섭게 학생들은 뿔뿔이 흩어진다.

과일가게 여주인을 멀찍이 떨어져서 유심히 관찰하고 있는 소희 곁으로 교육자가 슬쩍 다가간다. 그리고는 소곤댄다.

"특별히 흥미로운 관찰거리가 있니?"

소희는 교육자의 갑작스런 등장에 조금 놀라워하지만 이내 과일가게 여주인에게 시선을 돌리며 나지막이 대답한다.

"사과와 배, 밤 등을 바구니에 옮겨 담고 있는 여주인의 손이 굉장히 재미있어요. 보세요, 선생님! 손가락과 손목 등이 마치 기계처럼 움직이고 있잖아요. 눈은 과일들을 보고 있는 것 같은데, 한편으론 바구니와 박스 쪽으로 또 다른 눈으로 엄중하게 감시하고 있는 듯 하거든요. 가끔씩 중얼거리는 소리는 아마 개수를 헤아리는 듯해요. 가까이 가서 들어보고 올게요."

소희는 가게 앞쪽으로 성큼 다가간다.

무신은 사람들이 가장 많이 몰려 있는 시장 중앙에 서서 선글라스를 쓴 채 누군가를 뚫어져라 관찰하고 있다.

"누구를 관찰하고 있니?"

교육자가 이번에는 무신 쪽으로 조용히 다가가서 묻는다.

"아, 저기 서 있는 뚱뚱한 아저씨요!"

무신이 손가락으로 가리키며 대답한다.

"누군가를 기다리고 있는 듯한데, 뒷짐을 지고 있는 손가락이 계속 꼼지락거리고 있습니다. 아마 버릇인 것 같아요. 그런데 특히 중지를 손바닥에 계속해서 비비고 있습니다. 가끔씩 손목을 꺾거나 회전시키기도 하고요. 정말 재미있는 것은 뿔테 안경 너머 눈동자는 계속해서 빠르게 움직이며 주위를 살피고 있다는 것입니다. 그리고 그가 어기적거리며 이리저리 걷고 있는 모습은 마치 커다란 회색 곰처럼 보여요."

시장 입구 난전에서 기주는 옷을 팔고 있는 아저씨를 관찰하고 있다. 마이크를 목에 둘러 고정시킨 채 일정한 간격으로 박수를 치며 고객을 끌고 있는 아저씨 주변에는 많은 사람들이 모여 옷가지를 뒤적이거나 걸쳐보고 있다. 그의 양 어깨는 앞으로 툭 튀어나와 있어서 목은 자연스럽게 뒤쪽으로 파묻혀 있는 모습이다. 그리고는 계속해서 팔자걸음으로 왔다 갔다 하고 있다. 조금은 우스꽝스럽게 생긴 동그란 두 눈은 몇 초 간격으로 계속 깜박거리고, 가끔씩 입을 크게 벌리며 턱 운동도 한다. 또한 일정한 간격으로 박수를 치면서 양손으로 밀가루 반죽을 하는 듯한 동작을 연신 해대고 있다. 교육자와 기주는 가판대에서 옷 파는 아저씨의 형상과 행동거지에 대해 이런저런 얘기를 나누고 있다.

수정은 어떤 중년 여자를 뒤따라가고 있다. 중년 여성은 아이보리색의 니트로 된 긴 상의와 발목까지 오는 주름치마를 입고 있으며, 왼손에는 장바구니를 들고 있다. 그녀의 걸음걸이는 잔잔한 리듬을 가지고 있다. 허리는 빳빳이 세우고 목은 기린마냥 길게 뻗어 있다. 눈은 거의 바닥을 향하고 있고, 입술은 살며시 다물고 있다. 그녀의 손은 옴팍 쥐어져 있고, 가끔씩 손바닥을 쫙 펴기도 한다.

"그녀와 눈이 마주치지 않았니?"

교육자가 어느새 수정의 뒤에 나타나서 소곤댄다. 수정은 교육자의 소리에 깜짝 놀란다.

"아, 몇 번 마주쳤어요. 그때마다 전 시선을 돌려 다른 사람을 기다리는 행동을 취했고요."

수정은 여전히 중년 아주머니에게서 시선을 떼지 않은 채 교육자에게 소곤댄다.

"관찰 대상의 사람에게 부담이 되거나 불편함을 주어서는 절대 안 돼. 왜냐하면 누군가가 나를 관찰한다고 생각되는 순간 그 사람은 자신의 행동을 감추거나 바꾸어 버릴 가능성이 높거든. 그리고 당연히 기분이 좋을 리 없겠지. 특히 몸이 불편한 사람을 관찰할 때는 더욱 조심해야 해!

이런 일이 있었지. 학생 시절에 나는 전화하고 있는 어떤 젊은 남자의 행동을 관찰하기 위해 그로부터 멀찍이 떨어져서 관찰한 적이 있었는데, 그와 눈이 몇 번 마주쳤어. 두세 번 눈이 마주친 다음에 그는 전화를 끊고 나에게 다가오며 마치 주먹이라도 휘두를 기세였지. 나는 냅다 도망쳤어. 그 후로 난 관찰 대상의 사람이 전혀 눈치 채지 못하게 관찰하는 방법부터 터득하는 것을 배워야 했어. 털끝만큼도 기분을 상하게 하거나 모욕감을 주는 분위기를 자아내서는 안 돼. 알겠지?"

"네, 선생님!"

수정은 고개를 크게 끄덕이며 조용히 대답한다.

"좀 더 관찰하고 나서 학교에서 두어 시간 뒤에 만나자고 동료들에게 전해 줘!"

"네!"

수정의 눈은 여전히 중년 여자에게 향해 있다.

6

교육자가 실기실로 들어오면 책상 위에 놓여 있는 수업노트에는 다음과 같은 순서가 적혀있다.

1. 경동시장에서 관찰한 뚱뚱한 아저씨 . . . 감무신
2. 경동시장에서 관찰한 30대 여자 . . . 김현정
3. 약령시장에서 나물 파는 아주머니 . . . 이정하
4. 경동시장 근처의 버스정류장에서 본 20대 남자 . . . 박정태
5. 상계시장에서 커피 파는 할머니 . . . 이수정
6. 유진시장에서 옷 파는 아저씨 . . . 손기주
7. 경동시장에서 본 40대 아주머니 . . . 윤문숙
8. 경동시장에서 관찰한 젊은 여자 . . . 이소희
9. 약령시장에서 장기 두는 할아버지 . . . 양승욱
10. 청과물시장에서 관찰한 50~60대 여자 . . . 권주희

"준비되면 시작하겠습니다."

가림막 뒤에서 무신이 외친다.

"네!"

교육자도 큰소리로 짧게 화답한다. 잠시 후 무신은 가림막 뒤에서 등장한다. 그는 커다란 보따리를 어깨에 걸쳐 메고 어기적거리며 등장한다. 그리고 보따리를 힘들게 내려놓고서는 벤치에 털썩 앉는다. 무신의 입가 근육은 밑으로 처져 있고 눈은 느리게 껌뻑거리고 있다. 그의 목은 어깨에 걸쳐져 있는 듯 푹 들어가 있다.

그는 옷을 툭툭 털고서 호주머니에서 담배와 라이터를 꺼내 한 대 피운다. 그리고는 연신 이마의 땀을 두 손으로 닦으며 지나가는 사람들을 쳐다본다. 뚱뚱한 아저씨로 분한 무신은 다리를 쩍 벌리고 담배를 엄지와 검지만 사용하여 뻑뻑 피워대고 있다. 갑자기 그는 담배를 이빨로 물고 보따리를 풀더니 내용물들을 살펴보고는 다시 힘차게 묶는다. 그는 담배를 땅에 버리고 발로 바닥을 문지르며 끈다. 무신은 벌떡 일어나더니 커다란 보따리를 어깨 뒤로 휙 걸치고 힘찬 걸음걸이로 퇴장한다.

"오케이, 관찰한 사람의 몸무게는 어느 정도였나요?"

교육자는 고개를 끄덕이며 가림막 뒤로 퇴장한 무신을 향해 소리친다.

"대략 100kg 정도였습니다."

무신은 자신의 본 모습으로 등장하여 벤치에 앉으며 답한다.

"키는요?"

"약 180cm 정도로 보였습니다."

교육자가 고개를 끄덕이더니 학생들을 향해 시선을 옮긴다.

"뚱뚱한 사람에게 있어서 신체적 행동의 특징은 어떠한가요?"

"체중 때문에 대체로 그들은 터벅터벅 걷습니다."

"살 때문에 팔은 상체로부터 떨어져 있습니다. 그래서 앞뒤로 흔든다기보다 옆으로 흔드는 듯합니다."

"제가 본 뚱뚱한 사람들은 덩치와는 어울리지 않게 가늘고 얇은 목소리를 냈습니다."

"목 부분에 살이 많아 목이 어깨에 푹 들어간 것처럼 보여요."

"배의 살 때문에 그들은 마치 임산부의 걸음걸이를 연상케 합니다."

학생들이 제각각 자신의 의견을 내놓자 교육자는 고개를 연신 끄덕거린다.

"여러분들의 말에 동의합니다. 무신은 관찰한 사람의 어떤 행동이 흥미로웠습니까?"

교육자가 무신을 향해 재차 질문을 던진다.

"제가 살이 별로 없어서 우선 그 사람의 걸음걸이가 눈에 확 들어왔습니다. 무거운 짐 때문인 것도 있었지만 뚱뚱한 체격이어서 마치 펭귄처럼 뒤뚱거리며 걸었습니다. 그리고 담배를 피울 때 손가락의 사용과 벤치에 앉아서 담배를 이빨로 문 채 보따리를 힘겹게 풀고 힘 있게 묶는 모습도 재미있었습니다. 특히 두툼한 손가락의 움직임은 무척 흥미로워서 집으로 가는 도중 내내 지하철에서 모방해보았습니다. 또한 살이 많아서인지 얼굴 부위의 신체기관들도 흥미로운 관찰 대상이었고요."

교육자가 무신의 답변에 고개를 끄덕이더니 입을 연다.

"오케이! 관찰 작업은 우선 관찰한 사람의 신체 기관을 모방하여 자신의 몸에 붙이고 난 뒤에 변형된 몸으로 행동을 해야만 합니다. 해서 행동은 변형된 신체기관을 통해 이루어져야만 하죠. 그렇다면 우선 관찰 대상의 눈, 코, 입, 손, 팔, 다리 등의 움직임을 세심하게 관찰해야 할 것입니다. 그리고 난 후 그가 어떤 물건을 다룬다면, 자신의 신체기관을 어떻게 작동시키는지에 주의를 기울여 관찰해야 하고요. 따라서 관찰한 사람의 대충적인 움직임이 아니라 그 사람의 신체기관에 의한 행동에 포커스를 맞춰 관찰하라는 말입니다. 그리하여 자신의 신체기관을 통한 행동과는 완전히 다른 사람의 행동을 모방하여 그의 행동 템포와 리듬을 획득할 수 있다면, 이것이야말로 우리의 현 단계 목표로써 적합하다고 할 수 있어요.

우리에게 있어서 대충적인 것은 금물입니다. 구체적이고 명확한 것만이 우리가 해야 할 일입니다. 특히 관찰 작업은 신체기관을 통한 행동의 구체적인 모방이 절대 과제임을 잊지 마세요. 그것은 결국 자신의 몸을 바꾸는 작업입니다. 그리하여 만일 자신의 몸을 구체적으로 바꾸어 행동할 수 있다면, 우리는 추상적이고 모호한 인물의 정신세계로 한결 용이하게 다가갈 수 있을 것이고요. 이해되나요?"

"네!"

학생들의 목소리는 활기차다. 무신은 자신의 노트를 꺼내 펼쳐 무언가 적어 내려간다.

"다음 사람 볼까요?"

학생들이 현정의 무대를 위해 재빠르게 전환하며 분주히 움직이기 시작한다. 무신과 교육자는 시연에 대해 이야기를 나누고 있다. 잠시 후 현정은 가림막 뒤에서 소리친다.

"준비되면 시작할게요!"

교육자가 고개를 끄덕인다. 이윽고 타이트한 청바지차림에 높은 구두를 신고 팔짱을 끼고서 현정이 무대로 등장한다. 그녀는 챙이 긴 모자와 선글라스를 쓰고 있으며, 껌을 소리 내어 씹고 있다. 그리고 왼팔을 크게 들었다 내려놓으며 시계를 보고 나서 다시 팔짱을 낀다. 이리저리 살피던 현정은 다른 방향에 있는 누군가에게 오른팔을 높이 들어 크게 흔든다. 그리고는 그 쪽 방향으로 마치 모델이 걷는 것처럼 빠른 걸음으로 걸어간다. 동료들은 이러한 현정의 모습을 보며 소리 내어 웃어댄다.

"괸찰한 여자의 직업에 대해 생각해 봤나요?"

교육자가 현정을 향해 소리친다.

"현재는 30대 중반쯤으로 보였는데, 20대에 잠깐 모델 일을 한 적이 있는 것 같았어요. 지금은 조그마한 의상실을 운영하는 듯 하고요."

현정은 자신의 모습으로 되돌아와 교육자의 질문에 즉각 답한다.

"그렇게 추측할 수 있는 어떤 근거가 있었나요?"

교육자가 그녀에게 재차 질문을 던진다.

"우선 하이힐을 신고 걷는 걸음걸이 형태가 모델의 걸음걸이인 엑스 자였고요, 그리고 여러 가지 액세서리와 벨트, 청바지 등은 요즘 유행하는 상표였거든요."

현정은 교육자의 질문을 이미 알고 있는 듯 재빠르게 답한다. 고개를 끄덕이며 잠시 생각을 하던 교육자는 다시 그녀에게 질문한다.

". . . 그녀의 남성관에 대해서 우리에게 말해줄 수 있나요?"

현정은 잠시 생각하다가 천천히 답변한다.

". . . 그녀와 시장을 같이 온 듯한 남자를 봤는데 그녀만큼이나 멋을 잔뜩 부린 차림이었어요. 결혼한 사이는 아닌 것 같았고 애인인 듯 했어요. 그리고. . . 풍기는 분위기나 외모로 볼 때 굉장히 자유분방한 연애관을 가진 것 같았습니다. 그래서 그녀와 삶을 즐길 수 있는 자유분방한 남성이 그녀에게 어울릴 것 같아요."

교육자와 학생들은 현정의 제법 설득력 있는 설명에 고개를 연신 끄덕거린다.

"오케이! 현정의 서 있는 자태, 멋을 부리는 듯한 큰 팔 동작들, 모델과 같은 걸음걸이 등은 비교적 대상을 잘 관찰하여 행동 특징을 자신의 몸에 붙이고 있는 것 같습니다. . . 혹시 현정은 그녀의 목소리를 들어봤나요?"

교육자가 현정을 빤히 바라보며 다시 묻는다.

"그 여자가 남자 쪽으로 손을 높이 흔들고 그 쪽으로 가서 그를 만날 때 소리를 들어보려고 따라갔어요. 그런데 주변이 너무 시끄러워 잘 듣진 못했습니다."

현정은 어깨를 들썩이며 대답한다.

"그렇다면 그녀의 몸을 유지한 채 지금 전화를 해볼까요?"

교육자가 갑자기 즉흥적으로 과제를 부여하자 현정은 잠시 생각하다가 다시 관찰한 여성의 몸으로 되돌아간다. 그리고는 바지 뒤 호주머니에서 핸드폰을 꺼낸다. 현정은 매우 높은 톤으로 끝 음을 유달리 끌어올리며 말하기 시작한다. 학생들이 키득거리며 웃는다. 교육자는 고개를 끄덕거린다.

"오케이, 수고했어요! 그녀의 태도나 형상에 제법 어울리는 소리인 것 같아요."

교육자는 학생들 쪽으로 시선을 돌리며 말을 이어간다.

"자, 이제 본격적으로 발품을 팔아 다양한 장소를 방문해보세요. 그곳에서 다양한 인물들을 관찰하여 다음 시간부터 보여주길 바랍니다. 여러분들에게 흥미로운 장소라면 발품을 팔아 어디든 가보세요. 오케이?"

"네!"

학생들은 큰소리로 응답한다.

"그리고 다음 주 월요일 수업은 대공원에서 만나 동물을 관찰하도록 합시다."

"네!!"

학생들은 신이 난 듯 큰소리로 합창한다.

"오케이, 10분 후 정하가 관찰한 약령시장의 나물 파는 아주머니를 볼까요?"

학생들은 정하의 시연을 위해 무대전환을 서두른다.

7

아침 10시 경 대공원에 있는 동물원 입구에 학생들이 하나둘씩 모여든다. 교육자는 학생들이 모두 모인 것을 확인하고서는 과제를 제시한다.

"오늘 관찰할 대상은 동물입니다. 네 발 동물, 조류, 수중 동물들의 눈, 코, 입, 그리고 서 있는 모습, 앉아 있는 형태를 유심히 관찰해보세요. 아울러 그들이 걸어 다니거나 뛰어 다닐 때의 행동 또한 관찰하고, 만일 그들이 어떤 물건을 다루는 행동을 한다면 그것도 세세하게 관찰하도록 해보세요! 특히 그들이 목, 어깨, 다리 등의 신체기관을 움직일 때 그것들의 템포와 리듬에 주의를 기울여 관찰해보세요. 필요하다면 카메라에 담아 연구할 수 있도록 하고요!

자, 발품을 팔아 보세요! 두어 시간 뒤에 여기 잔디밭에서 점심을 먹도록 합시다. 오케이?"

학생들은 큰소리로 화답하고서 삼삼오오 흩어진다. 그들은 봄날의 따스함을 만끽하며 동물들을 관찰하기 시작한다. 정태와 문숙은 네발 달린 맹수들을 관찰하고 있다. 사자와 호랑이는 큰 방탄유리를 사이에 두고 서식하고 있다. 교육자가 정태와 문숙 옆으로 다가서더니 조용히 말한다.

"그들의 앞발과 뒷발의 움직임을 잘 봐! 오른쪽 뒷발이 앞으로 움직이면 그 힘이 오른쪽 앞발에 전달되어 걸음을 옮겨 놓고 있지. 그리고 왼쪽 뒷발이 앞으로 움직이면 그 힘이 왼쪽 앞발로 옮겨져 걷게 되지. 사람은 오른발과 왼팔이 한 쌍으로 움직이지만, 네발 동물들은 오른쪽 뒷발과 오른쪽 앞발이 한 쌍으로 걷게 되는 차이점이 있거든."

"정말 그러네요, 선생님!"

문숙은 호랑이의 걸음걸이를 눈을 크게 뜨고 주시하고서는 소리친다.

"그리고 그들이 걸을 때 어깨가 회전을 일으키는 듯한 웨이브를 하고 있지. 한편 고양이 과에 해당하는 호랑이, 표범, 치타 등은 앉아 있을 때 참한 여성이 살포시 앉아 있는 듯한 아름다운 형태를 자아내지. 그래서 여자배우가 고양이 과를 관찰해서 시연 할 때면 아주 단아하고 우아한 여성의 형상을 보는 듯 하거든. 만일 어떤 여자배우가 공연에서 자신의 역할을 위해 형상을 고양이 과에서 빌려 온다면, 그들의 굼실대는 듯한 걸음걸이와 단아하게 앉아 있는 자태, 깊은 눈과 살포시 내려 앉아 있는 듯한 어깨 등을 관찰하여 자신의 몸에 부착할 필요가 있어."

교육자의 설명에 정태와 문숙은 고개를 세차게 끄덕이며 호랑이를 계속 관찰하고 있다.

"선생님, 저기 넓고 평평한 돌 위에 앉아 있는 암컷 호랑이의 자세는 정말 어떤 도도한 여성이 넓은 양탄자에 앉아 있는 자태를 보는 듯해요. 조선시대 양반집의 어떤 규수 같은 기품마저 느껴지는데요."

문숙은 바위에 앉아 있는 암컷 호랑이를 보고 감탄의 소리를 질러댄다. 교육자는 고개를 끄덕이며 정태에게 시선을 돌린다.

"만일 자네가 숫사자를 관찰하여 우리들에게 보여준다면, 어떤 의상이나 소품의 도움을 받을 수 있을까?"

정태는 숫사자를 바라보며 잠시 생각에 잠기더니 차분하게 답변한다.

"우선 숫사자의 갈기를 위해 헤어드라이기를 사용해서 머리카락을 마구 풀어헤치고. . . 털이 수북하게 달린 아이보리색의 겨울용 상의 외투를 입고, 소매는 팔뚝까지 걷어 올리고요. 또. . . 아, 테니스용 손목 보호대를 팔목과 발목에 끼운다면 그럴 듯 하겠는데요."

교육자는 그의 의견에 동의하듯 고개를 힘차게 끄덕인다. 문숙도 고개를 세차게 끄덕끄덕 거린다.

정하와 무신은 원숭이와 침팬지 그리고 오랑우탄을 관찰하며 미리 준비해 온 카메라에 담고 있다.

"이전에 원숭이를 자세히 관찰한 적이 있니?"

교육자가 이번에는 무신과 정하 곁으로 다가가 나지막이 묻는다.

"아뇨. 과거에 〈동물의 세계〉라는 TV프로그램에서 잠시 본 적은 있지만, 이렇게 가까이에서 관찰한 적은 초등학교 때 이후로 처음인 것 같아요. 물론 그때는 지금처럼 꼼꼼하게 관찰하지는 않았어요.

원숭이는 정말 사람과 많이 닮은 것 같아요. 특히 앉아서 팔을 사용하며 머리를 긁적이는 모습은 등이 굽은 사람의 앉아 있는 자세와 행동을 무척 닮았네요. 걸을 때의 자세와 행동 또한 팔이 긴 사람의 어기적거리는 형태와 흡사하고요. 그리고 눈은 다른 동물과 달리 사람의 눈과 정말 똑같은 것 같아요. 마치 무언가 생각하는 듯한 눈이에요."

정하는 원숭이를 관찰하며 답변한다. 교육자가 고개를 끄덕인다. 그는 그들과 함께 한참동안 원숭이를 관찰하며 대화를 나눈다.

소희, 주희, 현정은 조류관에서 홍학을 유심히 관찰하며 서로서로 이야기를 나누고 있다.

"홍학의 신체적 특징은 무엇인 것 같니?"

교육자가 그들에게 다가가며 질문을 던진다.

"목이 유난히 길어서 그것의 움직임이 무척 흥미로운데요. 목을 쑥 굽혔다가 일으킬 때 움직임의 리듬은 마치 귀족 여성의 품위 있는 행동을 연상시켜요."

현정은 나근나근한 목소리로 자신의 생각을 피력한다.

"철사 같은 긴 다리의 걸음걸이는 마치 어떤 대저택에 살고 있는 마담이 정원을 산책하는 듯해요."

주의 깊게 홍학을 관찰하던 주희도 대화에 끼어든다.

"정말이지 동그란 검은 눈동자와 몸통은 아주 잘 어울리는 것 같아요. 그리고 그들이 가끔씩 하는 날개 짓은 한 폭의 사진을 보는 듯 우아한 것 같고요!"

소희도 홍학을 관찰하며 감탄하듯 외친다. 교육자가 그들의 이야기를 들으며 고개를 연방 끄덕인다.

"금강산도 식후경인데 밥을 먹고 또 발품을 팔아볼까? 소희야, 친구들을 불러볼래?"

소희는 친구들에게 핸드폰으로 문자를 보내기 시작한다. 잠시 후에 도시락을 준비한 학생들이 공원 내에 있는 잔디밭으로 하나 둘씩 모인다. 그들은 가져온 도시락을 맛있게 먹으며 자신들이 관찰한 동물들에 대해 이런저런 얘기를 나누고 있다. 승욱은 교육자에게 자신이 관찰한 쥐 과에 속하는 동물에 관해 질문을 하며 대화를 하고 있다. 거의 점심 식사가 끝날 무렵 교육자가 학생들에게 말한다.

"자, 조금 쉬었다가 다시 발품을 팔아 동물들을 좀 더 관찰해보세요! 그리고 다음 수업시간에 자신이 관찰한 동물들을 보여주세요! 시연하기 전에 우선 변신에 도움이 될 만한 의상과 소품, 분장 등을 생각해보고 준비해보세요. 그러고 나서 그들의 신체기관을 모방해 자신의 몸에 갖다 붙여 서 있거나 앉아 있어 보고요. 그러고 난 다음 걸어보기도 하고 어떤 물건들을 다뤄도 보고요. 오케이?"

"네!"

교육자는 오후에 연기학회에서 주최하는 연기워크숍이 있다며 먼저 일어난다. 무신과 소희는 자리를 툭툭 털고 일어나서 코끼리가 있는 우리 쪽으로 발길을 옮긴다. 정태와 문숙, 주희는 그들이 관찰한 동물들의 형상을 담은 카메라를 들여다보며 이야기를 나누고 있다. 다른 학생들은 여전히 도시락을 먹으며 잡담을 하거나 관찰할 동물들에 대해 이야기를 나누고 있다.

8

교육자가 실기실로 들어와서 자리에 앉으면 책상 위 노트에는 학생들이 작성한 발표순서가 다음과 같이 적혀있다.

〈인물 관찰〉

1. 압구정 카페에서 본 남자　　　. . . 양승욱
2. 지하철에서 본 여자　　　　　. . . 이소희
3. 광장시장 뒷골목에서 본 남학생　. . . 감무신
4. 백화점에서 본 남자　　　　　. . . 박정태
5. 집 근처 마트에서 본 할머니　　. . . 이정하

〈동물 관찰〉

1. 낙타　　　　　　　　　　. . . 손기주
2. 호랑이들　　　　　　　　　. . . 윤문숙/이수정/권주희
3. 두루미　　　　　　　　　　. . . 김현정

　무대는 가림막으로 외벽이 만들어져 있고 왼쪽에 카페용 테이블과 의자가 놓여 있다. 오른쪽에 프레임으로 만든 출입구는 커튼으로 드리워져 있다.

　"준비되면 시작할까요?"

　승욱은 가림막 뒤에서 큰소리로 외친다.

　"네, 준비되면 시작하세요!"

　교육자도 큰소리로 화답한다.

　"시작하겠습니다."

　승욱이 짧게 응답한다. 잠시 후 승욱은 커튼을 천천히 열어젖히고 카페로 들어선다. 검정색 가죽잠바를 입었고, 바지는 딱 달라붙는 청바지이다. 푸른색이 감도는 선글라스를 쓰고 있으며, 머리카락은 자연스럽게 오른쪽으로 멋 부리는 듯 쓸어 넘겼고, 어깨에는 척 보면 알 수 있는 명품인 듯한 가방을 걸쳤다.

그는 한쪽 다리를 살짝 굽히고 입구에 서 있다. 동료들이 그의 모습을 보며 큰 웃음을 터뜨린다. 잠시 후에 그는 검지만을 사용하여 선글라스를 코끝으로 내리더니 카페를 한 바퀴 휙 둘러본다. 그리고는 검지로 선글라스를 위로 올리고 발걸음 가볍게 왼쪽 구석에 있는 테이블로 향한다. 그는 가방을 의자에 우아하게 내려놓는다. 그리고 자신이 앉을 의자를 중지로 쓸어 먼지가 없는 것을 확인하고서 살포시 앉아서 다리를 꼰다. 승욱은 선글라스를 낀 채 카페 안을 다시 한 번 휙 둘러보고는 손가락을 절도 있게 사용하여 가방을 열어 책 한 권을 꺼낸다. 그리고는 책을 테이블 위에 놓고 검지와 중지를 사용하여 책장을 넘긴다. 왼손으로 책을 잡고 잠시 책을 눈여겨보다가 안주머니에서 헝겊을 꺼낸다. 그는 절제된 손가락 형태로 선글라스를 벗어 입을 동그랗게 모으고 입김을 선글라스에 분사한 뒤 부드러운 리듬으로 안경알을 닦기 시작한다. 그리고는 목을 천천히 뒤로 젖히고 선글라스를 조심스럽게 끼고 난 뒤에 손목을 리드미컬하게 사용하여 머리카락을 쓸어 넘긴다.

승욱은 한동안 허리를 빳빳하게 곧추 세우고서 책을 읽고 있다. 잠시 후 그는 책을 한 손으로 덮더니 꼭 쥐고 일어선다. 그리고 가방을 조심스럽게 어깨에 걸치고서 카페에 들어올 때처럼 발걸음 가볍게 나간다. 학생들은 승욱의 인물형상을 보며 여기저기서 키득키득 거리고 있다. 교육자도 웃음을 머금고 있다.

"압구정 카페에서 관찰한 남성인가요?"

교육자가 노트를 쳐다보며 큰소리로 묻자, 승욱은 프레임 뒤 쪽에서 다시 등장하여 관찰한 남자인 듯한 목소리로 "네!"라고 짧게 대답한다. 학생들이 큰소리로 웃음을 터뜨린다. 교육자도 빙그레 웃는다.

"카페에서 보았던 남자를 매우 주의 깊게 잘 관찰한 것 같군요. 관찰한 대상의 행동 특징을 섬세하게 몸에 갖다 붙여 승욱이 아닌 다른 사람을 보는 듯 했어요. 특히 카페에 들어와 서 있는 자세, 걸음걸이, 눈, 그리고 손가락을 사용해

책장과 선글라스를 다루는 행동, 그리고 의자, 헝겊, 머리카락 등을 다루는 행동들은 무척 흥미로웠습니다."

학생들은 고개를 끄덕거리며 교육자에게 동의의 뜻을 표한다. 교육자가 승욱을 향해 재차 질문을 던진다.

"몇 가지만 물어볼까요? 승욱이 관찰한 사람은 어떤 일을 하는 사람 같았나요?"

승욱은 잠시 생각하다가 교육자의 질문에 차분하게 대답한다.

". . . 그 사람이 카페를 나갈 때 따라갔었는데, 그는 외제차를 타고 왔었습니다. 정확히 어떤 일을 하는 것 같진 않았고 돈 많은 부잣집 도련님 정도로 보였습니다."

"그렇다면 그 사람의 어떤 점이 승욱의 주의를 끌었나요?"

교육자가 재빨리 다시 묻는다.

"카페에 들어섰을 때부터 보통 사람과는 다른 형상과 행동거지를 보였습니다. 그리고 차림새도 눈에 띄었고요. 처음에는 영화배우인가 생각했을 정돕니다. 무엇보다도 행동 하나하나가 여성스러울 정도로 섬세했는데, 특히 대상을 다룰 때 그의 손가락 행동은 저에게 무척 흥미로웠습니다."

승욱은 힘차면서도 또박또박 답변한다. 교육자와 학생들은 고개를 연신 끄덕거린다.

"오케이! 승욱은 관찰한 사람에 대한 일대기를 꼼꼼하게 한 번 기록해보세요. 아마 매우 흥미로운 인물의 약력이 탄생할 듯합니다. 그리고 그의 하루 일과도 면밀하게 작성해보세요. 자신의 상상력을 총동원해서 말입니다. 오케이?"

승욱은 고개를 끄덕이며 노트에 과제를 빠르게 적기 시작한다.

"자, 다음 사람 볼까요?"

학생들은 잽싸게 움직여 무대를 지하철의 내부로 만들기 시작한다. 교육자는 승욱과 함께 시연에 대해 대화를 나누고 있다. 학생들은 소희의 시연을 위해 무대전환을 하느라 여념이 없다. 그들은 무대 뒤쪽에 가림막을 일렬로 세우고 그 앞에 긴 큐빅을 이용하여 지하철 의자로 만든다. 그리고 프레임을 가림막 사이에 놓아 지하철 문으로 만든다. 무대전환이 끝나자 가림막 뒤에서 소희의 카랑카랑한 음성이 들린다.

"시작하겠습니다!"

"네!"

승욱과 대화를 끝내고 무대전환을 바라보고 있던 교육자가 경쾌하게 응답한다. 잠시 후, 소희는 상체와 하체에 무언가를 잔뜩 집어넣어 뚱뚱한 여자의 형상으로 분한 뒤 프레임 뒤쪽에 서 있다. 그녀의 턱은 살이 두 겹으로 만들어져 있고 눈은 게슴츠레 뜨고 있으나 눈동자만큼은 위로 향해 있다. 입술 주위의 근육은 양옆으로 넓게 확장되어 있다. 그리고 어깨는 약간 위로 올려져있어서 자연히 상체가 구부정하다. 그녀의 손에는 상당한 부피의 두툼한 보따리가 들려져 있다. 학생들은 소희의 변신된 형상을 보며 큰소리로 웃어댄다.

이윽고 뚱뚱한 여자로 변신한 소희는 프레임을 통해 지하철 안으로 성큼 들어선다. 그녀는 빈 자리를 찾는 듯 고개를 힘겹게 이리저리 돌리며 살핀다. 빈 자리를 발견하고서는 어기적거리며 걸어가 보따리를 땅바닥에 아무렇게나 놓고 긴 의자에 털썩 앉는다. 그녀는 다리를 쩍 벌리고 있다가 땅바닥에 놓인 보따리를 집어 배꼽부근까지 끌어 당겨 두 손으로 꼭 안고 있다. 그녀의 어깨는 여전히 약간 위로 들려져 있고 목은 앞으로 튀어 나와 있다. 그녀의 눈동자는 위로 치솟아 무언가를 계속 살피고 있다. 소희의 이런 모습을 보고 있던 학생들은 격하게 웃어댄다.

이제 그녀는 미동도 하지 않은 채 눈만 반쯤 감았다 떴다를 반복한다. 이내 그녀의 눈은 천천히 감기고 입술은 왼쪽으로 쏠리며 고개를 약간 끄덕거리기 시작한다. 갑자기 그녀는 깜짝 놀라며 깬다. 그러더니 그녀는 재빠르게 다시 이전의 자세로 돌아간다. 학생들과 교육자는 한바탕 웃음을 터뜨린다. 이내 다시 그녀의 눈은 서서히 감기고 입술은 또 왼쪽으로 쏠리고 있다. 이제 그녀의 어깨와 목은 일정한 리듬으로 흔들리고 잠에 빠진다.

학생들은 큰소리로 웃어대고 있고, 교육자도 웃음을 애써 참고 있다.

"오케이! 여기까지 볼까요?"

자신으로 돌아온 소희는 쑥스러운 듯 고개를 파묻고 웃고 있다.

"자네가 관찰한 인물은 어떤 일을 하는 사람이라고 생각했나요?"

잠시 후 교육자가 그녀에게 질문을 던지자 소희는 머리를 긁적이며 입을 뗀다.

"동대문역 근처에서 이 여자를 약 20여분 동안 관찰했는데. . . 보따리와 차림새로 보아 새벽에 지방에서 올라와 옷을 떼러 온 듯했어요. 그래서 그 시간에 보따리에 옷을 잔뜩 담아 서울역까지 가는 것 같았고요."

"관찰한 시간이 이른 아침이었나요?"

"네. 과제 때문에 아침 일찍 집을 나섰어요. 아침 7시쯤인 걸로 기억해요."

교육자가 고개를 끄덕이며 그녀에게 재차 질문한다.

"그녀에게 있어서 흥미로운 형상이나 행동은 무엇이었죠?"

"뚱뚱한 체격 때문인지 목이 어깨에 파묻혀 있었고, 안면 근육은 전체적으로 옆으로 팽창되어 있었습니다. 그래서 지하철을 기다리며 서 있는 이 여자의 형상이 제 눈에 확 들어 왔어요. 특히 이런 형상으로 그녀가 잠 들 때까지의 행동은 저를 무척 흥미롭게 했고요. 그런데 다른 신체부위는 거의 움직임이 없었는데, 딱히 대상이 없이 무언가를 바라볼 때 위로 치켜 뜬 그녀의 눈동자는 끊임없이 옆으로, 아래위로 움직이고 있어서 매우 재미있는 행동이라고 생각했어요."

소희가 생기 넘치는 목소리로 교육자의 질문에 대답하자 그는 고개를 연신

끄덕거린다. 학생들도 고개를 연방 *끄덕거리고* 있다.

"소희가 관찰한 인물의 형상과 행동은 무척 흥미로웠습니다. 관찰한 대상의 신체적 특징들을 잘 포착하여 모방한 듯했기 때문이죠. 이를테면 살집이 통실한 사람의 걸음걸이, 목과 어깨, 짐을 안고 있는 자세, 특히 그녀가 잠들 때의 눈과 안면 근육의 변화에 대한 행동은 매우 잘 모방한 행동이었다고 생각됩니다."

교육자가 말을 끊고서는 갑자기 승욱과 소희를 번갈아 쳐다보더니 말한다.

"다음 시간에 소희와 승욱은 자신이 관찰한 사람으로 2인 에튜드를 해볼 수 있을까요? 그들의 관계상 말이 필요할 지 그렇지 않을 지는 자네들이 판단하고요. 보여줄 수 있나요?"

그들은 교육자의 갑작스러운 과제에 잠시 서로 쳐다보더니 고개를 끄덕이며 경쾌하게 응답한다.

"그럼요!"

교육자가 빙그레 미소를 짓는다.

"오늘 수업은 여기까지 합시다!"

교육자가 실기실을 나서자 소희와 승욱은 마룻바닥에 앉아 자신들이 관찰한 인물 2인 에튜드에 대해 이야기를 나누기 시작한다. 문숙과 정태, 무신은 노트를 꺼내 무언가 쓰기 시작하고 나머지 학생들은 자신들이 준비한 소품과 의상을 챙기고 있다.

9

교육자 앞에 놓여 있는 책상 위 노트에는 학생들이 적어 놓은 발표순서가 다음과 같이 기록되어 있다.

〈동물 관찰〉

1. 낙타   . . . 손기주
2. 호랑이들   . . . 윤문숙/이수정/권주희
3. 두루미   . . . 김현정

〈인물 관찰〉

1. 만화방에서 본 남자   . . . 감무신
2. 마트에서 본 여고생   . . . 이소희
3. 종로 4가에서 본 아주머니 . . . 이정하
4. 합정역에서 본 고등학생 . . . 양승욱
5. 동네 어귀에서 본 할아버지 . . . 박정태

"준비되었나요? 기주!"

교육자가 가림막을 향해 외친다.

"네! 시작하겠습니다."

가림막 뒤에서 기주는 큰소리로 외친다. 잠시 후 상의는 옅은 회색의 털옷을 입고, 하의는 무릎까지 달라붙은 아이보리 색의 바지를 입었으며, 체크무늬의 긴 양말과 굽 높은 갈색 구두를 신고 또각또각 거리며 낙타로 변한 기주가 등장한다.

그의 목은 심할 정도로 앞으로 쭉 뻗어 있고, 등은 최대한 둥글게 말고 있으며, 눈썹과 눈두덩이는 검은색으로 두껍게 칠했다. 두 팔은 앞으로 쭉 뻗고 두 다리는 최대한 빳빳하게 편 상태다. 그는 잠시 서서 목을 옆으로 천천히 움직이며 이리저리 둘러본다. 이때 입술은 연신 둥글게 회전시키고 있고, 눈은 끔벅거리며 떴다 감았다하기를 천천히 반복한다. 이러한 자세와 형상을 유지한 채 무릎을 굽혀 다리를 천천히 들었다가 직각으로 지면에 닿으며 걷기 시작한다.

학생들은 함성을 지르며 기주의 낙타를 주의 깊게 쳐다보고 있다. 낙타로 분한 기주는 걸었다가 멈추었다가를 반복한다. 그러더니 두 팔을 앞으로 쭉 뻗어 전면을 향해 눈을 껌벅거리며 서 있다. 잠시 후 낙타로 분한 기주는 천천히 돌아서며 궁둥이를 씰룩거리고는 우리로 향한다. 동료들은 탄성을 내지르고 교육자는 고개를 연신 끄덕이고 있다.

"수고하셨어요. 낙타의 형상화 과정에 대해 우리에게 자세히 이야기해줄래요?"

교육자가 가림막 뒤로 퇴장한 기주를 향해 소리친다. 기주는 머리를 긁적이며 자신의 본 모습으로 등장한다.

"지난번 동물원에 가서 여러 동물들을 관찰하다가 유독 낙타가 저의 흥미를 끌었습니다. 그래서 자세히 관찰하고서는 집에서 낙타에 대한 동영상을 찾아보았습니다. 그리고는 낙타의 얼굴, 등, 목, 걸음걸이 등을 하나씩 모방하기 시작했습니다. 그런데 동영상과 실제로 본 것과의 차이를 느끼고 몇 차례 동물원을 더 방문했습니다. 그때 낙타의 서 있는 자세, 입과 눈, 어깨, 걸을 때 다리의 변화, 앉을 때 신체기관의 움직임 등을 핸드폰에 담아두어 다시 모방 작업으로 들어갔고요. 그러다가 낙타에 대한 것들이 궁금해서 컴퓨터를 통해 조사도 해보았습니다. 낙타가 사막에서 살아남기 위해 여러 가지의 형태로 진화되었다는 사실을 이때 처음으로 알게 되었는데, 예를 들면 눈썹과 코, 두꺼운 가죽, 커다란 말발굽, 특히 육봉은 다른 동물에게는 없는 낙타만의 진화된 특별한 신체기관이었습니다."

학생들과 교육자는 기주의 설명을 주의 깊게 듣고 있다. 고개를 연신 끄덕거리던 교육자가 입을 연다.

"오케이, 그런데 네 발 짐승인 낙타를 왜 일으켜서 걷게 했죠?"

기주는 잠시 뜸을 들이다가 겸연쩍은 듯 웃고서는 답변한다.

". . . 처음에는 땅바닥에 네 발로 짚고서 걸었는데, 왠지 덩치 큰 낙타를 표현하기에는 왜소해 보인다는 생각이 들었습니다. 그래서 여러 가지 형태로 해보다가 일어서서 팔을 공중에 디디고 걸어보게 되었습니다. 그랬더니 이전의 형상작업과는 확실히 다른 새로운 느낌이 들었습니다. 그것은 훨씬 더 큰 느낌을 받았고, 편했고, 좀 더 여러 신체기관들을 활용하는데 있어서 저로 하여금 적극적이게끔 만들었습니다. 예를 들면 목의 사용과 지면에 닿은 손과 관절, 걸을 때의 굼실대는 리듬감 등을 충분히 가능하게 했습니다. 또한 일어서기를 통해 낙타의 눈도 좀 더 집중하여 행동하도록 만들었던 것 같습니다."

교육자와 학생들은 고개를 연방 끄덕거리며 기주의 답변을 경청하고 있다.

"오케이, 낙타의 형상을 위해 의상은 어떻게 준비했나요?"

교육자가 미소를 띠며 흥미로운 듯 재차 질문하자 기주는 즉각 대답한다.

"몸을 나름대로 바꾸었는데도 뭔가 부족하다는 느낌이 들었습니다. 그게 무엇일까 생각하다가 우연히 길거리에서 털 재킷을 입은 여성을 보고 저것을 입으면 도움이 될 수 있을 것 같다고 생각했습니다. 그래서 전에 누나가 입던 회색 털옷을 입고, 발목 부근은 긴 양말과 굽이 있는 구두를 신고 걸었더니 모자랐던 부분이 채워지는 듯한 느낌이었습니다. 그것이 정확하게 무엇인지는 아직까진 모르겠지만, 아무튼 제가 아닌 다른 무엇으로 변신하는데 도움이 된 듯한 자감이 생긴 것만은 분명했습니다."

교육자는 기주의 설명에 고개를 끄덕거리며 빙그레 웃고 있다. 듣고 있던 동료들도 연신 고개를 끄덕인다.

"오케이! 그렇다면. . . 즉흥적으로 과제를 하나 제시해볼까요?"

기주와 학생들은 일제히 교육자에게 주의를 기울인다.

"기주는 방금 보여준 낙타의 형상, 즉 낙타의 얼굴, 입, 눈과 불룩 솟은 등, 그리고 걸음걸이 등을 유지하고서 어떤 인물로서 걸어볼 수 있을까? 다시 말하

면, 낙타의 형상을 가지고 어떤 인물로서 걸어보라는 겁니다. 즉 낙타의 형상을
유지한 채 어떤 인물로 의인화시켜 보라는 것입니다. 이해되나요, 기주?"

교육자가 기주를 똑바로 쳐다보며 즉흥 과제를 제시하자, 그는 잠시 난감해
하는 듯 하다가 이내 결심한 듯 대답한다.

"준비되면 해보겠습니다."

교육자는 대답대신 고개를 끄덕인다. 학생들은 흥미로운 듯 가림막 뒤에서
즉흥과제를 준비 중인 기주에게 주의를 기울이고 있다. 잠시 후에 기주는 가림
막 뒤에서 외친다.

"시작하겠습니다."

"네!"

교육자가 짧게 화답한다. 잠시 후에 기주는 어깨에 가방을 메고, 눈에는 뿔
테 안경을 쓰고 등장한다. 그는 다리를 조금 높이 들었다가 천천히 내리며 걷기
시작한다. 낙타의 형상을 유지한 채 어떤 인물로 분한 기주는 잠시 서서 이리저
리 둘러본다. 그의 얼굴 근육은 전체적으로 밑으로 처져 있고, 입술은 앞으로 튀
어 나와 무언가를 씹고 있는 듯하며, 눈은 천천히 껌벅껌벅 떴다가 감았다하기
를 반복한다. 잠시 후에 그는 엉덩이를 실룩거리며 벤치로 걸어가더니 천천히
앉는다. 동료들은 낙타를 의인화한 기주의 인물을 주의 깊게 바라보고 있다.

"오케이, 수고했어요. 기주가 지금 보여준 인물의 성격에 대해 이야기해볼까
요?"

교육자는 기주의 시연을 끊으며 학생들 쪽으로 눈길을 옮긴다.

"매우 성실하지만 답답할 정도로 느려 터진 사람처럼 보여요."

"저희 집 근처에 있는 맘씨 좋은 조그만 마트 가게 아저씨를 연상케 합니다."

"자신의 일에 대해서만은 고집도 상당히 있을 것 같은데요."

"인문학을 전공하고 있는 대학원생으로 보입니다."

"여자한테는 별 관심이 없는 남자로 보여요."

학생들은 기주가 보여준 인물형상과 행동에 대해 제각각 자신의 의견을 피력한다. 교육자가 학생들의 생각을 다 듣고 난 후에 고개를 끄덕이더니 천천히 말문을 연다.

"우리에게 동물 관찰이 필요한 이유는 무엇 때문일까요? 만일 우리에게 동물 관찰이 유용하다면 그 이유는 또 무엇이죠?"

교육자의 시선은 학생들을 향해 있다.

". . ."

"굉장히 필요할 듯해요!"

소희가 침묵을 뚫고 확신에 찬 목소리로 대답한다.

"구체적으로 이야기해볼 수 있을까?"

교육자가 소희를 쳐다보며 되묻는다.

"동물 관찰 작업이 인물의 형상을 창조하는데 매우 효율적이라는 것을 선배님들로부터 듣긴 했지만 실제로 관찰 작업을 해보니 그것의 중요성에 대해 확실히 인식하게 되었어요. 관찰 작업은 동물의 눈, 입, 어깨, 걸음걸이, 앉아 있는 자세 등이 다른 사람으로 몸을 바꾸는데 있어서 구체적으로 도움을 주고 있기 때문이에요."

소희는 눈망울을 또록또록 굴리며 답변한다.

"저 또한 소희와 비슷한 생각입니다. 저는 지금 표범을 관찰하고 있는데, 표범의 눈은 대상을 깊숙이 바라보는 듯한 눈매를 가지고 있고, 걸음걸이는 우아한 웨이브를 가진 어떤 인물을 연상케 했습니다. 만일 이 다음에 제가 어떤 인물을 창조해야한다면 표범으로부터 차용할 수 있는 이러한 관찰 작업은 상당히 유용할 듯합니다."

정태도 한마디 거든다. 교육자는 그들의 이야기를 경청하며 고개를 끄덕이더니 말문을 연다.

"정태와 소희의 생각에 동의합니다. . . 아주 오래 전 학생시절 나와 함께 연기수업을 했던 어떤 여배우가 체홉의 아르까지나 역할을 표범으로부터 차용하여 인물의 형상화 작업을 했던 기억이 납니다. 그녀는 우선 표범의 목과 등을 유심히 관찰하여 아르까지나로서의 자세를 잡았고, 표범의 움직임과 템포-리듬을 몸에 붙여 아르까지나를 형상화했었습니다. 여배우라는 직업으로써 아르까지나의 이와 같은 자세와 형상화 작업은 우리로 하여금 감탄을 불러 일으켰습니다. 또한 우아하고 단정하게 살금살금 걷는 것 같으면서도 묵직한 그녀의 걸음걸이는 영락없는 한 마리의 표범을 보는 듯 했습니다.

분명 동물 관찰은 인물의 형상을 구축하는데 있어서 우리에겐 막강한 재료입니다. 그렇다면 차후의 인물 형상화 작업을 함에 있어서 부디 동물 관찰 작업을 적극적으로 활용하길 바랍니다. 오케이?"

"네!"

학생들은 큰소리로 화답하며 고개를 힘차게 끄덕인다.

"자, 이번에는 호랑이 세 마리를 한번 볼까요?"

교육자가 세 명의 여학생들을 바라보자 문숙이 다급하게 소리친다.

"선생님, 저희들이 준비하는데 시간이 조금 필요해요!"

"오케이! 잠시 쉬었다가 합시다."

교육자가 자리에서 일어서자, 다른 여학생들은 재빨리 세 명의 여학생들을 돕기 위해 분주히 움직인다. 남학생들은 그들의 시연을 위해 무대를 전환하기 시작한다.

10

휴식 후, 교육자가 실기실로 들어서며 "준비되었으면 시작하세요"라고 말하고서는 자리에 앉는다.

"시작하겠습니다!"

가림막 뒤에서 문숙이 큰소리로 외친다. 무대는 소, 중, 대 큐빅을 이용하여 브릿지를 만들었고, 왼쪽 구석에는 소품용 나무를 세워 놓았다. 무대 뒤쪽에는 다른 큐빅으로 단을 쌓아 높은 바위를 연상케 한다.

문숙은 아래위로 얼룩 색 무늬가 있는 타이즈를 입고 있고, 발목에는 갈색 헝겊으로 감싸고 있으며, 눈가에는 화장을 짙게 하고 머리카락은 뒤로 말끔히 쓸어 넘기고서 네발로 어슬렁거리며 등장한다. 곧이어 주희도 얼룩 색 무늬가 붙어있는 타이즈를 입고 코 근처로 긴 수염을 몇 가닥 그려서 어슬렁거리며 등장한다. 그녀 또한 발목은 갈색 헝겊으로 감싸고 눈에는 진한 화장을 하고 있다. 동료들은 탄성을 지르며 호랑이로 분한 문숙과 주희를 뚫어져라 쳐다보고 있다.

호랑이로 변신한 문숙은 브릿지 쪽으로 어슬렁거리며 걸어가더니 훌쩍 뛰어 올라간다. 그리고는 앞발을 포개고 엉덩이를 천천히 흔들며 앉는다. 그녀는 눈 동자를 치켜뜨고 앞을 응시하다가 고개를 크게 두어 번 흔들더니 입을 쩍 벌려 하품한다. 문숙은 다시 앞을 응시한 채 눈을 최대한 크게 껌벅거린다. 그녀는 눈을 천천히 감았다가 떴다가 몇 번을 반복한 뒤 목을 앞발에 늘어뜨린다.

또 다른 호랑이로 분한 주희는 여전히 어슬렁거리며 걷고 있다. 어깨를 굼실 거리며 천천히 걷다가 조금 빠른 속도로 걷기 시작한다. 그러다가 갑자기 앞발을 벽에 걸치고서 몸통을 세차게 좌우로 흔들기 시작한다. 그러더니 이내 빠른 속도로 땅을 짚고 내려와 몸통을 격렬하게 흔들어 댄다. 그리고는 나무근처로 성큼성큼 가서는 오른쪽 앞발을 왼쪽 앞발에 포개고 자리 잡고 앉는다. 목은 빳빳하게 곧추 세우고 눈은 앞쪽을 응시하고 있다. 동료들은 그들을 바라보며 연방 함성을 내지른다.

이때 새끼 호랑이로 분장한 수정이 폴짝거리며 뛰어 들어온다. 그녀는 까만 점박이가 찍혀 있는 후드셔츠를 입고 셔츠에 달려 있는 모자를 동여매고 있다. 수정은 네발로 빠르게 이리저리 뛰어다닌다. 그러다가 등을 곧추 세우기도 하고, 몸통을 하품하듯 길게 늘어뜨리기도 하다가 다시 천방지축 뛰어 다니더니 미끄러져 자빠진다. 새끼 호랑이로 분한 수정은 벌떡 일어나 주희 쪽으로 뛰어가 그녀의 품속으로 쏙 들어간다. 여학생 동료들은 새끼 호랑이로 분한 수정의 형상과 움직임을 보며 거의 자지러진다.

"수고했어요!"

교육자가 그들의 시연이 끝났음을 알고 끊자 호랑이로 분한 세 여학생은 쑥스러운 듯 엉거주춤 일어나 앉는다. 잠시 후 교육자는 입가에 미소를 머금은 채 그들에게 질문을 던진다.

"호랑이 관찰 후의 형상화 과정에 대해 우리에게 상세히 말해줄 수 있을까요?"

세 여학생은 호랑이 분장을 한 채 자신의 모습으로 돌아와 마룻바닥에 편하게 앉아 있다. 그 모습을 보고 있던 동료들이 웃음을 터뜨리자 그녀들은 머쓱해한다. 주희가 먼저 입을 뗀다.

"지난번 선생님과 함께 동물원에서 호랑이를 관찰 한 후에 두어 번 더 동물원에 갔었어요. 그때 문숙과 수정을 동물원에서 만났습니다. 이런저런 얘기를 나누다가 문숙과 수정도 호랑이를 흥미롭게 관찰하고 있다는 사실을 알고 세 마리의 호랑이를 관찰해서 보여주자며 의기투합했어요."

주희가 수정에게 눈길을 주자 수정이 이어서 입을 연다.

"그러다가 저는 다른 동물원도 방문했어요. 그런데 호랑이 우리를 찾아 관찰을 막 하려고 하는데 난데없이 어디선가 새끼 호랑이가 뛰어 나왔습니다. 한참을 새끼 호랑이를 흥미 있게 관찰했습니다. 그래서 호랑이 암컷 두 마리에 새끼 호랑이를 관찰해서 수업시간에 보여주는 것이 어떠냐고 문숙과 주희에게 전화를 했습니다."

교육자가 고개를 끄덕이며 중얼거린다.

"내 질문에 대한 답변은 안 해주는군."

학생들은 웃음을 터뜨린다. 세 여학생이 머쓱해하자 교육자가 다시 질문을 던진다.

"오케이, 호랑이를 관찰하여 모방하는 데 있어서 어떤 어려운 점이 있었나요?"

"네발로 걷는다는 건 정말 쉽지 않았어요. 특히 앞발이 움직이고 뒷발이 뒤따라 움직일 때 앞발 어깨 근육의 회전은 상당히 많은 연습을 해야만 했어요."

문숙이 먼저 답변한다.

"또요?"

교육자가 재차 질문하자 주희가 나선다.

"삼백근인 눈동자와 목의 움직임이었어요. 그리고 동물들이 방향을 바꿀 때 앞발이 X자 형태로 교차한다는 사실도 알게 되었습니다. 특히 그들이 걸을 때 엉덩이 부분이 굼실대는 것은 앞발과 뒷발의 움직임 때문이었는데, 실제로 연습할 때에는 무척 힘들었어요."

교육자가 고개를 끄덕이며 수정을 향해 시선을 돌린다.

"새끼 호랑이는 더욱 쉽지 않았을 것 같은데?"

"새끼 호랑이의 예측할 수 없는 움직임은 어린 아이를 관찰했을 때만큼이나 어려웠어요. 그래서 제가 집에서 기르고 있는 새끼 고양이를 수없이 관찰하고 모방하면서 조금씩 움직임의 템포와 리듬을 몸에 갖다 붙일 수 있었던 것 같아요. 아직 충분하지는 않지만요. 그리고 새끼 호랑이의 기지개 켜는 행동과 등을 둥글게 마는 행동은 거의 매일 연습하면서 운동 효과가 있음을 확인했는데, 요즘 매일 아침 운동으로 활용하고 있습니다."

교육자는 수정의 대답에 고개를 세차게 끄덕이며 동의의 뜻을 전한다. 학생들도 고개를 연방 끄덕거리고 있다.

"오케이, 아주 흥미로운 호랑이 세 마리였습니다. 수고했어요! 자, 현정의 두루미도 한번 볼까요?"

교육자가 노트를 보며 현정에게 시선을 돌린다.

"선생님. . ."

"시간이 필요한 거죠? 오케이, 10분간 커피타임!"

11

"현정은 준비되었나요?"

교육자가 휴식 후 들어와 자리에 앉으며 가림막 뒤를 향해 소리친다.

"네!"

현정은 가림막 뒤에서 큰소리로 대답한다.

"준비되면 시작하세요!"

잠시 후 현정은 상체와 다리를 뻣뻣하게 세우고 양 팔을 뒷짐 지고서 쑥 들어온다. 그녀의 눈 주위는 검은색과 빨간색으로 칠해져 있고, 머리에는 꽉 끼는 하얀색 겨울 털모자를 썼다. 그리고 발에는 빨간색 스타킹과 발목까지 올라온 굽 높은 구두를 신고 있다. 그녀의 상의는 하얀 색 얇은 털옷, 바지는 무릎까지 오는 꽉 끼는 회색 7부 바지를 입었다. 동료들이 큰소리로 탄성을 내지른다.

두루미 형상으로 분한 현정은 들어와서 두 발로 꼿꼿하게 서 있다. 이러한 모습은 마치 들판에 길쭉하게 서 있는 두루미를 연상케 한다. 그녀는 입을 앞으로 쑥 내밀고 목은 과다할 정도로 위로 빼고 동그란 눈을 한층 크게 뜨고 있다. 잠시 후 현정은 위로 쑥 빼낸 목을 크게 움직여 이리저리 살피고 난 뒤, 천천히 다리를 직각으로 오므렸다가 뻗으며 걷기 시작한다. 두 팔을 힘껏 뒷짐 지고 걷던 현정은 갑자기 한 발을 들고서 한 발로만 서 있다. 그녀는 잠시 까만 눈을 동그랗게 뜬 채 전방을 응시하다가 한 발을 살며시 바닥에 놓더니 상체를 숙여 콕콕 쪼는 행동을 해댄다. 그러다가 웨이브 리듬으로 목과 상체를 순식간에 일으켜 전방을 응시한다. 잠시 후 그녀는 뒤로 모으고 있던 두 팔을 옆으로 크게 펼친다. 그리고 펼쳐진 두 팔 안으로 입을 사용하여 쿡쿡 찌르는 행동을 연신 해대기 시작한다. 그러더니 두루미로 분한 현정은 다시 팔을 가지런히 뒤로 모으고 천천히 다리를 직각으로 뻗으며 걸어 나간다.

학생들은 두루미로 분한 현정의 형상과 행동을 보고서 박수를 쳐대며 고함을 지른다. 교육자는 함박 미소를 띠고 있다.

"오케이! 두루미인가요?"

교육자가 가림막 뒤로 퇴장한 현정을 향해 큰소리로 외친다.

"네, 정확하게 말하면 두루미 과에 속하는 재두루미예요."

현정은 털모자를 벗고 머리카락을 손으로 매만지며 가림막 뒤에서 나온다. 교육자와 학생들은 현정의 답변에 고개를 끄덕인다.

"오케이, 재두루미의 어떤 점이 현정에게 흥미로웠나요?"

교육자가 재차 질문을 던지자 그녀는 의자에 앉으며 천천히 입을 뗀다.

"우선 재두루미가 움직이지 않고 서 있는 자태는 너무 예뻐 보였습니다. 무척 우아하면서도 날렵하게 보였거든요. 그리고 재두루미의 동그란 눈동자와 걸음걸이는 하이힐을 신고 맵시 있게 걷는 똘망똘망한 20대 아가씨를 보는 듯 했습니다."

"오케이, 재두루미를 모방하면서 특별히 어려운 점이 있었다면 어떤 것이었나요?"

교육자가 미소를 띠며 재차 현정에게 묻는다. 현정은 머리카락을 연신 손으로 정리하며 활기찬 목소리로 답변한다.

"우선 재두루미의 눈과 목을 복사하는 것이었어요. 두루미의 눈은 조그마하면서도 동그랗게 생겼고, 무엇을 본다기보다는 그냥 떠있는 것 같았거든요. 또한 두루미 과의 새는 목이 대체로 길어서 구부릴 때와 꼿꼿하게 서 있을 때의 움직임을 모방하는 것이 무척 힘들었습니다. 그래서 춤출 때 웨이브와 같은 느낌을 가지고 목의 움직임에 대한 템포와 리듬을 찾고자 했어요.

그렇지만 제일 힘들었던 것은 재두루미의 걸음걸이였던 것 같아요. 제가 관찰한 재두루미는 몸길이가 대략 1m가 넘었는데, 반은 다리인 듯했습니다. 다리는 아주 얇지만 단단한 철사 같아 보였고, 그 걸음걸이는 크고 긴 인형이 움직이는 듯한 느낌이었습니다. 그런 다리로 오므리고 뻗는 동작은 절도 있는 군인을 떠올리게 했고요. 그래서 정말 많은 시간을 들여 연습해야만 했었어요."

현정의 설명에 학생들과 교육자는 고개를 연신 끄덕인다.

"오케이! 현정의 시연에서 흥미로웠던 것은, 두루미의 특징인 눈, 목, 다리 등의 형상을 잘 포착하여 두루미의 행동에 대한 템포와 리듬을 적합하게 찾아 실행한 것이었습니다."

교육자는 잠시 말을 멈추고 생각에 잠기더니 이내 기주와 문숙, 수정, 주희, 그리고 현정을 바라본다.

"다음 주 축제 때 기주의 낙타, 문숙, 수정, 주희의 호랑이, 현정의 두루미는 극장 앞에 간이 무대를 만들어 보여주도록 하세요! 동료들은 그들을 도와주고요!"

"극장 앞에서요?"

문숙이 깜짝 놀라며 되묻는다.

"극장 입구에 적당한 무대를 만들어 오늘 시연한 동물들을 보여주세요. 물론 그들의 행동, 즉 걷기도 하고, 앉기도 하면서 말입니다. 축제 위원회에 이야기해 놓을 테니까. 오케이?"

"네!"

그들은 큰소리로 화답한다. 동료들이 부러운 듯한 함성을 지르자 교육자는 빙그레 웃으며 말을 이어간다.

"자, 다음 시간부터 또 다른 과제로 들어가 봅시다. 그것은 인물 관찰 중에서 직업군에 해당하는 사람들을 관찰하는 일입니다. 제빵사, 옷이나 구두를 수선하는 사람, 시장에 있는 많은 직업군들, 변호사, 교수, 국회의원, 치과의사, 디자이너, 가수 등입니다. 이러한 직업군들을 관찰하여 그들의 행동을 모방한다는 것은 꽤 많은 시간과 연습이 필요합니다. 왜냐하면 그들의 행동과 말은 직업으로써 숙련된 전문적인 일이기 때문이죠.

그런데 우리는 이 중에서 가수 관찰로 국한하여 우리의 작업을 하고자 합니다. 자, 이제 가수를 관찰하여 그들의 직업으로써의 행동을 모방해서 보여주길 바랍니다."

교육자는 말을 잠시 멈추고 학생들을 찬찬히 바라보더니 질문을 툭 던진다.

"가수는 노래를 하는 사람이죠. 어떤 종류의 가수들이 있습니까?"

"대중 가수요."

"성악가나 오페라 가수요."

"뮤지컬 가수요."

"판소리나 민요를 하는 사람도 있습니다."

학생들이 즉각 답변한다.

"오케이, 그들 중 여러분들의 흥미를 끄는 가수를 선택하여 모방해서 수업시간 때 보여주길 바랍니다."

교육자는 다시 말을 잠시 멈추더니 이내 학생들을 향해 또다시 질문을 던진다.

"가수라는 직업이 우리에게 관찰의 대상이 되어야 하는 이유는 무엇일까요?"

" . . . "

학생들은 생각에 잠겨있다. 교육자가 그들의 답변을 기다리다가 자신의 말을 잇는다.

"가수는 대략 5분 내외의 시간 동안 노래와 춤을 추며 무대에 있습니다. 우리가 대략 1시간에서 3시간 정도의 시간을 무대에서 무엇을 하며 있는 것과 비교하면 엄청 짧은 시간이죠. 하지만 무대 위에 있는 시간의 길이는 중요하지 않습니다. 가수는 5분 정도 무대 위에서 존재하지만, 이 시간은 온전히 그들만의 공간이며 시간입니다.

우리에게 희곡이라는 텍스트가 있다면 가수에게 있어서 텍스트는 노랫말, 즉 가사죠. 가수는 이처럼 짧은 시간동안 가사를 음률에 실어 행동으로 옮겨내는 사람들입니다. 이때 그들에게서 뿜어 나오는 에너지와 행동은 실로 강렬합니다. 배우가 무대에서 시간과 힘을 적절히 분배하여 연기한다면, 가수는 5분 내외의 시간동안 그들의 모든 것을 보여줘야 합니다. 따라서 그들의 행동을 모방한다는 것은 우리들에게 무척 흥미롭고 유용한 과제임에 틀림없을 것입니다.

이처럼 가수는 멜로디에 노랫말을 실어 몸행동으로 드러내기에 여러분들이 그들의 이러한 특별한 행동을 모방하여 보여준다면, 우리의 일과는 또 다른 무대적 에너지를 발견하게 될 것이고요. 가수가 무대에서 노래할 때 사용하는 주 도구는 무엇입니까?"

"마이크요!"

무신이 곧장 대답한다.

"오케이, 그들에게 있어서 마이크를 다루는 행동은 대단히 중요합니다. 왜냐하면 노랫말을 멜로디에 실을 때 소리의 강약 조절이야말로 그들에게 있어서는 매우 중요한 일이기 때문이죠. 이처럼 그들은 마이크라는 도구를 통해 행동으로 실행해내는 사람입니다. 그리하여 가수들이 마이크를 사용하는 행동을 모방한다는 것은 분명 또 다른 흥미로운 행동 수행일 것입니다. 해서 가수에게 있어서 마이크는 무대에서 없어서는 안 되는 행동의 중요한 요소이죠.

자, 다음 주부터 자신에게 흥미로운 가수를 찾아 연습하여 조금씩 그들의 행동을 보여주세요, 오케이?"

"노래는 직접 불러야 하나요, 선생님?"

소희가 손을 들어 질문한다.

"가수의 목소리는 모방할 필요가 없습니다. 즉 소리가 없는 행동 모방입니다. 우리의 일은 행동에 모든 주의가 맞추어져 있습니다. 그리하여 인물 관찰 중 가수 관찰에도 그것은 마찬가지로 적용되어야만 합니다. 따라서 어떤 가수의 노래를 선택하여 연습할 때는 노래를 하고 있는 가수의 행동을 모방해서 보여주길 바랍니다. 당연히 마이크와 스피커는 준비하고! 이해되었나요?"

"네!"

"선생님, 그러면 시연 때는 립싱크로 하라는 말씀이시죠?"

현정도 손을 들어 질문한다. 교육자가 힘껏 고개를 끄덕이며 재차 설명한다.

"입으로 노래lip synchronization를 부르지만 노래하는 가수의 얼굴, 어깨, 손, 상체, 하체, 마이크를 사용하는 행동 등을 모방하여 시연하라는 것입니다. 오케이?"

현정은 고개를 크게 끄덕인다.

"수업용 노트에는 보여줄 인물, 동물 또한 계속 적고, 이제 그 옆에 가수명과 노래제목도 적어서 보여주세요!"

교육자의 또 다른 과제에 학생들은 한숨을 크게 내쉰다. 교육자가 빙그레 미소를 지으며 소리친다.

"자, 다음 사람 볼까요?"

무신의 시연을 위해 동료들은 벌떡 일어나서 재빨리 무대전환을 하기 시작한다.

12

여느 때와 마찬가지로 교육자가 정시에 실기실로 들어와 자리에 앉으면 책상 위 노트에는 다음과 같이 발표순서가 빼곡히 적혀있다.

〈인물 관찰〉

1. 종로 3가에서 본 할아버지 . . . 박정태
2. 집 앞 놀이터에서 본 5살 여자아이 . . . 김현정
3. 지하철에서 본 50대 아저씨 . . . 손기주
4. 터미널에서 본 군인 . . . 양승욱
5. 클럽에서 본 외국인 여자 . . . 이수정

〈동물 관찰〉

1. 원숭이 . . . 감무신
2. 뱀 . . . 이정하
3. 물개 . . . 박정태
4. 독수리 . . . 손기주
5. 다람쥐 . . . 권주희

〈직업 관찰(가수)〉

1. 나훈아 〈갈무리〉 . . . 감무신
2. 김범수 〈늪〉 . . . 양승욱
3. 비타즈 〈smile〉 . . . 박정태
4. 이선희 〈아름다운 강산〉 . . . 이소희
5. 이소라 〈난 행복해〉 . . . 윤문숙
6. 나나 무스꾸리 〈CANTA CANTA A MI GENTE〉 . . . 권주희

"가수부터 볼까요? 시간이 필요할 듯하니 준비되면 알려주세요!"

교육자가 책상 위 노트를 훑어보고 학생들에게 지시하고는 실기실을 나간다. 학생들은 무대전환을 하느라 분주하다. 무신은 의상을 급히 갈아입고, 소품과 마이크 등을 챙기느라 바쁘다. 정태와 기주는 스피커를 점검하고 있다. 그들은 이제 이 모든 것이 익숙한 일처럼 능숙하다. 문숙은 동료들의 준비사항을 점검하고서는 교육자를 부르러 간다. 잠시 후에 교육자가 다시 실기실로 들어와서 자리에 앉으며 외친다.

"준비되었나요, 무신!"

무신도 가림막 뒤에서 큰소리로 외친다.

"네!"

잠시 후, 반주음악이 흘러나오면 무신은 흰 색의 긴 프록코트와 찢어진 청바지를 입고, 긴 부츠를 신고 등장한다. 그리고는 멋스럽게 머리카락을 뒤로 쓸어 넘긴다. 그의 목에는 비단 머플러가 둘러져 있다.

계속 흘러나오는 전주부분에서 무신은 가수 나훈아 특유의 눈웃음과 걸음걸이로 무대를 활기차게 걸어 다닌다. 그러다가 갑자기 멈추고는 관객 쪽을 향해 윗니로 아랫입술을 꽉 깨물더니 마치 노려보는 듯 째려본다. 이 모습을 보고 있던 동료들이 박장대소한다.

노래가 시작되면 가수 나훈아로 분한 무신은 광대뼈를 들었다 놓았다하기도 하고 입가의 근육을 자유자재로 움직이기도 한다. 이때 그의 목은 유연하면서도 스타카토 같은 리듬을 드러낸다. 또한 트로트 가수인 나훈아 특유의 꺾기 동작을 마이크를 이용하여 현란하게 구사한다.

"우와!"

학생들은 가수 나훈아를 제법 구체적으로 모방하고 있는 무신의 행동에 감탄을 자아내며 박수치고 흥을 돋운다. 노래 1절과 2절 사이 간주부분에 무신은 긴 프록코트의 단추를 풀어 헤치고 무대를 당당하게 가로질러 걸어 다닌다. 그리고 관중의 동참을 호소하듯 두 팔을 사용하여 아래에서 위로 높이 들어 올리는 제스처를 취한다. 학생들은 열광하며 무신과 함께 어울린다.

노래 2절 반주가 시작되면, 무신은 옆으로 서서 고개만 관객을 향한 채 미동도 하지 않고 있다. 그의 눈은 마치 광선을 뿜어내는 것 같다. 노래가 시작되자 그의 눈은 부드럽게 웃고 있으면서 광대뼈와 입을 최대한 크게 벌린다. 노랫말에 맞춰 그는 손바닥을 쫙 펴서 객석으로 뻗기도 하고, 가슴에 애절하게 대기도 한다. 또한 윗니를 최대한 보이며 마이크는 바짝 입술 쪽으로 끌어 당겼다가 순식간에 떨쳐 내며 노래 부른다. 노래의 마지막 반주 부분에서 그는 무대 뒤쪽에 위치한 가상의 악단 쪽으로 성큼성큼 걸어가서 두 팔을 최대한 높이 들어 땅바닥 쪽으로 후려갈기는 동작을 하며 끝맺는다. 숨을 가쁘게 몰아쉬며 그는 프록코트의 밑자락을 한 손으로 멋지게 펄럭이고는 객석으로 느끼한 시선을 던지며 보무도 당당하게 퇴장한다.

동료들은 가수 나훈아로 분한 무신을 보고 모두 일어서서 박수를 치고 환호성을 지르며 앵콜을 외친다. 교육자 또한 환한 미소를 띠고 있다. 잠시 후에 무신이 자신으로 되돌아와 벤치에 앉으며 머리를 긁적이자 교육자가 빙그레 웃으며 말문을 연다.

"수고했어요, 일주일 전 몇 소절만 시연했을 때 보다 많은 것들이 해결된 것 같군요. 가수 관찰 작업 과정에 대해 우리에게 이야기해주세요."

무신은 큐빅에 앉아서 아직도 가쁜 숨을 내쉬며 천천히 입을 뗀다.

"거의 밥 먹고 자는 시간을 제외하고는 전 시간을 할애해서 비디오를 보고 또 보고 연습했던 것 같습니다. . . . 전에도 말씀 드렸던 것처럼, 우선 저한테 흥미로운 가수를 찾다가 그 중에서 젊었을 때의 가수 나훈아 콘서트를 보고는 재미있어서 그를 가수 관찰대상으로 최종 선택했습니다.

콘서트를 보며 처음에는 가수 나훈아가 노래할 때 행동거지를 전체적으로 대충 살펴보았습니다. 그러고 난 후 다시 돌려보기를 하며 노래할 때 그의 입, 눈, 광대뼈, 손, 상체, 걸음걸이, 제스처, 마이크 사용법 등을 하나씩 목록표로 작성하고 나서 '대상없는 행동'처럼 분절하여 연습을 시작했습니다.

며칠을 그렇게 연습하다가 진도가 나가질 않아 우연히 다른 방송에서 이 노래를 불렀던 그의 행동을 보면서 흥미로운 새로운 사실들을 발견할 수 있었습니다. 그래서 또 다시 연습할 수 있는 힘을 얻었고요. 예를 들면 몸이 음을 타며 흔들리거나, 노랫말에 어울리는 표정을 짓거나, 노랫말을 조근 조근 씹으며 내뱉는다는 것을 이때 정확하게 알았던 것 같습니다. 저는 이때의 세밀한 관찰을 통해 연습하면서 부쩍 자신감을 가지게 되었고요. 사실 그전에는 노래하는 가수 나훈아를 대충 따라 하기 바빴던 것 같거든요.

이렇게 연습을 계속하면서 점점 노랫말, 제스처, 행동 등이 저의 몸짓과 저의 노래가 됨을 어렴풋이 인식했을 때는 가수 관찰 작업이 거의 완성되었음을 확신하게 되었고요. 그리하여 처음에는 가수 나훈아가 노래할 때의 행동을 무작정 모방하려고 했다가 그가 노래할 때 신체기관, 호흡, 행동 리듬 변화 등을 구체적으로 관찰하고부터는 그것들이 점차 저의 몸에 붙음을 인지하게 되었습니다. 이러한 과정을 거치며 점점 저 자신이 노래를 부르고 있다는 것을 인식하게 되었을 때, 분명 '내가 이 과제를 해 냈구나' 라는 생각이 들었습니다."

무신은 한껏 고무되어 그의 말은 점점 빨라지고 있다. 교육자와 학생들은 연신 고개를 끄덕거리며 그의 말을 경청하고 있다.

"감훈아가 되었다는 말이지?"

교육자의 농담에 학생들이 큰소리로 웃자 무신은 겸연쩍은 듯 머리를 긁적인다.

"대상을 관찰하고 모방하면서 어떤 점이 특히 힘들었거나 흥미로웠나요?"

교육자가 무신에게 재차 질문을 던지자 그는 잠시 생각하더니 입을 연다.

"가수 나훈아의 행동을 하나하나 모방하며 노래한다는 것은 정말이지 저한 테는 어울리지 않는 것 같아 처음에는 무척 힘들었습니다. 왜냐하면 무척 쑥스러웠거든요. 그러다가 행동플랜을 수립하고 단위별로 연습하면서 조금씩 집중하기 시작했고 흥미도 생긴 것 같았습니다. 그런데 그의 카리스마 넘치는 무대 행동과 부드러운 듯 하면서 강렬한 눈빛, 노래할 때 무척이나 두드러진 광대뼈와 구강 근처 근육의 움직임을 모방하는 것은 아마 철저히 분절시켜 연습하지 않았으면 불가능했을 겁니다. 그래서 '대상없는 행동' 과제와 마찬가지로 노래 마디마다 그의 행동을 단위로 나누어 반복연습을 계속 했었습니다. 처음에는 이러한 반복연습이 힘들었지만 점차 재미를 느꼈고요."

그가 교육자의 질문에 차근차근 답변하자 학생들은 고개를 세차게 끄덕거린다.

"오케이! 수고하셨어요! 무척 재미있고 성과 있는 가수 관찰 작업이었다고 평가합니다."

무신은 상기된 표정을 짓고 있다. 교육자가 승욱 쪽으로 고개를 돌린다.

"가수 김범수를 볼까?"

"선생님, 조금만 쉬었다가 하면 안 될까요?"

승욱이 자신의 의상과 소품을 챙기면서 대꾸하자 교육자는 고개를 끄덕이며 자리에서 일어선다.

13

휴식 후 교육자가 실기실로 들어오면 가림막 뒤에서 승욱이 소리친다.

"준비되면 시작하겠습니다!"

"네!"

교육자가 짧게 화답한다. 잠시 후, 무대 뒤에서 전주음악이 흘러나오면 아래위로 흰색 양복을 입은 가수 김범수가 성큼성큼 걸어 나온다. 학생들은 큰소리로 환호한다. 가수 김범수로 분한 승욱은 하얀 색의 안경알이 없는 뿔테 안경을 쓰고, 목에는 붉은색의 머플러를 하고, 갈색의 반 부츠 구두를 신었다.

그는 스탠드 마이크 앞에 정자세로 선다. 그리고는 두 눈을 지그시 감고 스탠드 마이크를 두 손으로 불끈 잡은 채 나지막이 노래하기 시작한다. 이내 그는 두 손으로 잡은 마이크를 입 쪽으로 바짝 끌어당겼다가 갑자기 마이크에서 뗐다가 붙이며 격정적으로 노래한다. 그러다가 다시 그는 정자세를 취하고 객석을 향해 두 눈을 고정시키고 노래를 부른다. 노래가 클라이맥스를 향해 고음 부분에 이르자 그는 스탠드 마이크를 두 손으로 꽉 잡은 채 입을 최대한 크게 벌려 소리를 지르는 행동을 하며 혓바닥을 심하게 요동시킨다. 그러다가 상체와 함께 마이크를 최대한 바닥으로 내리면서 노래의 절정으로 치닫는다. 이어서 상체를 일으켜 온 몸을 확장시키며 노래를 부른다. 입은 천장을 집어 삼킬 듯하다. 가수 김범수로 분한 승욱의 이러한 모습을 지켜보고 있던 학생들은 환호성을 지르며 그와 함께 어울린다.

간주 부분에서 그는 합창단의 노래와 어울려 목을 가볍게 흔들며 음을 타기 시작한다. 그러다가 갑자기 그는 호흡을 멈추고는 객석을 향해 눈을 부릅뜨고 또박또박 가사를 내뱉는다. 다시 점점 고음 부분으로 올라갈수록 그는 두 눈을 질끈 감고 목을 최대한 뻗으며 노래 부른다. 입안의 혓바닥은 연신 요동치고 있다. 노래의 클라이맥스 부분에서 그는 마이크를 꽉 잡고 최대한 지면 쪽으로 웅크리며 열창한다. 마침내 노래가 끝나고 간주 음악이 나오자 그는 아주 천천히 몸을 일으켜 관객석을 향해 인사하고는 터벅터벅 걸으며 퇴장한다.

동료들은 박수를 치고 환호성을 지르며 그의 이름을 외쳐댄다. 교육자도 박수로 그의 노래에 화답하고 있다. 실기실은 한동안 승욱의 격정적이면서도 힘찬

가수 김범수의 시연에 들떠 있다. 잠시 후, 승욱은 쑥스러운 듯 머리를 연방 매만지며 가림막 뒤에서 나온다. 교육자와 학생들은 모두 일어서서 그에게 박수를 보낸다. 한참 후에 열기가 가라앉자 교육자가 또박또박한 발음으로 입을 연다.

"정말 멋진 무대였어요! 가수 김범수의 관찰 작업은 거의 완벽에 가까웠습니다. 그것은 가수 김범수의 노래가 마치 승욱의 노래가 된 듯했기 때문입니다. 그야말로 혼신의 무대였어요. 아마 처음에 승욱의 관찰 작업은 가수 김범수가 노래할 때 그의 행동을 모방하기 위한 것이었겠지만 '오늘, 지금, 여기'에서만큼은 승욱이 노래할 때의 행동으로 탈바꿈되어 그의 행동이 되고 있었다고 확신합니다."

교육자도 학생들처럼 흥분이 채 가시지 않은 듯하다. 동료들이 그에게 엄지손가락을 연이어 치켜들고 있다. 상기된 표정으로 쑥스러운 듯 머리를 긁적이고 있는 승욱에게 교육자도 엄지손가락을 치켜든다. 이윽고 교육자가 승욱을 향해 질문을 던진다.

"관찰 대상을 모방함에 있어서 어려운 점이 있었다면 무엇이었나요?"

승욱은 머리를 계속 긁적이며 천천히 입을 뗀다.

"가수 김범수가 노래할 때 신체 각 부위에 대한 모방은 시간이 지나면서 조금씩 해결되는 느낌을 받았습니다. 그의 눈, 손, 혀, 상체와 하체의 자세, 마이크를 사용할 때의 손가락 등은 하나씩 해결되었지만, 막상 그것들을 통합해서 노래를 할 때는 무언가 미진했었습니다. 그래서 무신 형이 말한 것처럼, 가수 김범수가 노래하는 모습과 행동을 전체적으로 계속 관찰하면서 그가 노랫말과 음에 온 몸을 맡기고 있다는 것을 인식하고는 멜로디와 가사에 저의 몸이 따라가고 있는지를 점검하기 시작했습니다. 시연 며칠 전, 마침내 의상이 구해지고 밤늦은 시간 학교에서 음악을 틀어놓고 연습했을 때 마치 제가 가수가 되어 무대에서 한 곡을 부른 듯한 느낌을 받았고요."

교육자와 학생들은 그의 말을 주의 깊게 경청하면서 고개를 연신 끄덕거리고 있다.

"오케이! 오늘 승욱이 시연한 가수 관찰 작업은 가수가 무대에서 지니고 있어야 하는 에너지와 행동의 전형이었습니다. 그것은 일전에도 말했던 것처럼, 직업 관찰 중 가수 관찰이 우리에게 왜 필요한가에 대한 대답이자 모델을 보여준 듯합니다."

교육자는 말을 멈추고서 무신과 승욱에게 시선을 돌린다.

"승욱과 무신은 신입생 환영식 때 가수 김범수와 나훈아를 다시 한 번 보여주세요. 또 다른 공간에서 다른 사람을 만났을 때 자신의 관찰 작업이 어떻게 이루어지는지 점검해보도록 하고요.

그런데 명심해야 할 것은, 오늘 좋았던 어떤 것을 똑같이 반복하려고 하면 할수록 아마 십중팔구 실패할 것입니다. 우선 텍스트인 노랫말을 자신으로서 이해하고 멜로디를 온 몸으로 느껴야 합니다. 그리고 노래할 때 호흡의 변화를 섬세하게 가지고 있어야 합니다. 결국 이것들은 관찰 대상의 행동으로 매번 처음인 것처럼 해결되어야만 또 다른 창조의 순간은 찾아올 겁니다. . . . 승욱은 의상과 소품을 어떻게 준비했죠?"

교육자가 다시 승욱에게 질문을 던진다.

"학교 의상실에 가보았지만 마땅한 것을 구할 수가 없어서 의상 재활용센터도 가보고 선배한테도 빌려 입어 보았는데 자감에 별 도움이 되질 않았습니다. 그래서 동대문 시장을 찾았습니다. 반나절을 뒤져서 저한테 어울리는 흰색 양복을 싸게 구입했습니다. 그때 안경과 소품도 같이 싼 가격에 샀고요."

승욱의 답변에 교육자와 학생들은 고개를 끄덕인다.

"관찰 작업 시 의상과 소품 등은 우리에게 무척 중요한 역할을 합니다. 예를 들어, 구질구질한 옷을 걸친다든지 혹은 치마와 힐을 신을 때 우리의 자세와 태도는 바뀌어 결국 행동이 달라지죠. 여러분들이 이때까지 보여줬던 인물, 동물, 직업가수 등은 틀림없이 의상과 소품, 분장이 여러분들에게 큰 도움을 주었을 겁니다. 무대에서 자신에게 도움이 될 수 있는 것이 있다면 적극 활용해보세요. 처음에는 그것이 쓸데없는 것일지라도 말입니다. 다시 한 번 멋진 가수 관찰 작업을 보여준 승욱에게 박수를 보냅니다."

동료들도 다시 한 번 그에게 박수로 축하를 보낸다. 승욱은 쑥스러운 듯 계속 머리를 긁적인다.

"자, 잠시 후에 다음 가수를 볼까요?"

정태는 이미 가림막 뒤에서 분주하게 준비하고 있다. 동료들 몇 명이 재빠르게 정태에게 달려가 도와준다.

14

잠시 후에 교육자가 실기실로 들어와 자리에 앉으면 가림막 뒤에서 정태가 소리친다.

"준비되면 시작하겠습니다."

"네!"

교육자도 큰소리로 화답한다. 전주음악이 시작되면 러시아 가수 비타즈로 분한 정태가 등장한다. 그는 아래 위 하얀 색의 정장차림에 빨간색의 나비넥타이를 단정하게 매고 있고, 절도 있는 걸음걸이로 등장하여 만면에 미소를 머금은 채 꼿꼿하게 서 있다. 전주가 계속 흘러나오자 그는 마이크를 잡은 한 손을 입 주위에 바짝 대고, 또 다른 손은 45도 각도로 아래 위를 흔들며 걸어 다닌다.

노래가 시작되자 그는 멈춰 서서 눈을 지그시 감고 나지막이 부른다. 그리고 간주가 흘러나올 때는 눈을 부릅뜨고 객석을 향해 오른쪽 입 꼬리를 치켜 올리고서 미소 지으며 정자세로 꼿꼿이 서 있다. 그 미소는 마치 관객들에게 자신만

만함을 넘어 도도하게 느껴진다.

다시 노래가 시작되면 러시아 가수 비타즈로 분한 정태는 전과 같이 눈을 지그시 감고 노래하기 시작한다. 그러다가 순식간에 고음으로 치닫는 부분에서 목을 홱 뒤로 젖히더니 카운터 테너의 목소리로 열창한다. 이때 마이크를 잡은 그의 오른 손은 입술 부근에서 뗐다 붙였다하며 격렬하게 흔들어 음의 빠르기와 함께하고 있다. 고음 마지막 부분에서 음악이 끝나고 다시 간주음악이 나오면 그는 재빨리 평정심을 찾고 아주 천천히 정자세를 취한다. 그리고는 이전의 미소를 함빡 머금고 객석을 향해 중립의 자세로 서 있다. 동료들은 이러한 러시아 가수 비타즈로 분한 정태의 행동을 보며 박장대소한다.

1절과 2절의 간주 부분에서 그는 팔을 앞뒤로 가뿐하게 흔들며 절도 있는 걸음걸이로 무대를 또다시 걸어 다니기 시작한다. 이러한 정태의 걸음걸이는 마치 긴 다리를 가진 조류를 보는 듯하다. 노래가 시작되고 2절의 클라이맥스 부분에 도달하자 그는 마이크를 입술 근처에서 빠른 템포로 격정적으로 움직이며 카운터 테너의 목소리로 열창한다. 고음의 마지막 구절에서 그는 소리를 끝까지 내뱉더니 천천히 목을 뒤로 젖히고 두 팔은 크게 옆으로 벌리고서 꼼짝도 않는다. 한참 후에 그는 객석을 향해 다시 천천히 정자세를 취한다. 그의 입 꼬리는 여전히 미소를 한껏 머금고 있고, 그의 자세는 중립 자세로 돌아와 있다.

동료들은 이 희한한 가수의 행동에 환호성과 박수로 열렬히 화답한다. 교육자도 힘껏 박수를 보낸다. 열정적으로 노래를 끝낸 가수 비타즈로 분한 정태는 몇 번이고 허리를 정중히 굽히며 인사를 해댄다. 그리고는 관객 쪽으로 손 키스를 날리고는 유유히 퇴장한다. 실기실은 학생들의 함성과 박수갈채로 가득 차 있다.

"수고하셨어요!"

잠시 후에 교육자가 큰소리로 외치자, 정태는 쑥스러운 듯 머리카락을 연방 쓸어 넘기며 가림막 뒤에서 나온다. 교육자가 함박 미소를 머금은 채 그에게 질문을 던진다.

"오케이, 자네가 이 가수를 관찰한 계기는 무엇이지?"

"오래 전에 우연히 TV를 통해 그를 본 적이 있는데, 관찰 수업이 시작되자마자 바로 작업에 착수했습니다. 그가 노래 할 때 목소리와 행동이 하도 특이해서 모방을 정확히 할 수만 있다면 변신에 무척 도움이 될 것이라고 생각했습니다."

정태는 이미 자신으로 되돌아와서 교육자의 질문에 차분하게 답변한다.

"한 달 전에 나한테 메일로 보낸 동영상인가요?"

교육자가 정태를 향해 재차 질문한다.

"네, 맞습니다. 그때 러시아 가수 비타즈를 가수 관찰 대상으로 하겠다고 결정하고서는 선생님께 그의 콘서트 동영상을 메일로 보내드렸죠."

교육자는 화답의 뜻으로 고개를 끄덕이고는 다시 말문을 연다.

"꽤 오랜 시간동안 관찰하고 연습을 한 것 같은데, 어떻게 준비했고 성과와 어려운 점은 무엇이었는지 우리에게 이야기 해주세요!"

정태는 자세를 고치고서 숨을 고르더니 천천히 입을 연다.

". . . 평소에 음악을 즐겨 듣지도 않고, 친구들과 춤추러 가는 것도 별로 좋아하지 않는 성격인데, 관찰 작업을 하겠다고 준비한 비타즈의 동영상을 보고 처음에는 막막하기 그지없었습니다. 그냥 재미있다고 생각만하다가 막상 관찰하여 모방하려고 하니 무엇부터 시작해야 할지 몰랐습니다. 동영상을 수없이 보고 계속 따라 해봤는데 어색함만 점점 커질 뿐이었습니다.

그러다가 일단 의상부터 준비해야겠다고 생각했습니다. 그래서 머리를 손질하고, 나비넥타이를 매고, 구두를 신고 의상실에서 구한 하얀 색 양복을 입으니 완전히 다른 자감이 생겼습니다. 그리고는 다시 그의 동영상을 보며 행동을 노래자락별로 단위를 나누어 목록화 하고, 단위별로 연습하면서 더 이상 노래하는 것이 쑥스럽지는 않았던 것 같습니다. 아마 이때부터 연습에 탄력이 붙었던 것 같습니다.

그리고. . . 관찰 작업을 하면서 처음으로 노래방도 가보았고 클럽도 몇 번가 봤는데, 예전에는 전혀 알 수 없었던 재미를 찾았습니다."

정태는 그 동안의 연습 과정을 비교적 차분하게 설명하고 난 뒤 쑥스러운 듯한 미소를 짓고 있다. 교육자와 학생들도 빙그레 웃고 있다.

"오케이, 그렇다면 비타즈를 관찰하여 연습할 때 그의 행동 중에 가장 흥미로웠던 것은 무엇이었지?"

교육자의 질문에 정태는 즉각 답변한다.

"단연코 중립자세로부터 터져 나오는 절제된 그의 함박 미소였습니다. 뻣뻣하게 서 있는 그의 자세와 입 꼬리가 한껏 위로 올라간 미소는 객석과의 교류를 하는데 있어서 엄청나게 그를 당당하게 만들고 있었습니다. 이러한 그의 자세와 포즈, 행동 등은 마치 '나는 모든 것을 준비하고 완벽하게 해낼 테니, 맘껏 즐기세요!'라고 말하는 듯 했습니다."

교육자와 학생들은 고개를 힘껏 끄덕거린다. 교육자는 잠시 생각에 잠긴 듯하다가 이내 말문을 연다.

"오케이! 정태의 비타즈는 무척 흥미로운 가수의 행동 찾기와 실행이었습니다. 무엇보다도 오랜 시간동안 관찰과 연습을 반복함으로써 러시아 가수 비타즈의 행동을 거의 완벽하게 모방하여 정태로 하여금 자신으로부터 출발한 인물로의 변신을 가능하게 만들었다고 평가됩니다. 그래서 처음에는 음악과 노래에 별 흥미를 가지지 못한 정태가 이제 그것을 즐기게 되는 과정은 무척 인상적이었습니다. 이러한 과정은 결국 비타즈가 아니라 정태 자신이 노래하는 것 같았고요. 아울러 음악과 노래에 리듬을 싣지 못했던 예전의 정태의 몸은 오랜 시간 관찰과 연습을 통해 이제 충분히 리드미컬한 몸으로 바뀐 것 같아 그 성과는 차후의 작업에서 무척 도움이 되리라 생각합니다."

교육자는 말을 멈추고서 무신과 승욱을 바라본다.

"무신의 나훈아와 승욱의 김범수, 정태의 비타즈는 신입생 환영식 때 초대가수로 초청하겠습니다. 틈틈이 연습하도록 하세요!"

교육자의 말이 끝나기가 무섭게 세 명은 팔을 힘차게 위에서 아래로 내리며 동시에 "네!"하고 소리친다. 동료들이 그들에게 축하의 박수를 보낸다.

"자, 다음 시간부터 또 다른 과제로 들어가 볼까요? 그것은 사물 관찰입니다. 사물 관찰은 우리에게 최극의 상상력을 요구합니다. 예전에 기주가 보여준 광화문광장의 이순신 장군 동상을 기억합니까?"

학생들은 일제히 기주를 바라보며 소리 내어 웃는다.

"일전에 기주가 보여준 '1인 판타스틱 에튜드'로 돌아가 얘기해봅시다. 역사적 사실은 제쳐두고라도 광화문광장의 이순신 장군 동상만 보면 우리는 그가 왼손잡이임을 알 수 있습니다. 그 이유는 그가 칼을 오른쪽에 차고 있기 때문이죠. 장군은 오랜 세월을 그렇게 서 있었습니다. 그런데 장군복과 모자, 신발, 칼 등은 엄청난 무게입니다. 만일 여러분이 그런 복장을 하고 수십 년을 서 있었다면 무엇을 할 수 있을까요?"

"너무 앉아 쉬고 싶겠지만 아마 수십 년을 그렇게 서 있었다면 앉기가 정말 쉽지 않을 거예요."

"앉기 전에 우선 갑옷을 벗고 긴 칼을 옆에 놔둬야 할 겁니다."

"용변도 해결해야 하지 않을까요?"

"팔굽혀 펴기 같은 가벼운 운동도 필요할 듯 한데요."

학생들은 기주의 시연을 떠올리며 제각각 활기차게 대답한다.

"동의합니다. 그렇다면 장군은 언제쯤, 어느 시간대에 그런 행동들을 할 수 있을까요?"

교육자가 학생들에게 질문한다.

"아마 새벽녘에 아무도 없을 때 그런 행동을 할 수 있을 것 같아요. 그런데 아침이면 또 서 있어야 하겠죠."

승욱은 기주를 쳐다보고 웃으며 대답한다.

"오케이, 만일 광화문광장에 서 있는 이순신 장군 동상을 유심히 관찰하다보면 여러분의 상상력은 이처럼 발동하기 시작할 것입니다. . . . 일전에 '판타스틱 에튜드' 작업 시에도 말했지만, 사물 관찰 작업은 우선 자신이 관찰한 사물을 형상화하는 것이 우선 해결되어야 합니다. 그러고 난 후 자신의 상상력을 발휘하여 가능성 있는 행동을 찾아 실행해내야 하고요.

이제 사물 관찰 작업에 관한 다른 예를 하나 들어볼까요? 골목길에 지저분한 스티커와 전단지 등이 덕지덕지 붙어 있는 전봇대를 본 적 있죠?"

학생들은 고개를 힘차게 끄덕거린다.

"만일 우리가 이 전봇대를 사물 관찰의 대상으로 정했다면, 우리의 첫 번째 일은 지저분한 광고지가 붙어 있는 전봇대를 형상화하는 것이겠죠. 그러고 난 후 내가 만일 이 전봇대라면 무엇을 할 수 있을까요? 또는 어떤 사람이 다가와 전봇대인 자신에게 또 다른 전단지를 붙이려 한다면 전봇대인 자신은 어떨까요?"

"짜증이 확 날 것 같은데요."

"고함이라도 지를 것 같습니다."

"그 사람이 가고 난 뒤 전단지를 바로 뗄 겁니다."

교육자가 동의의 뜻으로 고개를 끄덕이더니 재차 질문을 던진다.

"그런데. . . 만일 그 사람이 강력접착제로 붙여 놓았다면요?"

"어우!"

몇 명의 학생들이 동시에 고함을 치며 팔을 치켜든다.

"오케이! 골목길에 서 있는 이와 같은 전봇대를 잘 관찰해 보세요. 여러분의 상상력이 어떻게 발동하는지, 그리고 사건에 따라 자신은 무엇을 할 수 있는지 찾아보고 행동으로 옮겨보세요! 오케이?"

"네!"

학생들은 고개를 연신 끄덕이며 우렁차게 고함친다. 무신과 소희는 노트에 무언가 열심히 적고 있다.

"자, 10분 후에 소희가 준비한 〈아름다운 강산〉을 볼까요?"

교육자의 지시에 학생들은 소희의 가수 관찰을 위해 분주히 움직이기 시작한다.

15

오늘도 어김없이 정시에 수업이 시작되어 이미 실기실은 학생들의 시연으로 열기가 후끈하다. 책상 위에 놓여 있는 수업 노트에는 학생들이 다음과 같은 순서를 빼곡히 적어 놓았다. '가수 관찰'이 끝나고 휴식 동안 동료 학생들은 소희의 사물 에튜드를 위한 무대를 전환하기 위해 바지런히 움직이고 있다.

〈인물 관찰〉
1. 공원에서 본 아주머니   . . . 이소희
2. 호프집 화장실에서 본 남자 대학생   . . . 박정태
3. 백화점에서 본 아저씨   . . . 감무신
4. 지하철에서 본 여고생   . . . 이수정
5. 마트에서 본 할머니   . . . 김현정

〈동물 관찰〉
1. 도마뱀   . . . 양승욱

2. 물소   . . . 손기주

3. 펭귄   . . . 권주희

〈직업 관찰(가수)〉

1. 한영애 〈루시〉   . . . 이정하

2. 비욘세 〈crazy in love〉   . . . 윤문숙

3. 장기하 〈그렇고 그런 사이〉   . . . 손기주

〈사물 관찰〉

1. 사우나탕의 모래시계   . . . 이소희

2. 온풍기   . . . 박정태

3. 공원 벤치   . . . 감무신

4. 비상구 표지판 사람   . . . 권주희

5. 바람에 날리는 거리의 신문지 . . . 손기주

소희는 가림막 뒤에서 서둘러 자신의 발표를 준비 중이고 여학생들이 그녀를 재빠르게 돕고 있다. 남학생들은 무대에 매트리스를 길게 깔고 있다. 매트리스에는 까만 색 테이프를 사용하여 모래시계 형태의 그림을 그려 놓았다.

잠시 후 교육자가 실기실로 들어와 자리에 앉는다. 이때 타이즈를 입은 소희가 가림막 뒤에서 등장하여 매트리스 왼쪽 하단으로 가서 몸을 웅크린다.

"준비되면 시작할게요!"

소희는 웅크린 자세로 조용히 말한다.

"네!"

교육자도 나지막이 응답한다. 잠시 후 웅크리고 있던 소희가 앞뒤로, 상하로 조금씩 흔들거린다. 그러더니 갑자기 그녀는 뒷구르기를 두어 번하며 오른쪽으로 이동한다. 그런데 모래시계의 좁은 지역에 도착하자 그녀는 그곳을 통과하기

위해 최대한 몸을 폈다 오므렸다 반복하며 구멍을 빠져나가려고 안간힘을 쓴다. 마침내 그녀는 구멍을 빠져나와서 앞구르기를 두어 번하며 오른쪽 하단으로 빠르게 움직인다. 그녀는 이제 이전의 자세로 오른쪽 구석에 웅크리고 있다. 그러더니 이내 소희는 이러한 움직임을 두어 번 반복하며 왼쪽과 오른쪽으로 빠르게 왔다 갔다 한다. 이제 그녀는 오른쪽 하단에 처박혀 웅크리고 있다. 가쁜 숨을 내쉬고 있던 소희는 갑자기 고함을 지르며 벌떡 일어선다.

"쪼그만 게, 그냥 확!"

그녀는 벌떡 일어서다가 어딘가 부딪힌 듯 비명을 지르고서 주저앉는다. 다시 한 번 일어나다가 이번에는 팔이 어딘가 부딪혀 팔을 부여잡고 주저앉는다. 그녀는 누워서 주위를 찬찬히 살피더니 천천히 웅크린다. 교육자가 소희의 시연이 끝났음을 알고 말문을 연다.

"수고했어요. 사우나탕에서 관찰한 모래시계입니까?"

소희는 웅크린 자세를 풀고서 숨을 천천히 내쉬며 편하게 앉는다.

"네. . . 며칠 전 집 근처 찜질방에서 관찰한 모래시계입니다."

동료들은 고개를 크게 끄덕거린다.

"모래시계를 관찰한 계기는 무엇이었나요?"

교육자가 다시 소희에게 묻는다.

"사우나탕에 들어가 모래시계를 거꾸로 돌리려다 손을 델 뻔 했습니다. 그때 문득 든 생각이 모래시계가 뜨거운 한증막에 계속 있었다면 엄청 더웠을 거라는 생각을 하게 되었어요. 그래서 주의를 기울여 모래시계를 관찰하고 있었는데, 그 속에 놓여 있는 모래에 저의 관심이 가닿았습니다. 그때 '모래시계 속의 모래가 나라면 어떨까'라는 상상을 하게 되었고요."

소희의 설명에 학생들과 교육자는 고개를 세차게 끄덕인다.

"그런데 모래시계와 관계하는 대상, 즉 모래시계를 움직인 사람은 누구였죠?"

교육자가 다시 재빠르게 소희에게 질문한다.

"그렇게 모래시계 속의 모래를 관찰하고 있는데, 어떤 아주머니와 함께 초등학교 1학년쯤으로 보이는 아이가 한증막에 들어왔어요. 그 꼬마는 제법 어른마냥 앉아 땀을 빼고 있더니, 모래시계를 보자마자 달려가 이리저리 돌리며 장난을 치기 시작했습니다. 그때 문득 '만일 내가 모래시계의 모래라면 이 꼬마의 장난에 무척 힘들고 짜증이 나겠지.'라는 생각이 들었어요."

소희의 차분한 설명에 교육자와 학생들은 또다시 고개를 끄덕끄덕 거린다.

"오케이! 이제 모래시계를 관찰하고 난 뒤 형상화 과정과 에튜드 수립 과정에 대해 우리에게 이야기 해주세요."

교육자는 흥미로운 듯 상체를 소희 쪽으로 구부리며 대답을 요구한다. 소희는 잠시 생각하다가 말문을 연다.

". . . 처음에는 모래시계가 단 위에 서 있었던 것처럼 세우고자 했어요. 그런데 그 속의 모래인 제가 어떻게 움직여야 할 지 도무지 해결이 되질 않았습니다. 그래서 모래인 저를 움직이기 위해 모래시계의 형태를 매트에 그려서 테이프를 붙였습니다. 이렇게 평면으로 모래시계를 만들었더니 그 속의 모래인 저를 움직이게 할 수 있었어요.

이제 대상을 찾아 사건을 가져오면 에튜드가 가능하리라고 생각했습니다. 그래서 한증막에서 보았던 그 꼬마가 대상이 되었고, 그의 장난이 저에게는 사건이 되었습니다. 그리고 난 후에 모래인 저의 형상을 위해 타이즈를 입고 꼬마의 장난을 사건화 하여 움직여 보았더니, 자연스럽게 사건과 평가, 그리고 목표와 방해물, 행동 등이 찾아졌고요."

학생들은 소희의 답변에 연신 고개를 힘껏 끄덕인다.

"오케이! 소희의 〈모래시계〉 에튜드는 특별한 멘트가 필요 없을 만큼 논리적이고 구체적이었다고 평가됩니다. 모래시계를 관찰하여 그 속의 모래를 자기화하고 난 뒤 아이의 행동으로 사건을 만들어 자신의 목표를 결정한 사물 에튜드 수립 과정은 무척 흥미로운 상상력이었고요. 그렇죠?"

"네!"

교육자의 물음에 학생들은 큰소리로 동의한다. 교육자가 정태 쪽으로 시선을 옮긴다.

"자, 다음 정태의 〈온풍기〉를 볼까요?"

정태는 준비한 의상을 주섬주섬 입으며 중얼거린다.

"10분 간 휴식하면 안 될까요? 선생님!"

"오케이, 정태를 위해 10분 간 휴식!"

교육자의 즉각적인 답변에 학생들은 정태의 에튜드를 위해 무대를 신속하게 전환하기 시작한다.

16

10분 휴식 후 교육자가 실기실로 들어온다. 무대는 가림막 앞에 긴 큐빅이 가로로 놓여 있고, 그 위에 빨간색 수영 모자를 쓰고 검은색 타이즈를 입은 정태가 두 팔을 뒤로 한 채 눈을 감고 쪼그리고 앉아 있다.

"시작하겠습니다!"

정태가 집중을 유지한 채 조용히 말한다.

"네!"

교육자가 짧게 화답하며 정태에게 주의를 기울인다. 잠시 후 한동안 눈을 감고 있던 정태의 눈살이 찌푸려진다. 그러더니 그는 몸을 부르르 떤다. 그리고 상체를 오른쪽으로 조금씩 돌리며 입술을 모은 채 뜨거운 입김을 불어대기 시작한다. 그러다가 그는 다시 몸을 떨고는 움직이지 않는다. 그는 감고 있던 눈을 살며시 뜨더니 다시 눈살을 찌푸린다. 그리고는 숨을 크게 내쉰다. 다시 상체를 천천히 오른쪽으로 조금씩 돌리면서 둥글게 만든 입으로 뜨거운 입김을 뿜어낸다. 이내 그는 조금씩 빠르게 왼쪽, 오른쪽으로 움직이며 더욱 거센 입김을 불어댄다. 그의 얼굴은 금세 벌겋게 달아오른다. 이제 그는 더욱 빠르게 양쪽으로 움직이며 최강의 뜨거운 입김을 뿜어내고 있다. 그의 얼굴은 터질듯이 벌겋게 달아오른다. 갑자기 그는 움직임과 입김을 뿜어내는 것을 멈추고 정지한다.

"어어!"

그는 고함을 지르며 벌떡 일어선다. 씩씩거리며 왼쪽을 쳐다보고서 욕지거리를 마구 해댄다. 갑자기 그는 다시 이전의 자세를 취한다. 그리고 전과 마찬가지로 상체를 천천히 오른쪽으로 돌리며 입술을 모은 채 뜨거운 입김을 불기 시작한다. 그의 얼굴이 다시 점점 벌겋게 달아오른다. 동료들은 정태의 사물 에튜드를 보며 웃음을 참고 있다.

"수고했어요. 여기까지만 볼게요. 온풍기를 관찰의 대상으로 삼은 계기는 무엇이었죠?"

교육자가 정태의 시연을 끊으며 질문한다. 그는 잠시 숨을 고르고 난 후에 대답한다.

". . . 옷가게에서 관찰한 온풍기입니다. 여자 점원이 온풍기를 켰을 때 선풍기 형태의 온풍기가 약강으로 더운 바람을 내뿜는 것을 보고 '만일 내가 온풍기라면?'이라는 생각을 하게 되었습니다."

"온풍기를 움직이게 만든 대상은 여자 점원이었군!"

"네! 처음에 여자점원이 온풍기를 약하게 켰는데, 잠시 후에 다른 여자 점원이 들어와 가게가 추웠는지 강풍으로 바꾸어 놓았습니다. 그래서 두 명의 여자 점원이 온풍기인 저의 대상이었습니다."

정태가 또박또박 자신의 상황을 피력하자 교육자와 학생들은 고개를 끄덕거린다.

"오케이, 온풍기의 형상화 과정과 시연한 사물 에튜드에서 사건, 목표 그리고 행동에 대해 우리에게 자세히 이야기 해주세요."

교육자가 정태에게 답변을 요구한다.

"제가 옷가게에서 관찰한 온풍기는 머리통이 둥근 형태인 빨간색이었습니다. 그래서 빨간색의 수영 모자를 쓰게 되었고, 몸통은 검은색이어서 검은색 타이즈를 입었습니다. 팔은 불필요해서 자연스럽게 뒷짐을 지게 되었고요.

이러한 형태의 온풍기를 관찰하면서 제가 상상한 것은, 온풍기는 겨울 내내 이 가게에서 뜨거운 열기를 뿜으며 가게를 데워온 것 같았습니다. 그래서 매일 아침마다 출근한 여점원이 온풍기인 저에게 다가오는 것이 곧 사건이 되었고요. 저의 상상력은 '오늘도 여점원이 온풍기인 저에게 다가오자 저절로 눈살이 찌푸릴 수도 있겠구나!' 하고 작동되었습니다. 그런데 약풍으로 켰을 때 저는 어느 정도 참을 만 했지만, 강풍으로 켰을 때는 무척 힘이 들었을 거라고 상상했고요. 이때 말도 할 수 있지 않을까라고 생각했습니다."

교육자가 고개를 끄덕이더니 다시 질문한다.

"그렇다면 그러한 사건과 평가이후 자신의 목표는 무엇이죠?"

정태는 잠시 생각하고 나서 대답한다.

". . . 이 자리를 탈출하는 것입니다."

"사물인 온풍기가 다른 곳으로 이동할 수 있을까?"

교육자는 정태의 답변에 즉각 반문한다.

"제가 시연한 것처럼 벌떡 일어서서 고함을 칠 수 있다면 그것 또한 가능하지 않을까요?"

정태 또한 교육자에게 즉각 되묻자 교육자는 그를 넌지시 쳐다보며 입을 뗀다.

"그렇다면 여점원에게 있어서 그것은 그야말로 실제 사건일 겁니다. 정말 판타스틱한 사건 말입니다."

교육자는 잠시 말을 멈추더니 이내 말을 이어간다.

". . . 정태가 관찰한 온풍기를 이렇게 상상해봅시다. 만약 여점원이 온풍기를 켰는데 제대로 작동하지 않고 덜컥거리는 형태를 정태가 관찰했다고 가정해봅시다. 이러한 관찰은 정태로 하여금 어떤 상상을 불러일으킬까요? 이를 테면 온풍기의 목표가 '이제 더 이상 움직이고 싶지 않다'라고 상상할 수도 있지 않을까요? 그렇다면 정태의 에튜드 시연 시 이 행동은 겨울 내내 이 가게를 데워왔던 온풍기의 전 상황에서 비롯된 목표로 자리 잡을 수 있을 겁니다. 해서 여점원의 목표는 가게가 추워서 온풍기를 약풍에서 강풍으로 전환하는 것이라면, 온풍기인 정태의 목표는 '더 이상 움직이지 않겠다'가 될 수도 있을지 모릅니다. 이것은 곧 온풍기의 덜컥거리는 행동으로 드러나는 것일 테고요. 즉, 그들 간의 목표가 충돌하는 것이겠죠."

"아!"

정태가 낮은 소리로 외치자 교육자는 계속 말을 이어간다.

"다시 말하면, 여점원이 온풍기를 켠 것은 분명 정태에게는 사건일 것입니다. 그것은 정태로 하여금 화나게 만들고 짜증스럽게 만들겠죠. 이제 온풍기인 정태는 무엇을 하고 싶을까요? 아마 더 이상 움직이고 싶지 않을 것입니다.

그런데 정태의 이러한 목표를 방해하는 주 사건은 무엇일까요? 그것은 바로 다른 여점원이 들어와서 온풍기를 강풍으로 전환하는 것이겠죠. 이것은 정태의 목표인 '움직이지 않겠다'와 정면충돌하는 여점원의 목표가 담긴 행동입니다. 그렇다면 여점원은 계속 온풍기를 작동시키려고 할 것이고, 온풍기인 정태는 이제 '더 이상은 움직이지 않겠다'가 목표로써 드러나는 행동이 되어야만 하겠죠. 그것이 곧 온풍기가 덜컹거리는 것이고요.

내가 여기에서 말하고 싶은 것은, 상상력은 구체적인 무엇이 있어야만 제대로 작동한다는 것입니다. 만일 정태가 온풍기의 덜컥거림을 관찰했거나 상상했다면 자신의 상상력은 어떻게 작동되었을까요? 이것은 온풍기의 목표를 가진 어떤 행동으로 상상력이 작동될 수 있을까요?"

학생들은 고개를 끄덕거리며 생각에 잠겨 있다. 정태는 자신의 노트에 무언가 계속 적고 있다. 교육자는 잠시 말을 끊고서 학생들을 바라보더니 다시 말문을 연다.

"앞서 보여주었던 소희의 사물 에튜드 〈모래시계〉에서 사건과 평가이후에 소희는 어떤 행동을 했죠?"

"모래시계에서 탈출하려는 시도로써의 행동들이 있었습니다. 그런데 머리와 팔이 유리에 부딪쳤습니다."

무신이 큰소리로 답변한다.

"오케이! 아이가 모래시계를 가지고 장난치는 것은 모래를 관찰하고 있었던 소희에게는 분명 사건으로 결정되었을 것이며, 이것을 사건으로 인식한 소희의 상상력은 목표를 생성시킬 수 있는 계기가 되었겠죠. 물론 소희는 목표에 대한 방해물이 모래시계의 유리벽이란 걸 관찰했을 거고요. 이후에 소희는 자신의 목표를 달성할 수 없음, 즉 이곳을 빠져 나갈 수 없음을 인식하고는 '움츠리다'라는 행동을 계획할 수 있었겠죠.

만일 정태가 '덜컥거리다'라는 온풍기의 움직임에 대한 관찰이나 상상으로 인해 이러한 상상력이 발동했더라면 한층 흥미로운 관찰 과제가 되었을 것이며, 그리하여 이것은 아울러 구체적인 목표의 생성과 행동을 모색하는 데도 분명 도움을 줄 수 있었을 거라고 생각됩니다.

자, 상상의 논리성을 확보하기 위해 조금 더 관찰을 꼼꼼하게, 정확하게, 구체적으로 할 필요가 있어요. 그것은 곧 구체적으로 자신이 무엇을 할 수 있도록 만드는 힘이 될 것이기 때문이죠. 이해했나요?"

"네!"

학생들은 큰소리로 응답한다. 정태는 여전히 자신의 노트에 계속 무언가 적고 있다.

"오케이! 다음 사물 에튜드인 무신의 〈공원 벤치〉를 볼까요?"

교육자의 지시에 무신은 동료에게 도움을 요청한다. 학생들이 무대전환을 하며 그를 도울 때 정태와 교육자는 대화를 나누고 있다.

17

"준비되면 시작하겠습니다!"

무신은 시연을 위한 준비를 끝내고 교육자를 향해 소리친다.

"네!"

교육자가 짧게 화답한다. 무신은 무릎을 꿇고 고양이 자세를 취하고 있다. 무신은 짙은 브라운 색깔의 타이즈를 입고 있고, 그의 양손가락에는 구멍 뚫린 테니스 장갑이 끼워져 있다. 그리고 발에는 검은색의 두꺼운 양말이 신겨져 있다.

고양이 자세를 취하고 있던 무신은 고개를 천천히 들더니 환하게 웃는다. 그러더니 벌러덩 드러누워 배를 하늘로 향한 채 팔과 다리를 쫙 편다. 그러고는 허리와 엉덩이를 살랑살랑 흔들며 노래를 부르기 시작한다. 그 모습은 마치 고양이가 나른한 오후에 햇살을 즐기고 있는 듯하다. 갑자기 그는 허리의 반동을 이용해 급히 전의 자세로 돌아온다. 벤치로 분한 무신은 고개를 뒤쪽으로 돌리더니 무언가를 보고서는 거의 공포의 표정을 짓고 있다. 누군가 그에게 다가와 허리에 앉자 그는 고양이 자세를 취한 채 눈을 질끈 감고 사력을 다해 버틴다. 하지만 그의 허리는 점점 밑으로 처진다. 팔과 다리도 부들부들 떨고 있다. 잠시 후에 그는 전의 자세로 돌아와서 숨을 헐떡이기 시작한다.

벤치로 분한 무신은 평온을 찾은 듯 하더니 다시 고개를 뒤쪽으로 급하게 돌리고서는 입을 다물지 못한다. 누군가 다시 그의 허리에 앉자 그는 허리와 팔, 다리가 무너지지 않기 위해 안간힘을 쓰고 있다. 그러나 그의 허리는 점점 밑으로 처져 거의 땅바닥에 닿을 정도다. 그의 팔과 다리는 이전보다 훨씬 부들부들 떨고 있다. 갑자기 그는 다시 이전의 자세로 돌아오며 숨을 헐떡이다가 바로 땅바닥에 꼬꾸라진다.

잠시 동안 숨을 헐떡이며 꼬꾸라져 있던 무신은 천천히 처음의 고양이 자세로 돌아온다. 그러다가 이번에는 아까와는 달리 천천히 고개를 뒤로 돌린다. 그의 표정은 전과는 사뭇 다르다. 그는 만면에 미소를 머금고 있다. 누군가 그의 허리에 앉자 벤치로 분한 무신은 허리가 처지기는커녕 어깨와 팔, 다리를 흔들거리며 마냥 신이 났다. 이제 그는 좋아하는 주인을 태운 말처럼 엉덩이까지 실룩거린다. 잠시 후 기분 좋게 들썩이던 그는 고개를 뒤쪽으로 돌려 아쉬운 듯한 눈길을 보낸다.

이제 그는 천천히 이전의 고양이 자세를 취한다. 그리고선 하늘을 향해 고개를 천천히 들더니 환하게 미소 짓는다. 벤치로 분한 그는 다시 벌러덩 드러누워 팔과 다리를 하나씩 들어 올리고 허리와 엉덩이를 살랑살랑 흔들며 노래를 부르기 시작한다.

"여기까지 준비했습니다."

무신은 얼른 일어나 앉으며 쑥스러운 듯 머리를 긁적인다. 동료들은 빙그레 웃으며 그를 쳐다보고 있다.

"수고했어요! 언제, 어디에서 관찰한 어떤 벤치인가요?"

교육자가 미소 지으며 무신에게 질문한다.

"저희 집 앞에 조그마한 공원이 하나 있습니다. 사물 관찰에 대한 과제를 이것저것 생각하다가 공원 벤치에 앉아 담배를 한 대 피우고 있었습니다. 조금 선선한 날씨였지만 햇살은 따뜻했습니다. 그때 저의 눈길이 앞 벤치에 머물렀습니다. 낙엽과 이물질로 뒤덮인 조금은 낡은 벤치였어요. 그 벤치는 색깔이 바랜 것으로 보아 꽤 오랫동안 이 공원에 있은 듯 했고요."

무신의 답변에 교육자와 학생들은 고개를 끄덕인다.

"오케이! 시연한 사물 에튜드에서 대상은 무엇이었는지 차례대로 이야기 해 주세요."

"처음의 대상은 햇살이었고요. 두 번째는 뚱뚱한 남자였습니다. 세 번째는 한 쌍의 연인이었고, 네 번째는 날씬하고 예쁜 여성이었습니다."

무신의 거침없는 대답에 동료들은 고개를 끄덕끄덕 거리며 교육자에게 주의를 돌린다.

"오케이, 무신에게 있어서 대상은 명확한 것 같습니다. 이제 벤치인 자신의 목표와 방해물 그리고 목표의 달성을 위한 행동에 대해서도 우리에게 이야기 해 주세요."

교육자의 재차 질문에 무신은 자세를 고치고서 차분히 대답한다.

"햇살은 벤치인 저를 벌러덩 드러눕게 만들었고, 그래서 저를 따뜻하게 만들어 몸을 이완시켰으며 저절로 노래가 나오게끔 만들었습니다. 그런데 뚱뚱한 남자가 저에게 다가오자 저는 무척 놀랐습니다. 그가 벤치인 제게 앉았을 때는 어떡하든 무너지지 않아야 한다는 목표가 생겼습니다. 그래서 이를 악물고 버텨야만 했고요. 잠시 후에 연인인 듯한 한 쌍의 남녀가 벤치인 저에게 앉기 위해 오는 것을 목격한 것은 저에겐 대단한 사건이었습니다. 그들이 저에게 와서 앉자 저는 버틸 힘이 없었지만 사력을 다했습니다. 그렇지만 그들이 자리를 뜨자 벤치인 저는 결국 쓰러지고 말았습니다. 잠시 후 너무나 날씬하고 예쁜 여자가 벤치인 저에게 와서 앉았을 때 저는 무척 기분이 좋아졌으며, 그전의 힘들었던 순간은 까마득히 잊혀 졌습니다. 그녀는 저로 하여금 춤추게 만들었고, 노래까지 하도록 했고요. 그녀가 자리에서 일어서자 조금은 아쉬웠지만 봄날의 따뜻한 햇살은 다시 저를 기분 좋게 만들었습니다."

학생들과 교육자는 무신의 상상력에 고개를 연신 끄덕거리며 경청하고 있다. 문숙과 정태는 노트에 뭔가를 긁적이고 있다.

"무신의 사물 에튜드 〈공원 벤치〉는 벤치로 분한 형상, 그리고 대상, 사건과 평가, 목표와 방해물 등으로 인해 무척 구체적인 행동으로 드러나고 있습니다. 이것은 공원에 있는 낡은 벤치를 무신 자신의 눈으로 관찰하여 자신의 상상력이 매우 활발하게 작동한 에튜드라고 평가됩니다."

교육자는 잠시 말을 멈추고 생각에 잠기더니 이내 다시 말을 잇는다.

"관찰은 자신의 눈을 통해 자신의 생각을 가지고 대상으로 깊숙이 들어가야 합니다. 이러할 때 우리의 절대 무기인 상상력은 발동하기 시작합니다. 이때 대상에 대한 역사가 자신에 의해 쓰이기도 하고요. 이러한 상상력은 마치 고리로 엮여 있는 뫼비우스의 띠와 같은 것이며, 이때 고리는 논리적이며 구체적이어야 합니다. 이러할 때 상상력은 실재가 될 가능성을 확보하게 되는 셈이죠. 이해되나요?"

학생들은 고개를 끄덕이며 생각에 잠겨 있거나, 자신들의 노트에 무언가를 계속 써내려가고 있다. 교육자는 학생들을 한 번 휙 훑어보더니 자신의 말을 계속한다.

"자, 다음 주에 관찰 작업에 대한 공개 발표를 하도록 합시다! 다음 주에 관찰 작업 공개 발표에 대한 리스트를 반대표인 무신에게 넘길 테니, 무대전환 연습을 하도록 하세요! 여느 때와 마찬가지로 공개 발표가 끝나면 총평이 있을 겁니다."

학생들이 다소 긴장한 채 교육자에게 주의를 기울이자 그가 다시 말을 이어간다.

"두 달 여 동안 외적 형상화 작업인 관찰 작업에 매진한 여러분은 이제 곧 본격적으로 역할 작업으로 들어갈 것입니다. 그것은 드디어 텍스트가 필요한 시점이라는 의미입니다. 그렇지만 우리는 아직까지 희곡을 텍스트로 사용하지는 않을 것입니다. 우리는 소설을 텍스트로 선택해서 우리의 작업을 시작할 것입니다. 이것을 우리는 '문학작품 인물 교류 에튜드 작업'이라고 부릅니다.

'문학작품 인물 교류 에튜드'에 관해서는 관찰 작업 공개 발표 이후에 다시 언급하도록 하겠습니다. 자, 관찰 작업에 대한 공개 발표에 만전을 기하세요!"

18

관찰 작업 공개 발표 날, 소극장에는 화술, 움직임, 연극이론, 연기 등의 교육자들과 많은 학생들로 북적댄다. 담임 연기교육자가 공개 발표 프로그램을 들고 무대로 나온다.

"오늘 우리는 네 번째로 공개 발표를 하고자 합니다. 그것은 관찰 작업입니다. 지난 1년 동안 우리는 배우 자신으로서의 작업을 충실히 이행했습니다. 이제 2학년을 맞아 우리는 역할로 들어가기에 앞서 배우 자신의 몸을 바꾸는 작업을 진지하게 수행해 왔습니다. 그것은 인물, 동물, 사물을 자신의 눈으로 관찰하여 그들의 외형을 모방한 후 행동탐구와 모색의 과정이었다고 감히 말할 수 있습니다.

자신이 아닌 다른 사람으로의 변신, 즉 역할 작업은 복잡한 과정을 거칩니다. 그 이유는 우선 다른 사람이라고 말할 수 있는 인물, 즉 역할은 실상이 없는 생명체이기 때문입니다. 이러한 허상의 인물을 창조해야만 하는 우리의 첫 번째 일은 관찰 작업입니다. 관찰 작업은 인물의 외적 형상, 즉 외적 성격을 모색하여 인물의 내적 성격을 창조하는 일입니다. 이것은 허구의 인물을 창조하는데 있어서 용이하고 편리하며 구체적인 방법으로써, 그 첫 번째 작업 단계라고 할 수 있습니다.

우리는 관찰 작업에서 '2인 에튜드'나 '무리 에튜드'는 배제했습니다. 가장 큰 이유는 시간이 절대적으로 부족하기 때문입니다. 하지만 우리는 이미 1학년 때 '2인 에튜드'와 '무리 에튜드'를 경험한 바 있기에 차후의 작업인 '문학작품 인물 교류 에튜드'나 '장면연극', 그리고 공연에서 이 부분은 반드시 포함되리라 생각합니다.

오늘 관찰 작업 공개 발표 후에 우리는 이제 본격적으로 텍스트를 가지고 다음 작업으로 들어갈 것입니다. 하지만 그것은 아직까지 우리의 주 텍스트인 희곡은 아닙니다. 즉 소설이나 시, 수필 등이 우리의 텍스트로 활용될 것입니다.

차치하고, 이제 공개 발표를 시작하도록 하겠습니다. 발표순서는 프로그램에 적혀 있는 바와 같습니다."

1부

〈인물 관찰〉

1. 지하철 1호선에서 본 40대 여자   . . . 이소희

2. 백화점에서 본 30대 남자   . . . 박정태

3. 광장시장에서 본 70대 남자   . . . 감무신

4. 압구정 카페에서 본 20대 남자   . . . 양승욱

5. 지하철 3호선에서 본 40대 남자   . . . 손기주

6. 마트에서 본 60대 여자   . . . 이정하

7. 놀이터에서 본 5살 여자아이   . . . 김현정

8. 산책로에서 본 40대 여자   . . . 권주희

9. 클럽에서 본 20대 여대생   . . . 윤문숙

10. 버스정류장에서 본 30대 여자   . . . 이수정

〈직업 인물 관찰 1〉

1. 집 근처의 달고나 아저씨   . . . 박정태

2. 노량진 수산시장의 과일가게 아저씨   . . . 양승욱

3. 학교 사거리 빵집 아저씨   . . . 감무신

4. 경동시장 리어카에서 차 파는 아주머니   . . . 김현정

5. 경동시장 리어카에서 나물 파는 아주머니   . . . 이정하

6. 청과물시장 뜨개질 가게 아주머니   . . . 이소희

〈직업 인물 관찰 2 (가수 관찰)〉

1. 김범수 〈늪〉   . . . 양승욱

2. 나훈아 〈갈무리〉   . . . 감무신

3. 비욘세 〈crazy in love〉   . . . 윤문숙

4. 이선희 〈아름다운 강산〉   . . . 이소희

5. 비타즈 〈smile〉   . . . 박정태

10분 휴식

2부

〈동물 관찰〉

1. 낙타   . . . 손기주

2. 원숭이   . . . 감무신

3. 도마뱀   . . . 양승욱

4. 호랑이들   . . . 윤문숙/이수정/권주희

5. 두루미   . . . 김현정

6. 표범들   . . . 박정태/이소희

〈사물 관찰〉

1. 거리의 신문지   . . . 손기주

관찰 작업 공개 발표를 마치고 학생들은 의상, 소품, 소도구, 대도구 등을 분주하게 치우며 정리하고 있다. 정리가 얼추 마무리 되자 무신은 동료들에게 소리친다.

"선생님께서 공연연습 때문에 저녁 10시 경에 학교로 다시 오신답니다. 그때 뒤풀이 하자고 연락하셨어요. 그리고 공개 발표에 대한 총 평가는 다음 수업시간에 하신답니다."

19

실기실에 모인 학생들은 자신들의 관찰 작업 공개 발표에 대해 이런 저런 이야기를 나누고 있다. 실기실은 시끌벅적하다. 연기교육자가 들어와서 자리에 앉자 학생들은 각자 편한 자리에 아무렇게나 앉아서 교육자에게 주의를 기울인다.

"지난 시간 공개 발표한 관찰 작업에 대해서는 대체로 만족합니다."

학생들이 안도의 한숨을 내쉬자, 교육자는 빙그레 웃으며 이내 입을 연다.

"우리는 지난 시간에 관찰 작업에 대한 공개 발표를 세 부분으로 나누어 발표를 했습니다. 인물 관찰, 동물 관찰, 그리고 사물 관찰이 그것이었습니다. 인물 관찰은 다시 세 파트로 나누어 발표를 했습니다. 그것은 보편적인 인물, 직업군의 인물, 그리고 직업군 중에서도 가수 관찰이었습니다.

하지만 이번 우리의 관찰 작업에서는 특수 군에 대한 인물 관찰은 제외시켰습니다. 예를 들면 눈이 먼 사람, 들리지 않는 사람, 알코올 중독자, 성전환자, 다리가 불편한 사람, 거리의 여자 등이 여기에 속합니다. 특수 군에 속하는 인물들을 관찰하여 몸을 바꾸는 작업은 많은 시간을 요구합니다. 또한 이것은 아주 특별한 주의와 배려가 필요합니다. 그리하여 이번 관찰 작업에서는 그것을 배제시켰던 것입니다.

아울러 직업군의 인물도 제한을 두었습니다. 그 이유는 직업으로써의 행동을 위해서는 매우 오랜 시간동안 반복연습이 필요하기 때문입니다. 그리하여 이번 관찰 작업에서는 일상에서 보편적인 인물 관찰을 통해 자신의 몸을 바꾸어 인물로서의 행동 찾기와 실행에 좀 더 초점을 맞추었습니다.

또한 이번 과제에서는 관찰을 통한 몸 바꾸기로부터 출발하여 인물로서 교류를 위한 에튜드로까지의 발전 또한 대부분 생략되었습니다. 즉 관찰을 통한 변신 이후의 '2인 에튜드', '무리 에튜드'는 수업에서 다루지 않았습니다. 그래서 우리는 관찰 작업을 통한 '1인 에튜드'에 대부분 시간을 할애했습니다. 그 이유는 무엇보다도 물리적인 시간이 부족한 것이었지만, 이러한 과제는 다음의 단계인 '문학작품 인물 교류 에튜드 작업'이나 '장면연극'에서 할 수 있으리라고 판단했기 때문입니다.

한편 동물 관찰 작업은 포유류, 조류, 수중 동물들에 대한 것이었고, 사물 관찰은 엄청난 상상력이 요구되는 판타스틱한 관찰 작업이었습니다. 특히 사물 관찰 작업은 상상력의 극대화를 요구하는 결코 쉽지 않은 과제였습니다. 우리는 동물 관찰과 사물 관찰 또한 2인 이상 에튜드를 과제에서 제외시켰습니다. 이것 또한 차후의 작업 단계인 '문학작품 인물 교류 에튜드', '장면연극', 그리고 공연에서 요구되리라 생각합니다."

교육자는 말을 끊고 학생들을 한 바퀴 둘러보고서는 빙그레 웃으며 다시 말문을 연다.

"두 달 여 동안에 걸친 관찰 작업을 끈기 있게 그리고 진지하고 훌륭하게 수행한 여러분의 공개 발표에 다시 한 번 박수를 보냅니다!"

학생들은 고함을 지르고 자축의 박수를 치며 환하게 웃는다. 교육자도 함박웃음을 짓고 있다.

"배우에게 있어서 관찰 작업은 어떤 의미를 가질까요?"

학생들은 교육자의 물음에 재빨리 주의를 기울인다.

"관찰 작업을 통해 저는 사람에 대한 이해를 위해 어떤 작은 통로를 획득한 것 같습니다."

무신이 확신에 찬 목소리로 먼저 답변한다.

"만일 무신의 이 말에 동의한다면 조금 더 구체적으로 말해볼 수 있을까요?"

교육자가 학생들에게 시선을 돌리며 다시 질문을 던진다.

"대학로에서 달고나 아저씨를 관찰할 때였습니다. 저는 아저씨의 전 직업이 무척 궁금했습니다. 왜냐하면 아저씨의 생김새와 풍기는 분위기, 특히 아저씨의 손은 무척 섬세하여 달고나 만드는 일에는 어울리지 않았기 때문이었습니다. 그래서 관찰을 통해 아저씨의 전 직업에 대해 계속 상상하게 되었고, 이러한 상상은 달고나 아저씨의 역사쓰기로 이어졌습니다. 이것을 저는 달고나 아저씨의 삶에 대한 이해이며, 소통이라고 생각합니다. 비록 그것이 가공의, 가상의 상상이라 할지라도 말입니다."

정태가 자신의 생각을 차근차근 이야기하자 교육자는 고개를 끄덕거리며 그에게 엄지를 치켜든다. 문숙도 대화에 동참한다.

"저는 클럽에서 술에 잔뜩 취해 열정적으로 춤을 추고 있던 어떤 여대생을 관찰한 적이 있어요. 저와 친구는 새벽녘에 클럽에서 나와 그녀와 함께 술을 마시게 되었습니다. 그때 그녀와 이런저런 얘기를 나누다 지금은 친한 친구로 발전했어요. 저에게 있어서 이러한 친구 만들기는 그전에는 전혀 없던 일이었습니다. 왜냐하면 제가 먼저 마음을 열고 다가간 첫 친구이었기 때문이에요. 관찰 작업은 저에게 있어서 실제로 그 친구를 이해하게 된 결정적인 계기가 되었고요."

교육자가 고개를 끄덕이며 문숙에게 묻는다.

"그 친구의 어떤 점이 마음에 들었나요?"

"그 친구는 화끈하고 직선적인 성격이어서 그녀와 얘기하고 나면 시원시원해요."

문숙이 환한 미소를 지으며 답변한다.

"저도 문숙과 함께 그 친구를 몇 번 만난 적이 있는데, 정말 시원시원 하고 활달하며 주관이 뚜렷한 친구예요. 그녀는 전 세계를 일주하는 것이 자신의 삶의 목표라고 해요."

정하가 옆에서 거들자 문숙은 고개를 끄덕이며 맞장구를 친다.

"저도 두루미를 관찰하면서 두루미에 관한 자료를 찾고, 다시 동물원에 몇 번 가서 두루미를 관찰하면서 두루미에 대해 이전에는 몰랐던 것을 알게 되었습니다. 그래서 이제 두루미 과는 저에게 있어서 아주 특별한 동물이 되었어요."

책상에 걸터앉아 있던 현정도 한마디 한다. 교육자는 현정의 의견에도 동의하듯 고개를 끄덕거리더니 천천히 입을 연다.

"여러분의 생각에 전적으로 동의합니다. 관찰 작업은 우리에게 있어서 아주 특별하면서도 매력적인 일입니다. 나는 이것을 사람에 대한, 동물에 대한, 사물에 대한, 자연에 대한 이해이자 배려를 위한 관문이라고 생각합니다. 그리고 나는 관찰 작업을 대상에 대한 자신의 사고를 정립하는 과정이라고 간주하고 있습니다. 자신의 눈을 통해서 말입니다.

이어령 선생은 관찰을 '땅을 보고 하늘을 보는 것'이라고 말한 적이 있습니다. 이 말은 관찰 대상이 우리 주변의 모든 것이어야 하며, 나아가 어떤 대상을 꿰뚫어보며 본질을 파악하는 의미라고 나는 생각합니다.

하지만 우리의 일은 여기에서 한 걸음 더 나아가 자신의 몸을 바꾸어야 한다는 사실을 명심해야 합니다. 이때 몸을 바꾼다는 의미는 전에도 언급했지만, 우선 관찰한 대상을 통해 모방 행동을 거쳐 결국 인물의 정신을 구현해야만 한다는 깊은 의미를 내포하고 있습니다. 이러한 관찰 작업은 처음에는 대상으로의 행동 모방에 불과하지만, 차후에 인물에 대한 정신세계의 구현이라는 신기한 세계로 여러분을 인도할 것입니다. 따라서 나는 추상적이고 모호한 인물의 정신세계로 직접 접근하려는 시도보다 구체적이고 실현가능한 행동으로의 모방을 통해 인물의 정신세계로 다가가야 함을 강조하고 있는 것입니다. 이해되나요?'

학생들은 고개를 힘차게 끄덕이며 동의의 뜻을 전달한다. 교육자는 잠시 학생들을 찬찬히 바라보더니 천천히 그러나 힘 있게 말문을 연다.

"오케이! 관찰 작업 공개 발표에 대한 총평은 특별히 없습니다. 왜냐하면 내가 판단하기에, 여러분의 공개 발표는 수업의 목표치에 매우 근접했기 때문입니다. 수고하셨어요!"

학생들은 힘껏 손바닥을 마주치고 서로를 포옹하며 격려한다.

2
부
—
소설 인물을 만나다!

1

연기교육자가 실기실로 들어와 의자에 앉으면 학생들은 제각각 편한 자세로 마룻바닥에, 의자에, 소파에, 책상 위에 걸터앉아 있다. 교육자가 학생들을 한번 휙 바라보고는 말문을 연다.

"지난 시간에 말한 것처럼, 이제 우리의 작업은 희곡이 아닌 텍스트, 즉 소설, 시, 수필 등과 같은 재료를 가지고 그 속에 등장하는 인물을 형상화하고 구축하는 것입니다. 이것을 우리는 '문학작품 인물 교류 에튜드' 작업이라고 말하고, 이 단계야말로 본격적인 역할작업의 시작이라고 할 수 있습니다.

우리는 이전의 과정, 즉 관찰 작업을 통해 인물의 외형(껍데기)을 모방하여 행동 찾기와 수행을 해냈다면, '문학작품 인물 교류 에튜드'는 여태까지 학습한 '1인 에튜드', '2인 에튜드' 그리고 '관찰 작업'의 총체로써 인물의 행동 찾기와 실행, 그리고 교류작업이라고 할 수 있어요.

'문학작품 인물 교류 에튜드'를 위한 텍스트로는 소설, 시, 수필 등이 있는데, 우리는 그 중에서 소설을 텍스트로 활용할 것입니다. 그리하여 나는 소설 속에 등장하는 인물들을 발췌하여 여러분들에게 맡길 생각이고요. 그러면 여러분은 자신의 역할인 소설 속의 등장인물을 연구하고 탐구하여 '1인 에튜드', '2인 에튜드', '무리 에튜드'로 보여주길 바랍니다."

학생들은 고개를 힘차게 끄덕이며 화답한다. 교육자는 잠시 뜸을 들이더니 다시 말을 이어간다.

"아직까지 우리에겐 희곡은 없습니다. 그렇다면 우리의 현 작업에서 희곡이 아닌 소설을 텍스트로 채택하는 이유는 무엇일까요?"

" . . . "

학생들은 곰곰이 생각하고 있다. 교육자는 잠시 그들의 대답을 기다리다가 입을 연다.

"소설가는 우리에게 제법 친절한 사람이라고 할 수 있어요. 왜냐하면. . ."

이때 수정이 교육자의 말을 끊으며 소리친다.

"아! 소설은 설명하고 묘사하는 문학 장르입니다. 그래서 희곡이나 시, 수필보다. . ."

그때 승욱이 수정의 말을 가로챈다.

"그래서 소설은 우리에게 상황이나 인물에 대한 정보를 보다 많이 제공하기에 시나 수필, 희곡보다는 인물을 이해하고 구축하는데 보다 편하고 쉬운 재료라고 할 수 있습니다."

승욱이 수정에게 손을 흔들자, 그녀는 어이없다는 표정을 짓고 있다. 교육자는 동의의 뜻으로 고개를 끄덕거린다.

"그렇습니다. 시는 함축의 언어로 이루어진 문학 작품이어서 매우 비유적이며 상징적이죠. 수필 또한 상황과 인물에 대한 묘사가 생략되기 일쑤여서 그 여백을 우리의 상상력으로 메워야 하는 장르입니다. 그리고 희곡도 인물의 전시前史에 대해, 인물의 형상에 대해, 인물의 세계관에 대해, 그리고 사건에 대해 꽤 함축적입니다. 그래서 희곡의 언어 역시 자연스럽게 시적일 가능성이 농후합니다.

반면 소설은 상황이나 사건, 인물에 대해 작가가 꽤 친절하게 묘사하거나 설명하고 있어서 우리가 인물의 역사와 형상을 이해하고 구축하는데 제법 많은 도움을 제공하고 있습니다. . ."

"그렇다면 어떤 소설이 우리에게 도움이 될까요, 선생님?"

현정이 교육자의 설명이 채 끝나기도 전에 손을 들어 질문한다.

"이제 말하려고 하는데. . ."

"아, 네. . ."

현정은 멋쩍은 듯 머리를 긁적인다. 동료 학생들이 소리 내어 웃는다. 교육자가 빙그레 웃으며 다시 자신의 말을 이어간다.

"오케이, 그렇다면 어떤 소설이 우리의 현 작업을 위해 도움이 될지 생각해 볼까요?"

학생들은 여기저기서 각자의 생각을 피력하기 시작한다.

"저희들의 구성인원으로 볼 때 등장인물이 최소 10명 이상은 되어야 할 것 같은데요."

"한국의 현대소설이나 근대소설?"

"외국소설도 도움이 될 것 같습니다."

"다양한 인물들이 등장하면 좋을 것 같습니다."

"고전이면서 명작이면 좋을 것 같은데요."

"시대상황이 구체적이면 많은 공부가 될 것 같아요."

교육자는 학생들의 의견을 들으며 고개를 계속 끄덕거리고 있다.

"여러분들의 생각에 전적으로 동의합니다. 그래서 나는 우리의 현 단계 작업을 위해 텍스트를 한 권 택했습니다. 김원일 작가의 『마당 깊은 집』입니다. 읽어 본 적 있나요?"

". . . 아뇨!"

학생들은 잠시 웅성거리더니 큰소리로 대답한다.

"너무 당당하게 대답하는 거 아닌가? 그리 길지 않으니 다음 시간까지 다 읽어오도록 하세요!"

교육자는 가방에서 소설책을 꺼내 학생들에게 보이고는 책상 위에 올려놓는다. 그리고 계속 말을 이어간다.

"『마당 깊은 집』은 6.25전쟁 직후 우리의 이야기입니다. 장소는 대구에 위치한 어느 동네이고, 다가구가 살고 있는 마당이 널찍한 한옥집입니다. 이곳에서 많은 사람들은 전쟁직후의 삶을 살아가고 있습니다."

교육자가 잠시 말을 멈추더니 이내 다시 입을 연다.

"음. . . 나의 지인 중 문인文人이 연신내 근처에 살고 있어요. 그는 현재도 마당이 넓은 집에 살고 있고, 인근에도 아직까지 개발되지 않은 60~70년대의 마당 있는 집들이 다수 있다고 합니다. 그래서 다음 시간에 그 집을 견학할까 합니다. 그때까지 『마당 깊은 집』을 정독하고 당시의 역사적 배경과 시대상, 삶의 양식 등을 공부해 오도록 하세요. 오케이?"

"네!"

학생들은 큰소리로 합창한다.

"현장답사인가요, 선생님?"

정태가 손을 번쩍 들어 묻는다.

"그렇다고 할 수 있습니다. 다음 시간 오전 10시 경에 연신내역에서 봅시다. 늦지 않도록!"

"네!"

학생들은 실기실이 떠나갈 듯 외친다.

2

아침 10시 경, 교육자와 학생들은 지하철 연신내역에서 만나 삼삼오오로 무리지어 이동하고 있다. 길을 따라 한참을 걸어 언덕을 지나자 허름한 60~70년대식의 한옥집들이 여기저기 보인다. 그중에서 제법 아담한 한옥 대문을 가로질러 교육자와 학생들이 조심스럽게 들어선다.

"안에 계시나?"

교육자가 큰소리로 외치자 방 미닫이문이 열린다. 한눈에 딱 봐도 문인인 듯한 사람이 돋보기안경을 걸치고 얼굴을 내민다. 교육자는 그와 반갑게 악수하고 포옹을 나눈다. 교육자는 학생들에게 그를 소개한다.

"이 분은 나의 초, 중, 고등학교 동창이고, 얼마 전까지 고등학교에서 국어선생님을 하다가 지금은 때려치우고 소설을 쓰느라 여념이 없지. 한마디로 말해, 백수!"

학생들이 소리 내어 웃는다. 문인도 껄껄거리며 웃는다.

"전 선생님을 알아요! 선생님의 소설을 읽었거든요!"

주희가 큰소리로 외치자 동료들이 수군대기 시작한다.

"자네 작품의 팬이구만. 제법 이름 있는 백순데!"

교육자의 너스레에 문인은 어깨를 으쓱한다.

"박수광 소설가님이시죠? 선생님이 쓰신 『매일 청춘』을 읽었거든요!"

주희가 환하게 웃으며 큰소리로 외친다.

"영광인데, 내 작품을 읽은 독자를 여기서 만나다니! 그래, 오늘 자네들은 못난 선생님을 따라 한옥 집을 견학하러 왔다고?"

맘씨 좋은 옆집 아저씨 같은 소설가는 기분 좋게 웃음을 머금고 있다.

"네!"

학생들이 큰소리로 화답한다.

"그다지 볼 것은 없어요. 누추한 한옥집이지. 그렇지만 일부러 시간 내어 왔으니 마음껏 봐요. 마루에 차를 준비해 놓을 테니까 구경하다가 심심하면 차도 마시고!"

"네!"

주인아저씨의 친절함에 학생들은 큰소리로 응답하고는 흩어진다. 흙 마당에는 나무판자로 만든 직사각형 모양의 널따란 평상이 이 집의 터줏대감 마냥 떡하니 놓여 있고, 그 위에는 배추가 시래기형태를 갖추고 말라가고 있다. 평상 옆에는 여자의 긴 머리카락을 닮은 펌프가 보인다. 집 주인이 펌프 속에 물을 한 바가지 붓고 펌프질을 하자 펌프의 둥근 주둥이를 통해 물이 콸콸 쏟아진다. 학생들이 신기해하며 서로 앞 다투어 펌프질을 해댄다. 마당 한 가운데 삼각형 모양의 긴 막대기에 굵은 줄을 이어 만든 빨래 걸이에는 바지, 수건, 보자기, 목장갑 등이 맑은 햇살에 시래기들과 함께 말라가고 있다.

몇몇 학생들은 마당을 가로 질러 본채로부터 떨어져 있는 사랑채로 가서 문을 열고 안을 들여다보고 있다. 또 다른 학생 그룹은 본채에 붙어 있는 다른 방문을 열고 안을 들여다보며 이야기를 나누고 있다. 대문 가까운 곳 한쪽 구석에 붙어 있는 수세식 화장실은 마치 이 한옥 집과는 어울리기 싫다는 듯 서 있다. 한 눈에 봐도 현대식 화장실이다.

본채 뒤쪽으로 쭉 뻗어있는 쪽길을 따라 몇몇의 학생들이 이동하고 있다. 가시나무와 탱자나무로 뒤범벅된 좁은 뒷길에는 나무더미와 각종 연장들로 빽빽하다.

"차 한 잔들 하지!"

본채 대청마루에 앉아 교육자와 차를 마시고 있던 문인이 학생들을 향해 소리친다. 학생들이 하나 둘씩 마루로 모여든다.

"자네들이 살고 있는 집하고는 많이 다르지?"

소설가가 차를 따르며 말문을 연다.

"네! 마당에 있는 펌프는 말로만 들었는데 여기 와서 처음 봐요."

소희가 함박 미소를 지으며 대답한다.

"평상 위에 햇살을 듬뿍 받고 있는 시래기와 빨래걸이에 걸려 있는 빨랫감들을 보니 기분도 상쾌해지던데요."

정태도 한마디 거든다.

"방이 꽤 많은데 누가 살고 있어요?"

수정이 문인에게 묻는다.

"사랑채까지 포함하면 5갠데, 특별히 누가 기거하는 건 아니고, 친구들이나 친척들이 오면 며칠씩 머물렀다 가지. 물론 먹을 건 자기네들이 가져오고."

문인이 학생들에게 찻잔을 건네며 대꾸한다.

"여기에서 몇 년을 사신 거예요?"

승욱이 차를 음미하며 큰소리로 묻는다.

"음. . . 약 20년쯤 되지, 아마."

"아주머니와 아이들은요?"

문숙이 차를 홀짝거리며 묻는다.

"집 사람은 아이하고 갤러리에 갔어."

문인도 차를 한 모금 마시며 답변한다.

"부엌에 있는 아궁인 저희 할머니 댁에 있는 것과 똑같아요. 불편하시진 않아요?"

소희가 대청마루 쪽으로 자리를 옮기며 질문하자 집주인은 찻잔에 차를 따르며 되묻는다.

"할머니께서는 어디 계시지?"

"강원도 주문진에 계세요."

문인이 고개를 끄덕이더니 천천히 입을 연다.

"처음엔 제법 불편했지. 근데 이젠 익숙해져서 오히려 편해요. 가끔씩 산에 가서 나뭇가지도 모아 와서 군불을 때고 가마솥에다 밥을 해 먹지. 그 맛은 전기밥솥 밥과는 비교할 수 없고."

문인이 빙그레 웃으며 학생들을 찬찬히 바라보더니 다시 입을 연다.

"오늘 점심은 가마솥에다 수제비를 해 먹을까 하는데?"

"네!!!"

학생들은 마당이 떠날 갈 듯 한 목소리로 고함지른다.

"그러면. . . 준비를 좀 해야 해요. 남자들은 뒤쪽에 쌓여 있는 나무들로 군불을 때고 여자들은 밀가루로 수제비를 만들어야 하거든. 할 수 있겠니?"

부드러운 목소리로 집주인이 말을 건네자 학생들은 또 다시 한 목소리로 합창하듯 소리친다.

"네!!!"

문인과 교육자는 힐끗 쳐다보며 미소를 짓는다.

"그럼, 시작해볼까!"

문인이 벌떡 일어선다.

"난 무얼 하지?"

교육자가 소리 지르자 문인이 부엌으로 가면서 큰소리로 응답한다.

"자네는 동네 산책이나 하고 와!"

"오케이!"

교육자와 학생 몇 명은 동네 산책을 나선다. 남학생들은 본채 뒷길에 쌓여 있는 장작과 나뭇가지를 가져와서 군불 땔 준비를 하고, 여학생들은 문인이 준비해 준 밀가루로 반죽을 치대어 수제비를 만들기 시작한다. 집주인은 남학생들에게 군불 때는 것을 도와주고 난 뒤 여학생들과 어울려 밀가루 반죽을 손으로 뚝뚝 끊어 가마솥에 집어넣고 있다.

얼추 수제비가 완성되자 집주인과 학생들은 평상에다 큼직한 상을 차린다. 때마침 연기교육자가 동네 마실을 갔다가 대문으로 들어선다.

"먹을 복은 타고 났구먼!"

집주인이 친구에게 핀잔을 주자 교육자는 고개를 힘차게 끄덕이며 당당하게 소리친다.

"예전부터 그랬지!"

소희가 큰소리로 외친다.

"자, 식사하세요!"

몇 명은 수저와 앞 접시를 상 위에 놓고 있고, 몇 명은 밑반찬을 부엌에서 옮기고 있다. 서울에서는 좀처럼 보기 힘든 점심식사 장면이 마당의 평상에서 연출되고 있다. 그 모습은 따뜻한 햇살과 수다로 잘 어울리는 화음 같다. 마치 옛날의 흑백영화를 보는 듯하다.

3

"『마당 깊은 집』은 다 읽었나요?"

수업이 시작되자 교육자가 실기실로 들어와 의자에 앉으며 학생들에게 외친다.

"네!"

학생들의 목소리는 당당하다.

"오케이, 텍스트를 읽고 난 후 어떤 느낌이나 생각이 들었는지 각자 이야기 해볼까요?"

"작품의 공간인 대구의 약전골목과 장관동을 직접 가보고 싶었습니다. 물론 당시와는 비교할 수 없을 정도로 많이 변했겠지만요."

정태가 먼저 입을 연다.

"전후 1950~60년대의 생활상이 한 눈에 읽혔습니다. 그런데 당시의 집 구조, 의상, 그리고 음식 등을 좀 더 알고 싶어서 그때 제작되었던 영화를 도서관에서 찾아보았습니다."

평소 맛집에 관심이 많은 무신도 한마디 거든다.

"작품의 주 공간인 마당 깊은 집의 구조와 거기에 기거하고 있는 사람들이 잘 묘사되어 있어서 저는 그림을 그려가며 읽었습니다."

어릴 때부터 그림을 그렸던 승욱은 평소 자신이 항상 들고 다니는 작은 스케치북을 펼쳐 보인다. 교육자와 학생들은 승욱이 그려놓은 마당 깊은 집의 구조를 보며 고개를 연방 끄덕거리며 감탄의 소리를 내지른다.

"또 다른 사람은?"

교육자가 다른 학생들에게 눈길을 돌린다.

"작가 자신의 이야기를 소설로 옮겨 놓은 듯해요. 특히 소설에 등장하는 어머니는 작가의 어머니가 모티브인 듯했는데, 그녀는 무척 강직해보였습니다. 작품을 읽는 내내 저희 어머니를 떠올리게 해서 뭉클하기까지 했어요."

시골이 고향인 소희의 목소리는 또랑또랑하다.

"작가가 묘사해 놓은 인물들은 각자 연령, 개성, 사고방식 그리고 행동들이 뚜렷해서 매우 흥미로웠습니다."

기주도 자신의 생각을 피력한다.

"전쟁 전후 남북의 이데올로기 대립은 저로 하여금 답답하고 갑갑하게 만들었어요."

주희가 제법 진지한 목소리로 외친다. 교육자는 학생들의 생각을 들으며 고개를 계속 끄덕거리고 있다. 잠시 후 그는 천천히 입을 뗀다.

"대구 장관동에 위치한 마당 깊은 집의 형태와 구조가 지난번 연신내에서 관찰한 한옥 집과 비교되는 부분이 있었나요? 만일 지난번 연신내에서 관찰한 한옥집이 여러분들의 상상력을 건드려 작품의 마당 깊은 집을 형상화 하는데 도움이 되었다면, 여러분은 무대를 어떻게 만들 수 있을까요?"

"당시 장관동의 기와집은 일제강점기를 거치며 변형된 디근자형이 태반이라고 소설에는 쓰여 있었습니다. 그래서 위채와 아래채로 구분된 마당이 있는 디근자형의 널따란 한옥 집을 만들어야 할 듯한데요."

정하가 자신의 노트에 빼곡히 적어놓은 기록표를 보며 차분하게 이야기한다.

"오케이! 텍스트 16쪽을 펴보세요."

교육자의 지시에 학생들은 소설책을 펼친다.

"마당 깊은 집의 형태와 구조 그리고 인물묘사 부분이 거의 에피소드 두 번째 단락 전까지 묘사되어 있죠? 이 부분을 다시 한 번 정독해보고, 우리가 만약 텍스트에 묘사되어있는 마당 깊은 집을 무대 위에 약식으로 만들어야 한다면 어떻게 해야 할지 생각해보세요.

자, 30분간의 시간을 줄 테니 마당 깊은 집의 구조에 대해 스케치해서 어떻게 무대화시킬 것인지에 관해 논의해보세요. 승욱의 도움이 필요할 것 같은데?"

교육자가 승욱을 바라보며 과제를 제시하고서는 자리에서 일어난다. 학생들은 둥글게 둘러 앉아 소설책을 펴놓고 토론하기 시작한다.

한참 후 교육자가 실기실로 다시 들어와 앉으면 큰 화이트보드가 놓여 있고, 거기에는 마당 깊은 집의 구조가 그려져 있다. 학생들은 화이트보드 주위에 모여 앉아 있다. 반대표인 무신이 화이트보드 쪽으로 걸어 나간다.

"텍스트를 읽고 저희들이 논의해서 만든 마당 깊은 집의 도면입니다. 무대그림은 승욱이 그렸고요. 그런데 토론을 통해 실제적으로 저희들에게 필요한 것만 그렸습니다. 잠시 설명을 드려도 될까요?"

교육자는 당연하다는 듯 고개를 크게 끄덕거린다.

"우선 무대 뒤쪽에 객석 쪽을 향하여 철제 프레임으로 솟을대문을 만들었습니다. 김천 댁이 살고 있는 바깥채는 솟을대문의 왼편에 조그마하게 그려보았고요. 그리고 주 공간인 무대의 오른쪽으로 위채, 왼쪽으로 아래채를 그렸습니다. 위채는 덧마루를 사용하여 큰 대청을 만들고 그 옆으로 가림막을 사용하여 방 세 개를 그렸고. 무대 왼편의 아래채에는 크기가 똑같은 네 개의 방이 필요한데, 가림막을 이용하여 만들고 방에는 각기 필요한 소품과 물건들로 채워놓으면 될 듯합니다.

그리고 무대 왼쪽 구석으로부터 시작되는 아래채의 첫 번째 방은 작품의 화자인 소년이 살고 있는 방인데, 그 옆에 아침이면 진풍경을 볼 수 있는 화장실을 가림막으로 만들면 될 듯합니다. 아래채의 두 번째 방은 경기 댁, 세 번째 방은 퇴역장교 상이군인가족, 네 번째 방은 평양 댁이 기거하고 있습니다.

위채의 대청에는 서양식 응접의자와 당시의 큼직한 전축이 있어야 할 듯 합니다. 그리고 위채와 아래채의 중간부분에는 수돗가를 만들어야 할 것 같고요. 아, 아래채의 네 방은 따로 부엌이 없어서 방 앞쪽으로 두꺼운 천을 덮어 만든 각 방의 간이 부엌이 있어야 할 듯합니다. 물론 부엌에 알맞은 소품들이 있어야 할 겁니다.

여기까지가 저희들이 생각하고 논의하여 만든 마당 깊은 집의 구조입니다."

무신이 화이트보드에 그려놓은 마당 깊은 집의 구조에 대해 설명을 마치자 교육자는 화이트보드를 빤히 쳐다보며 고개를 세차게 끄덕거리고 있다. 잠시 후 교육자는 천천히 입을 연다.

"오케이! 마당 깊은 집의 구조를 한 눈에 알 수 있게끔 잘 그려놓은 듯합니다."

교육자는 학생들에게 시선을 옮긴다.

"일전에도 몇 차례 언급한 것처럼, 공간은 우리에게 있어서 매우 중요합니다. 그렇다면 여러분들이 있어야 할 무대 공간을 우선 잘 생각해보는 것이야말로 우리의 첫 번째 일이라고 할 수 있겠죠.

차후 우리의 초목표인 공연을 할 때 작업의 초반부 즈음에 무대 미술가를 초청해서 여러분들과 작품의 무대적 공간에 대해 이야기하고 논의할 시간이 틀림없이 있을 겁니다. 그때 무대 미술가는 당연히 미학적으로, 실용적으로 무대 공간을 창조할 것입니다. 하지만 정작 중요한 것은 무대 공간은 배우의 공간이어야만 합니다. 왜냐하면 결국 배우가 그 공간에서 살아야 하기 때문이죠. 그런 의미에서 차후에 우리는 무대 미술가와 만남의 시간을 필히 가질 것입니다. 물론 의상, 분장, 소품디자인 등의 스태프들과의 만남 또한 당연히 있어야겠죠."

교육자는 자신의 가방에서 노트를 한권 꺼내어 펼친다.

"자, 이제 드디어 작품의 등장인물들을 여러분들에게 맡길 때가 되었습니다."

학생들은 웅성거리기 시작한다.

"지금 자신의 등장인물을 배정받고 나면, 다음 시간에 자신의 인물들에 대해 모든 것을 꼼꼼하게 생각해보고 연구해보세요. 필요하다면 기록도 해보고요! 오케이?"

"네!!"

학생들은 큰소리로 화답하며 주의를 기울인다. 교육자가 노트를 들여다보더니 말을 이어간다.

"경기 댁 역은 현정, 미선 역은 문숙, 준호아버지 역은 무신, 평양 댁 역은 주희, 민이 역은 기주, 어머니 역은 소희, 주인아저씨 역은 정태, 주인아주머니 역은 정하, 성준 역은 승욱, 식모 안 씨 역은 수정입니다."

교육자의 역할에 대한 배정이 끝나자 학생들은 다시 웅성거리기 시작한다.

"선생님, 인물들에 대한 모든 것이라 하면 어떤 것들을 말씀하시는 겁니까?"

기주가 손을 들어 질문하자 교육자는 즉각 답변한다.

"그것은 인물의 이력, 취미, 남녀관, 삶의 목표, 세계관, 관계성, 형상화 그리고 행동거지들을 통틀어 말하는 것입니다. 구체적인 것은 다음 시간부터 본격적으로 이야기해보도록 합시다!"

교육자가 손목시계를 보더니 실기실을 서둘러 나선다. 학생들은 자신들이 맡은 인물에 대해 서로 이야기를 나누기 시작한다.

4

"이제 『마당 깊은 집』을 꼼꼼하게 정독해야 될 시점이 되었습니다."

수업이 시작되자, 연기교육자가 실기실로 들어와 의자에 앉으며 학생들을 향해 말문을 연다.

"텍스트를 꼼꼼하게 읽어가며 메모도 해보세요. 그럴 때 인물의 형상, 인물들 간의 관계, 사건 등을 통해 인물의 행동과 세계관, 삶의 목표 등을 모색할 수 있기 때문입니다. . . . 현정은 현재 자신의 역할인 경기 댁에 대해 어떻게 이해하고 있나요?"

교육자가 현정에게 시선을 돌린다.

"제가 생각하기에. . . 경기 댁은 쉰 초반의 여자로 당시로는 상당히 교육을 많이 받은 여성인 것 같아요. 또한 그녀의 고향이 개성으로 기록되어 있는 것으로 봐서 생활력도 상당한 듯하고요. 자식들은 이러한 그녀로부터 영향을 다분히 받아 당시로서는 보기 힘든 전문 직업을 가지고 있고요. 현재는 자식들이 장성하여 집안 살림은 대부분 딸인 미선의 몫이고, 아들인 홍규의 월급으로 편한 생활을 하고 있어요."

현정은 교육자의 질문을 미리 예상한 듯 거침없이 답변한다. 교육자가 고개를 끄덕이더니 그녀에게 재차 질문한다.

"그녀의 외모적 특징과 형상은 어떤가요?"

"텍스트에서 유추할 수 있는 건, 주인아저씨처럼 뚱뚱하거나 배가 나오진 않았고, 평양 댁의 큰아들처럼 깡마르지도 않은 보통 체격인 듯해요. 그렇지만 마당 깊은 집의 사람들 일에 일일이 간섭하거나 끼어드는 것으로 봐선 어지간히 수다스러운 여자인 것 같아요. 해서 그런 여자들은 꽤 눈매가 날카로울 것 같고 . . . 그래서 모든 일에 지나칠 정도로 관심이 많아서 항상 이집 저집을 어슬렁거리며 돌아다니는데, 이때 그녀의 모습은 뒷짐을 지고 팔자걸음을 걸으며 눈알을 이리저리 굴리고 정보 모으기에 대단히 욕심이 많아 보이는 인물의 형상을 연상시켜요."

현정의 목소리는 자신에 차 있다. 동료들은 그녀를 빤히 쳐다보며 놀란 듯한 표정을 짓고 있고, 교육자는 빙그레 미소를 지으며 고개를 계속 끄덕거리고 있다.

"오케이, 그렇다면 그녀의 인물형상화를 위해 도움이 될 만한 모델은 있을까요?"

" . . . "

현정이 침묵하자 교육자는 현정에게 독려하듯 질문을 재차 던진다.

"관찰 작업을 기억해보세요. 경기 댁이라는 책 속의 인물을 입체적으로 재생시키기 위해 자네한테 도움이 될 만한 주변의 인물이나 동물은 없을까?"

"아직까진 생각해보질 않았습니다, 선생님. . . "

현정은 버릇인 양 입술을 실룩거리며 중얼거린다.

"오케이, 그렇다면 지금 생각해볼까요?"

" . . . "

그녀는 입술을 살짝 깨물며 생각에 잠겨 있다.

"음. . . 아, 생각났습니다. 제가 고등학교 다닐 때 학교 앞 슈퍼마켓 아주머니가 생각나요."

"어떤 아주머니였지? 기억나는 대로 그녀에 대해 우리에게 자세히 말해줄 수 있을까?"

교육자는 흥미로운 듯 재빨리 현정에게 되묻는다. 현정은 약간 상기된 목소리로 말을 이어간다.

"등하굣길에 그 아주머니를 항상 마주쳤는데요, 엄청 말이 빠른 아주머니였어요. 아주머니는 등하교 시간에 뒷짐을 지고 어슬렁거리며 슈퍼 앞을 왔다 갔다 했습니다. 학생들을 기다리며 말이죠. 학생들이 몰려들면 학용품의 용도와 가격, 기능 등에 대해 항상 열을 내가며 설명을 했고, 때로는 학용품을 사지 않는 학생들에게 욕을 퍼붓기도 했어요. 그래서 우리는 그 아주머니를 욕쟁이 아줌마라고 불렀습니다. 그리고. . . 아, 그 아주머니는 가만히 있을 때도 입술이 실룩거렸던 기억이 나요."

교육자는 그녀의 설명을 흥미롭게 들으며 고개를 끄덕이고, 여자 동료들은 손으로 입을 가리고 웃고 있다.

"오케이, 만일 그 분이 경기 댁의 인물형상을 위해 도움이 된다면 관찰 작업 때처럼 그녀의 신체기관들을 차용하여 현정 자신에게 갖다 붙여 보세요. 그리고 경기 댁의 인물형상화를 위해 도움이 될 만한 동물이 있다면 어떤 동물이 있을까?"

교육자가 재차 질문을 던지자 현정은 아까와는 달리 망설임 없이 즉각 응답한다.

"암탉이요!"

"이유는?"

"우선, 암탉의 뒤뚱거리며 걷는 걸음걸이가 경기 댁과 매우 잘 어울릴 듯해요."

"다른 신체기관은?"

"음. . . 암탉의 눈매는 매사에 호기심과 경계심 많은 경기 댁의 눈매를 닮은 듯 하고요. 그리고. . . 걸을 때 암탉의 앞뒤로 흔들거리는 목 또한 경기 댁의 인물형상을 위해 도움이 될 것 같아요."

현정은 눈알을 굴려가며 또박또박 답변한다. 교육자는 현정의 대답에 고개를 끄덕이더니 학생들에게 시선을 돌린다.

"오케이! 방금 현정과 나의 대화는 텍스트에 근거를 둔 것과 그렇지 않은 것으로 섞여 있었습니다. 무엇보다도 우선 텍스트의 정독은 우리로 하여금 사실에 근거를 두게 합니다. 그렇다면 우리의 첫 번째 일은 텍스트를 정독하여 사실에 근거한 작가의 생각을 정확히 입수하는 것이겠죠. 그리고 난 다음, 우리는 자신의 상상력을 총동원하여 텍스트의 이면과 속을 풍부하게 채워 나갈 자료를 찾아야 합니다. 어쩌면 우리의 일은 후자가 훨씬 더 중요할 수도 있어요. 왜냐하면 그때에서야 비로소 작가의 허구적인 인물은 배우의 구체적인 창조물로 바뀌기 때문입니다. 이것이야말로 배우의 창조적 작업이라고 할 수 있습니다. 내 말에 따라오고 있나요?"

"네!"

학생들이 큰소리로 화답하자 교육자는 미소를 띠며 자신의 말을 계속 이어간다.

"그렇다면 이제 텍스트를 정독하여 자신의 인물에 대한 일대기나 이력서를 써보도록 하세요. 그것은 작가가 우리에게 제공한 인물로부터 배우 자신이 구체적인 인물의 역사를 파헤치는 작업이며, 이것은 결국 배우를 무대에 존재하게 만들어주는 근거이기 때문입니다. 그리하여 텍스트를 정독하여 우선 인물에 대한 사실적인 정보를 기록하는 것은 이후의 인물형상을 구축하기 위한 자신의 상상력을 열어주는 첫 단추가 되는 것이겠죠. 하지만 이러한 상상력은 텍스트를 무시한 그 어떤 것이 되어서는 결코 안 됩니다. 그러므로 상상력은 텍스트를 근간으로 하고 있어야 하며, 이때 발휘되는 상상력은 뿌리를 굳건히 내릴 수 있고 마침내 자신의 일로 변모합니다. 이해되나요?"

"네!"

학생들은 고개를 크게 끄덕이며 화답한다. 이제 교육자는 무신에게 시선을 옮긴다.

"현재까지 준호아버지의 형상에 대해 우리에게 이야기해보고, 그리고 준호아버지는 어떤 성격의 소유자로 무신에게 이해되고 있나요?"

무신은 곰곰이 생각하다가 천천히 말문을 연다.

". . . 텍스트에 의하면 준호아버지는 전쟁 때 오른팔을 잃어 의수를 하고 있는 퇴역 장교로 묘사되어 있습니다. 의수는 고무팔로 만들어져 있고 쇠갈고리 두 개가 손가락 구실을 하고 있습니다. . . . 전쟁이 발발하기 전에 그는 초등학교에서 교편을 잡았고. . . 그리고 그에게는 생활력 강한 아내와 5살 된 아들이 하나 있습니다."

무신은 잠시 말을 멈추고 자신의 노트를 들춘다. 옆에 있던 소희가 그의 노트를 힐끗 들여다본다.

"그리고. . . 소설에서는 준호아버지가 사람들을 쏘아보는 눈매를 가지고 있다고 묘사되어 있습니다만, 그렇다고 험상궂거나 혐오스럽지는 않는 듯합니다. 그는 말수가 적어 조용한 사람이지만 책임감이 강하고, 자신이 믿는 바가 있으면 물불을 가리지 않는 단호함마저 가지고 있는 듯합니다. 이러한 그의 면면은 텍스트의 〈장마 에피소드〉에서 여실히 드러나는데, 그것은 장마철에 마당 깊은 집이 홍수로 위기에 처했을 때 준호아버지의 강한 통솔력과 추진력이 유감없이 표출되기 때문입니다."

학생들은 준호아버지에 대한 무신의 이야기에 주의를 기울여 듣고 있고, 교육자는 고개를 연신 끄덕거린다.

"오케이! 이제 그의 하루일과에 대해 우리에게 이야기 해주세요."

교육자가 재차 그에게 질문하자 무신은 자신의 노트를 다시 들춘다.

"음. . . 그는 눈이 보이지 않을 정도의 푹 눌러 쓴 장교용 작업모에 군복차림을 하고 아침마다 어디론가 출근을 합니다. 물론 그의 아내가 마당 깊은 집의 사람들에게 남편은 2군 사령부 원호과에 출근한다고 말하지만, 마당 깊은 집의 사람들은 아무도 이 말을 믿진 않는 것 같습니다. 사실, 그는 도시락이 든 군용백에 연필이나 공책, 빗, 칫솔 등을 담아 다방이나 인근의 시장 통을 돌아다니며 이 물건을 팔러 다니고 있는 걸로 소설에는 묘사되어 있습니다. 당연히 그 또한 이러한 일이 탐탁지는 않지만 집안 사정이 사정인지라 어쩔 수 없이 생활고를 해결하기 위해 이 일을 하고 있는 것 같습니다."

교육자는 무신의 답변을 들으며 고개를 끄덕이고는 생각에 잠겨 있다. 학생들이 교육자에게 시선을 돌린다. 잠시 후에 그가 입을 뗀다.

". . . 만일 준호아버지가 경기 댁의 딸인 미선과 만난다면 어떤 일로 만날 수 있을까요?"

교육자가 미선 역을 맡은 문숙을 바라보며 질문을 던진다.

". . ."

그들은 서로를 쳐다보고는 잠시 말이 없다.

"텍스트에서는 준호아버지와 미선의 만남이 있습니까?"

교육자가 문숙에게 묻자 그녀는 잠시 생각하다가 작은 소리로 중얼거린다.

". . . 제 기억으로는 없는 것 같은데요."

"그럼, 텍스트는 잠시 접어두고 이것을 생각해봅시다. 미선과 준호아버지는 만날 가능성이 있을까요, 없을까요? 만일 그들이 만날 가능성이 있다면 어떤 이유로 만남이 가능할까요?"

학생들은 그들의 대화에 주의를 기울이고 있다.

". . ."

잠시 후 무신이 침묵을 깬다.

"아! 이럴 가능성은 있을 것 같습니다!"

학생들과 교육자는 무신에게 주의를 기울인다.

"텍스트에 의하면, 주근깨투성이인 준호엄마는 시장 통에서 군복을 팔아 생활비를 마련하고 있습니다. 그런데 시장 통에는 가끔씩 단속반이 들이 닥칩니다. 만일 단속반을 피해 도망치다가 준호엄마가 다쳤다면 돈이 필요할 듯합니다. 그래서 준호아버지는 돈을 꾸기 위해 그래도 조금 여유가 있는 주인아주머니와 경기 댁 그리고 그녀의 장남인 홍규를 생각해볼 수 있을 겁니다.

그런데 주인아주머니와 경기 댁은 준호아버지에게 돈을 빌려 줄만한 사람은 아닌 것 같습니다. 그렇다면 치과병원 기공사이며 사람 좋은 경기 댁의 아들인 홍규를 찾아갈 가능성이 있을 거고요. 그러기 위해서 그는 성격이 활달하고 말이 통할 것 같은 경기 댁의 딸 미선을 우선 찾아가 오빠인 홍규의 근황과 사정을 물어 볼 수도 있을 것 같습니다. 결론적으로 말해서, 만일 이런 상황이라면 준호 아버지는 미선을 만날 가능성이 있지 않을까요? 선생님!"

무신의 제법 조리 있는 상상력에 교육자와 학생들은 고개를 연신 끄덕거린다.

"오케이! 그들이 충분히 만날 수 있는 가상의 상황이라고 생각됩니다. 그렇죠? 그렇다면 텍스트를 근간으로 이러한 가상의 만남을 통해 우리는 차후에 '2인 에튜드'를 해볼 수 있겠죠?"

학생들은 대답대신 고개를 강하게 끄덕거린다. 교육자가 다시 무신을 향해 질문을 던진다.

"준호아버지라는 인물이 자네한테는 시각적으로 그려집니까? 그리고 준호아버지의 형상을 위해 자네한테 도움이 될 만한 모델은 있을까요?"

무신은 재차 잠시 생각에 잠기더니 천천히 입을 뗀다.

". . . 준호아버지는 방금 말한 것처럼 항상 군모를 푹 눌러 쓰고 있고, 사람들과 눈을 마주치는 것을 꺼려하는 것 같습니다. 모자에 눈이 가려져 잘 보이진 않지만 눈매는 날카로워서 조금은 부담스러울 수도 있을 것 같고요. 또한 퇴역 장교복을 입었지만 어깨는 올라가 있고 목은 자연스럽게 어깨에 파묻혀 있는 듯하며, 오른 손가락에 의수를 착용했기에 상체의 움직임이나 걸음걸이가 부자연스러울 듯합니다. 그렇지만 그가 비록 말수는 적지만 자신이 해야 할 말이 있으면 또박또박 말하는 편이며, 배운 사람답게 그의 언어는 사람을 설득하는데 있어서는 충분한 어휘력을 갖춘 것 같습니다.

지금은 이 정도로 준호아버지에 대한 형상이 그려집니다. 음. . . 그리고 아직까지 그의 형상을 위한 모델은 찾진 못했지만. . . 지금 드는 생각으론 굶주린 늑대가 연상됩니다."

"왜죠?"

교육자가 무신의 눈을 빤히 쳐다보며 질문한다. 학생들도 무신의 답변에 주의를 기울이고 있다.

"그 이유는. . . 숲이나 벌판을 어슬렁거리며 걷고 있는 굶주린 늑대는 왠지 겉으로는 왜소해 보이는 듯 하지만 실상 속은 강한 동물인 것 같기 때문입니다. 해서 늑대의 어슬렁거리는 걸음걸이와 주위를 살피며 먹잇감을 찾으러 다니는 형상은 준호아버지를 연상시키고요. . . 그리고 늑대의 어깨는 목에 걸려 있는 듯한데 그 형상 또한 준호아버지를 떠올리게 하고. . . 또 우두커니 서서 주위를 살피는 늑대의 눈매 또한 준호아버지를 닮은 듯합니다."

무신의 답변은 느리지만 비교적 또박또박하게 자신의 생각을 교육자에게 전달하고 있다. 무신의 상상력은 학생들의 고개를 끄덕거리게 만든다.

"오케이! 충분히 가능성 있는 답변이라고 생각하고 동의합니다. 그렇다면 무신은 늑대를 관찰하여 준호아버지에게 적합한 신체적 특징을 찾아보세요. 그래서 필요하다면 몸에 갖다 붙여 보고요."

교육자는 무신으로부터 학생들 쪽으로 시선을 옮긴다.

"여러분에게 인물 형상을 위해 필요하고 도움이 되는 사람이나 동물이 있다면 적극적으로 관찰하고 차용해보세요. 내가 하고 싶은 말은, 인물의 형상을 구축하기 위해 인물의 내적 성격과 외적 성격을 텍스트를 기반으로 하여 관찰을 통해 모색해보라는 것입니다. 이러할 때 인물의 내적 성격은 외적 형상을 통해 창조될 수도 있기 때문이죠. 이해되나요?"

몇 명의 학생들은 대답대신 고개를 크게 끄덕거리고, 몇 명의 학생들은 노트에 뭔가를 부지런히 적기 시작한다.

"잠시 쉬었다 할까요?"

5

"정하는 현재까지 이해하고 있는 주인아주머니에 대해 우리에게 이야기 해줄래요? 텍스트에는 작가가 묘사해 놓은 주인아주머니에 대한 약간의 정보가 있을 것이고, 그것으로부터 정하의 상상력은 발동되어 주인아주머니의 역사, 세계관, 형상 등을 생각하고 이해한 과정이 있었을 겁니다. 그렇죠? 자, 정하는 우선 그녀의 삶의 이력서부터 펼쳐보세요."

교육자가 실기실로 들어와 자리에 앉으며 정하에게 말을 건넨다. 그녀는 자신의 노트를 들추더니 입을 연다.

"제가 현재까지 생각하고 이해하고 있는 주인아주머니는 이렇습니다."

동료들이 그녀에게 주의를 기울인다.

"사실, 텍스트에서 마당 깊은 집 위채 주인아주머니에 대한 정보는 거의 찾아보기 힘듭니다. 그러나 텍스트의 에피소드를 정독하다보면 그녀에 대한 인물상과 성격, 일, 세계관 등을 어렵지 않게 유추해 낼 수 있어요.

우선 그녀는 남편인 주인아저씨보다 서너 살 아래이며, 40대 중후반쯤입니다. 그리고 그녀는 전쟁 통에서 남편의 사업수완으로 집안 살림이 갑자기 부유해진 가정의 부인입니다. 하지만 남편과 마찬가지로 배운 게 없어서 자신들의 모든 역량을 발휘하여 자식들에게만은 공부에 매진하게끔 하고 있어요. 그것을 반증이라도 하듯 세 아들에게 아래채에 사는 평양 댁 둘째아들인 민이로부터 주 닷새 동안 가정교사로 공부를 하도록 하고 있고요.

한편 그녀는 시어머니를 모시고 살고 있지만 살림은 거의 칠순의 시어머니

몿이고, 자신은 대구시 번화가에 위치한 극장입구에서 귀금속과 시계 등을 파는 가게를 열어 돈 있는 부녀자를 상대로 계주노릇을 하고 있습니다. 그러다보니 시어머니와의 관계는 썩 좋질 않아 반찬, 집안 살림, 자식교육 등에서 늘 부딪치고 있어요."

정하는 텍스트에 근거하여 자신이 맡은 주인아주머니에 대해 차근차근 설명한다. 교육자와 학생들은 연방 고개를 끄덕이며 정하가 펼쳐놓고 있는 인물에 대해 경청하고 있다.

"오케이, 이제 그녀의 외모에 대해 텍스트에 의한 것이든, 정하의 상상에 의한 것이든 이야기해볼까요?"

교육자가 그녀에게 재차 질문을 던진다. 정하는 자신의 노트를 몇 장 넘긴다.

"사실, 주인아주머니의 외모에 대해서도 작가는 좀 인색해요. 그렇지만 유추나 상상하지 못할 정도는 아닌 것 같습니다.

현재까지 제가 생각하고 있는 주인아주머니의 형상은 이렇습니다. 얼굴은 둥그스름하게 생겼고 살이 제법 통통하게 붙어 있는 인물인 것 같아요. 후덕할 정도로 몸집도 꽤 있어 보이며, 키도 작지는 않은 듯합니다. 이것은 돈 있고, 바깥으로 활동하는 당시 중년여성의 전형적인 형상이라고 생각됩니다. 그래서 화장을 짙게 하고 과할 정도로 색상이 화려한 한복을 즐겨 입으며, 금목걸이에 금팔찌를 하고, 구슬 백을 팔에 걸친 그녀의 모습은 이를 증명하고 있는 것 같고요."

정하가 자신의 인물 형상에 대해 차분하게 피력하자 교육자는 동의하듯 고개를 끄덕거린다.

"오케이, 그렇다면 주인아주머니는 자신의 삶에 있어서 가장 중요한 것이 무엇이라고 생각하나요?"

교육자가 정하를 바라보며 재차 질문을 던지자 그녀는 잠시 생각하다가 시원스런 목소리로 답변한다.

“. . . 당연히 물질, 돈인 것 같습니다. 일례로, 그녀는 집안 살림을 직접 하고 있는 시어머니에게 돈만 생활비로 던져 놓고 다른 것은 일체 관여하지 않는데, 그것은 ‘언제든지 돈이 필요하면 얘기하세요, 어머니!’라고 말하고 있는 것 같아요. 또한 공부에는 별 관심 없는 큰아들 성준을 돈을 써서 전문학교에 보결로 입학시킨 것도 이를 증명하고 있으며, 대구에서 돈 있는 부녀 층을 상대로 계주 노릇을 자처할 정도로 돈 관리와 축적에 인간관계를 활용하는 것을 봐도 이것은 잘 드러난다고 할 수 있어요. 그래서 그녀는 돈이면 모든 것이 해결될 수 있다고 철저히 믿고 있는 것 같아요.”

학생들과 교육자는 정하의 답변에 고개를 연신 끄덕인다.

“오케이! 주인아주머니의 인물형상화를 위해 모델이 될 만한 사람이나 동물은 확보했나요?”

교육자가 정하에게 또 다시 질문을 던진다. 학생들은 교육자와 정하의 대화에 귀를 기울이고 있다. 정하는 잠시 생각하더니 말문을 연다.

“며칠 전부터 시내에 있는 몇 군데 금은방을 돌아다녔어요. 그리고 버스에서, 지하철에서, 거리에서 그녀와 유사한 형상이라고 생각되는 여성들도 관찰했어요. 그들로부터 눈, 어깨, 상체, 하체, 걸음걸이, 행동거지, 말투 등을 관찰하여 지금 계속 모방하고 있습니다. 그런데 며칠 전 종로근처의 금은방에서 관찰한 중년여성은 특히 주인아주머니의 형상을 위해 좋은 재료가 될 듯해요.”

“좀 더 구체적으로 얘기해주세요, 어떤 여성인지 궁금한데!”

교육자가 의자를 앞쪽으로 당기며 정하에게 재차 묻는다. 정하는 자신의 노트를 힐끗 보더니 계속 말을 이어간다.

“음. . . 몇 군데 금은방을 돌아다니다가 좀 쉬려고 널찍한 소파가 보이는 종로의 금은방 거리에 있는 어떤 곳에 들어갔어요. 그때 좀 피둥피둥하게 살이 찐 아주머니께서 들어오셨는데, 저의 눈길은 자연히 그녀에게 머물렀고 호기심을 가지고 그녀를 관찰하기 시작했습니다.

　우선 그녀의 목은 뒤에서 누군가가 당기는 듯 움푹 들어가 있었고, 그녀가 쓰고 있는 안경은 거의 코에 걸쳐 놓은 듯 했습니다. 그리고 걸음걸이는 팔자걸음이었고요. 그런데 그녀가 의자에 앉아 있을 때는 전혀 예상치 못한 자세를 취하고 있었습니다. 단정하게 두 손을 무릎 쪽에 모으고 허리를 쭉 편 채 앉아 있었거든요. 그러다가 금은방 주인아저씨와 얘기할 때 그녀의 목소리를 듣기 위해 일부러 가까이 접근했는데, 보기와는 달리 그녀의 목소리는 얇고 높은 톤의 소리였으며 스타카토식의 발음과 발성으로 말을 하고 있었습니다.”

　정하의 비교적 구체적인 인물묘사에 교육자는 고개를 끄덕거리더니 잠시 생각에 잠긴다. 이윽고 그가 정하에게 다시 말을 꺼낸다.

　“. . . 10분간 시간을 줄 테니, 정하는 주인아주머니로서 1인 에튜드를 보여줄 수 있을까요? 사건은 굳이 없어도 상관없습니다. 현재까지 자신이 이해하고, 생각하고 있는 인물형상을 가지고 그녀가 일상에서 무엇을 할 수 있는지를 간단한 행동으로 보여주면 돼요. 다시 말하면, 형상에 의한 주인아주머니의 행동을 구체적으로 보여주기만 하면 됩니다!”

　“네! 한 번 해볼게요!”

　그녀의 대답은 짧지만 힘찬 목소리다.

　“자, 정하를 위해 10분 정도 휴식하죠.”

　교육자가 실기실을 나서자 학생들은 끼리끼리 모여 작품의 인물들에 대해 이야기를 나누기 시작한다. 정하는 노트에 뭔가를 급히 적더니 소품과 의상을 준비하느라 분주하게 움직인다. 잠시 후 몇몇의 동료들이 그녀를 도와 무대를 세팅하기 시작한다.

휴식 후 교육자가 실기실로 들어와서 자리에 앉는다. 무대는 이미 가림막을 외벽으로 이용하여 세 면을 막고, 정면 뒤쪽은 철제 프레임을 사용하여 출입구로 만들어 놓았다. 무대 오른편에는 긴 탁자 위에 각종 손목시계, 금, 은 등의 물건들이 가지런히 놓여 있고, 왼편에는 등받이 의자들이 가림막에 딱 달라붙어 자리 잡고 있다. 무대 중앙에는 둥근 탁자와 의자 서너 개가 놓여 있고, 둥근 탁자 위에는 전단지와 재떨이, 종이 등이 어지럽게 널려져 있다. 가림막 뒤에서 시연을 준비하고 있던 정하가 소리친다.

"준비되면 시작해도 될까요?"

"네!"

교육자가 짧게 화답한다. 잠시 후에 주인아주머니로 분한 정하는 금테 안경을 걸치고, 귀걸이와 목걸이, 팔찌 등을 차고 팔자걸음으로 걸으며 등장한다. 그녀의 입술은 아래쪽으로 처져 있고, 눈은 게슴츠레 뜨고 있다. 그녀는 오른손 엄지와 검지 두 개를 사용하여 금테 안경을 위로 올리는 동작을 반복하며 가끔씩 눈가의 근육을 씰룩거린다. 정하는 주인아주머니의 풍만한 가슴을 강조하려는 듯 가슴에 무언가 잔뜩 집어넣었다. 그녀는 한눈에 봐도 고급스러운 질감으로 만든 울긋불긋한 한복을 입고 있다.

주인아주머니로 분한 정하는 가게를 휙 한 번 훑어보고는 이내 둥근 탁자로 다가가 손가방을 올려놓고 앉는다. 그녀는 가방을 열어 조그마한 수첩과 연필을 꺼낸다. 안경테를 들었다 놓았다 하며 수첩을 꼼꼼히 살펴보고는 연필로 무언가를 쓰기 시작한다. 잠시 후에 정하는 수첩과 연필을 가방에 다시 집어넣고 손가방을 탁자 밑의 서랍장에 넣어 둔다.

이제 그녀는 사방을 한 바퀴 휙 둘러보더니 소매를 걷어 둥근 탁자 위에 널려 있는 물건을 정리하기 시작한다. 그리고는 밖으로 나가서 빗자루를 들고 들어온다. 정하는 한복 치맛단을 옆구리에 쑥 쑤셔 넣고는 바닥을 쓸기 시작한다. 잠시 동안 그녀는 열심히 바닥을 쓸다가 갑자기 무언가를 발견하더니 그것을 집어 든다. 한참을 유심히 읽어보다가 생각에 잠긴다. 그리고 소매를 내리고 서랍장으로 다가가 손가방을 꺼낸다. 그러더니 주인아주머니 역의 정하는 벽면에 걸려 있는 거울로 다가가 옷매무새와 머리를 만지고 난 후 팔자걸음으로 서둘러 나간다.

"수고했어요! 주인아주머니의 인물 형상으로써 행동뿐만 아니라 제시된 상황을 가지고 1인 에튜드를 준비했군. 오케이! 지금은 몇 시쯤인가요?"

정하의 시연을 찬찬히 지켜보던 교육자가 고개를 끄덕이며 그녀에게 질문을 던진다.

"아침 8시 반쯤 되었어요."

정하는 평상시 자신의 걸음으로 가림막 뒤쪽에서 나오며 답변한다.

"주인아주머니의 일터인 금은방에 출근한건가요?"

교육자가 정하에게 재차 묻는다.

"네."

정하가 의자에 앉으며 짧게 답하자 교육자는 잠시 뜸을 들이더니 다시 정하에게 질문한다.

"출근 이후에 주인아주머니의 행동은 계획되어 실행되었나요?"

"네, 가게에 출근한 그녀가 무엇을 할 수 있을지 행동을 계획하여 시연했어요."

정하의 자신에 찬 대답에 교육자는 고개를 끄덕이며 재차 질문한다.

"바닥에서 주운 것은 무엇이죠?"

"어제 장관동에 사는 김 씨한테 판 혼수품에 대한 영수증인데, 그가 챙기지 않은 듯하여 갖다 주기 위해 서둘러 가게를 나섰어요."

정하는 또박또박 자신의 생각을 전한다. 교육자는 고개를 끄덕인다. 학생들도 정하의 답변에 고개를 끄덕거리고 있다.

"오케이, 주인아주머니의 하루 일과는 어떨까요? 만일 생각해봤다면 우리에게 이야기해줄 수 있을까?"

교육자의 질문에 정하는 자신의 노트를 들추더니 이내 입을 연다.

"그녀는 보통 아침 6시경에 일어납니다. 그 시간은 남편이 이미 공장으로 출근하고 난 뒤이고요. 그리고 난 후 자신도 금은방으로 출근하기 위해 세수를 하고 머리를 만지고 한복으로 갈아입어요. 고향이 경북 고령인 식모 안 씨가 차려준 아침을 먹고 난 뒤 주인아주머니는 노마님께 형식적인 문안인사를 한 후 집을 나섭니다.

가게로 출근하고서는 손님을 받거나 외출을 나가기도 하는데, 점심식사는 보통 장관동 시장 통에서 시켜 먹거나 곗꾼들과 함께 하기도 해요. 그리고 저녁은 고객 관리를 위해 술과 함께 식사를 하기도 하고, 더러는 장사를 위해 장관동의 살롱도 가끔씩 찾아 비즈니스를 하기도 하고요. 제가 현재까지 생각한 그녀의 하루 일과는 대충 이렇습니다."

정하는 자신의 노트에 적어놓은 기록들을 들춰가며 교육자에게 답한다. 동료들은 정하의 제법 논리 정연한 답변을 듣고서는 고개를 연방 끄덕이고 있다. 교육자도 동의하듯 고개를 끄덕인다.

"오케이, 정하가 말한 것처럼 주인아주머니에게 있어서 최대의 관심사는 돈이라고 할 수 있을 듯한데... 그렇다면 아들과의 관계는 어떠할까요? 고등학교 2학년, 중학교 2학년인 짱구와 똘똘이는 그렇다 치더라도 대학생인 장남 성준과는 어떻습니까?"

교육자의 재차 질문에 정하는 다시 자신의 공책을 들춰 보고서는 잠시 생각에 잠긴다. 이내 그녀는 정리가 된 듯 말문을 연다.

"··· 남편과 저는 아침부터 밤늦게까지 밖에서 일하다보니 당연히 자식관리는 뒷전이 될 듯해요. 그러다 보니 큰아들인 성준에게 있어서 공부는 자연히 뒷전으로 밀려나 있고, 자신의 외모 관리와 여자한테만 유독 관심을 갖게 된 것 같고요. 해서 성준은 풍부한 경제력으로 인해 매사를 돈으로 해결하려는 성향이어서 인간관계가 그다지 진실하지 못한 듯합니다. 장남의 이러한 사고와 행동은 저에게 있어서 늘 골치 아픈 문제일 수밖에 없을 듯해요. 성준 또한 이제 다 큰 대학생이기에 어머니인 저와 사사건건 부딪치는 것을 좋아하지 않으리라고 생각되고요."

학생들은 정하의 답변에 주의를 기울여 경청하고 있다. 정하의 제법 똑 부러진 설명에 교육자는 고개를 연신 끄덕거리고 있다.

"오케이! 그렇다면 차후에 성준 역의 승욱과 논의하여 2인 에튜드를 보여줄 수 있을까요?"

교육자가 승욱과 정하를 번갈아 쳐다보자, 뒤쪽에 서 있던 승욱이 동의의 뜻으로 고개를 힘차게 끄덕인다.

"물론 텍스트에서는 그들 간의 에피소드가 직접적으로 묘사되어 있지 않지만 그들의 만남은 충분히 가능할 거라고 생각돼요."

교육자의 부가설명에 정하도 동의하듯 고개를 끄덕인다. 교육자는 다시 정하를 바라보며 질문을 던진다.

"오케이! 아까 정하는 주인아주머니의 인물형상화 작업을 위해 금은방을 돌아다니거나 지하철에서, 거리에서 인물을 관찰했다고 했는데, 조금 더 자세하게 이야기해줄 수 있나요?"

그녀는 잠시 생각에 잠기더니 이내 천천히 답변한다.

"··· 우선 그녀의 연령, 외모와 비슷한 사람들을 관찰하려고 했어요. 특히 저는 입과 눈 등을 모방하여 갖다 붙이려고 했습니다. 예를 들면 처진 입술, 게

슴츠레 뜬 눈, 눈가의 근육의 떨림 등이 그러한 것들이었죠. 그리고 그녀의 팔자걸음은 종로 근처 금은방에서 관찰한 여자로부터 모방하여 걷는 연습을 하게 되었고요. 또한 풍요로운 경제력 덕택에 주인아주머니는 제법 통통할 거라는 생각을 하게 되었습니다. 그래서 속에 옷가지를 몇 개 껴입고, 특히 가슴 부분을 풍만하게 만들었어요.

이러한 변신이 처음에는 조금 익숙하지 않아 저 자신이 억지스러운 듯 했지만, 반복연습을 통해 움직이다보니 차츰 편해진 듯했고요. 아, 그리고 금테 안경 착용은 종로 근처 또 다른 금은방에서 관찰한 중년여성으로부터 차용한 것이었습니다. 처음에는 안경이라는 소품을 생각 못했다가 그 여성분을 관찰하면서 주인아주머니와 어울리고 그에 따른 적합한 행동을 찾을 수도 있을 거라고 생각했어요. 그래서 안경에 대한 행동으로 엄지와 검지를 사용하게 되었고요."

교육자는 정하의 답변에 고개를 끄덕이더니 입을 연다.

"오케이! 인물의 외적 형상은 지속적으로 생각해보고 또한 생활화해야만 할 겁니다. 현재까지 정하의 인물형상 작업에 대해서는 대부분 동의하고 또한 신뢰가 갑니다.

인물형상화 작업은 정답이 없습니다. 작가가 제시한 인물에 대한 정보를 통해 자신이 논리적이고 합리적으로 찾고, 자신의 관찰과 상상력을 통해 정당성 있게 실행해내는 것이 중요합니다. 그러할 때 인물의 형상작업은 비로소 자기화 작업으로 들어갈 수 있는 것이죠."

교육자가 말을 멈추고 학생들 쪽으로 시선을 돌린다.

"자, 이제 다음 시간부터 각자 자신의 인물의 형상을 가진 채 본격적으로 1인 에튜드를 보여주길 바랍니다.

인물 형상에 대해서는 지속적으로 관찰 작업을 통해 자신의 몸을 바꾸어야만 합니다. 관찰 작업 시에도 언급했지만, 몸의 바꿈은 인물의 정신세계로 접근

할 수 있는 우회적인 방법이지만 구체적인 작업이기도 합니다.

또한 우리가 했던 1인 에튜드 작업을 잘 기억해보세요. 우선 사건은 무대 밖에서든 무대 내에서든 발생할 수 있을 겁니다. 그리하여 전 상황을 가지고 등장하고, 사건과 평가, 그리고 자신의 목표를 명확히 해서 인물의 행동을 찾아 보여주길 바랍니다.

그리고 관찰 작업에서 우리의 목표는 관찰한 인물의 형상을 통한 행동 찾기와 실행이었습니다. 이때 우리는 1인 에튜드 작업과 마찬가지로 행동 계획이 필요했었죠. 이것은 이후에 2인 에튜드를 수행할 때도 동일하게 적용되었고요. 그렇다면 '문학작품 인물 교류 에튜드'에서도 텍스트를 근거로 관찰 작업을 통한 인물형상을 가지고 행동계획을 수립하여 인물의 1인 에튜드를 보여주길 바랍니다. 그러고 난 후 우리는 2인 에튜드, 무리 에튜드로 나아갈 것입니다."

"말이 필요하다면 해도 될까요, 선생님?"

정태가 손을 들어 질문한다.

"당연합니다! 말이 필요하다면 하세요. 단, 상황을 설명하는 말은 지양하길 바랍니다. 또한 정확하게 목표를 가지지 못하는 말 또한 제거하길 바랍니다! 인물의 말이 행동이 되느냐하는 문제는 여러분들이 시연한 에튜드를 통해 구체적으로 언급하도록 하겠습니다. 오케이?"

"네!"

학생들은 짧고 굵은 목소리로 크게 외친다.

7

수업이 시작되면 교육자가 연기실기실로 들어온다. 책상 위에 놓여 있는 수업용 노트에는 다음과 같은 순서가 적혀 있다.

"문숙, 준비되었나요?"

연기교육자가 가림막 뒤에 대기하고 있는 문숙에게 소리친다.

"잠깐만요, 선생님. 준비되면 시작할게요!"

가림막 뒤에서 문숙이 소리친다. 무대는 가림막을 이용하여 방의 외벽인 세 면으로 세팅되어있다. 뒤쪽 왼편에는 작은 장롱이 놓여 있고, 그 위에 이불, 베 개 등이 가지런히 쌓여 있다. 뒤쪽 오른편에는 허름한 옷걸이가 위치해 있고, 여 자 한복과 가방 등이 걸려 있다. 무대 중앙에는 여자용 앉은뱅이 화장대가 놓여 있다.

"시작하겠습니다."

마침내 문숙은 준비가 된 듯 가림막 뒤에서 큰소리로 외친다.

"네!"

교육자가 짧게 화답한다. 잠시 후에 문숙은 한복 속바지와 삼베로 만든 상의 를 입은 채 등장한다. 그녀의 목에는 수건이 걸쳐있다. 미선으로 분한 문숙의 걸 음걸이는 가벼우면서도 거침없어 보인다. 그녀는 껌을 짝짝 소리 내어 씹고 있다. 언뜻 보기에도 20대 신세대다운 당당함과 대참이 엿보인다.

문숙은 수건으로 목과 얼굴을 톡톡 치며 닦고서 다시 목에 걸친다. 그러더니 장롱 쪽으로 가서 서랍장을 열어 버선을 꺼낸다. 그녀는 무대 중앙에 놓여 있는 화장대로 가서 버선을 옆에 내려놓고 앉는다. 미선은 화장대 문짝을 위로 젖혀 열고는 거울에 자신의 얼굴을 여러 각도로 비추더니 익숙한 손놀림으로 화장을 하기 시작한다. 얼굴 화장을 끝내고 그녀는 긴 머리카락을 참빗으로 정성스럽게 빗고는 위로 둥글게 말아 비녀를 꽂는다. 그리고 난 후 입술을 동그랗게 말았다 폈다하며 빨간 립스틱을 바르고 재빨리 일어선다. 문숙은 옷걸이에 걸려 있는 속바지와 한복치마, 속저고리를 차례대로 입는다. 그리고 겉저고리도 마저 입고 고름을 주의 깊게 맨다. 이제 문숙은 한복치마를 옆으로 길게 펼치고 앉더니 버선을 신기 시작한다. 버선을 다 신고 난 후 미선 역의 문숙은 조심스럽게 일어나서 손가방을 팔에 걸치고 화장대의 거울을 통해 매무새를 이리저리 훑어본다. 그녀는 활기차게 이리저리 걸어 다니다가 소리친다.

"엄마!"

미선으로 분한 문숙은 바닥에 앉아 화장대를 정리하기 시작한다. 엄마가 대답이 없자 미선은 다시 큰소리로 부른다. 이제 그녀는 나갈 채비를 얼추 갖추고서 재빠르게 장롱의 서랍장으로 간다. 서랍장을 열어 안쪽 깊숙이 손을 넣는다. 무엇을 찾는 듯하다. 잠시 생각하다가 서랍장을 다시 뒤진다. 문숙은 낡은 베개 홑청, 이불홑청 등을 마구 끄집어내더니 무언가 계속 찾는다. 다시 잠시 생각하다가 그녀는 방바닥에 놓여 있는 손가방을 집어 들고서 물건들을 방바닥에 쏟아 붓는다. 문숙은 그것들을 이리저리 급히 살피고서는 한참동안 생각에 잠겨 있다. 갑자기 그녀는 소리친다.

"엄마!"

문숙은 다급히 일어서며 방을 나간다.

"수고했어요!"

문숙은 배시시 웃으며 다시 들어온다.

"미선의 직업은 무엇입니까?"

"미선은 미군부대의 피엑스에서 근무하고 있어요."

교육자의 질문에 문숙은 즉각 답변한다.

"그곳에서 그녀는 무엇을 하죠?"

"피엑스에서의 일은 지극히 단순노동입니다. 이를테면 그날 들어오는 물건들을 정리하고 장부에 적고, 군인들을 대상으로 하루 종일 장사를 하고 난 후에 퇴근 무렵에는 물건들을 판매한 가격과 남은 물건들을 맞추어 장부에 기입하는 일이거든요."

교육자가 고개를 끄덕이더니 재차 답변을 요구한다.

"미선의 하루일과에 대해 이야기 해주세요!"

"피엑스로 출근하기 위해 아침 6시경에 일어나 아침밥 준비와 출근 준비를 하고, 오후 6시까지 그곳에서 근무합니다. 방금 말한 것처럼, 피엑스에서 미선의 일은 장부 정리와 물건을 파는 일이 주입니다. 하지만 부수입이 짭짤해서 초콜릿이나 과자 등을 집으로 몰래 가져오기도 하고요. 퇴근해서 집으로 돌아온 후에는 간단하게 저녁을 먹고 야간학교로 갈 준비를 합니다. 일요일엔 교회에 가고요. 최근 들어 교회에 갔다 와서는 영어 학원을 다니고 있습니다. 그리고 토요일 오후와 일요일 늦은 오후엔 밀린 빨래와 집안일을 해요."

문숙은 자신의 일과에 대해 차근차근 교육자에게 대답한다. 동료들과 교육자는 고개를 끄덕인다.

"오케이! 이제 그녀의 외모에 대해 구체적으로 이야기 해주세요. 그리고. . . 그녀가 즐겨 쓰는 단어나 말, 싫어하는 일은 무엇인지도 말해볼래요?"

교육자의 질문 공세에 문숙은 잠시 생각하다가 입을 뗀다.

". . . 일단 텍스트상의 정보로 봐선, 미선은 긴 머리카락을 하고 있고, 젖통과 엉덩이가 크다고 묘사되어 있습니다."

학생들이 키득거리며 웃음을 터뜨리자 문숙도 겸연쩍어하다가 이내 말을 이어간다.

"음. . . 제가 생각하기에 미선은 통통한 체격과 제법 큰 키의 소유자여서 육감적으로 보이기도 해요. 외모에 있어서 그 외의 특징은 딱히 없으나, 당찬 신세대 여성 같은 분위기만큼은 물씬 풍기고 있습니다. 그리고 미군 부대 피엑스에서 근무하기에 그녀의 말 속에는 당연히 영어가 제법 섞여 있고요, 그 중에서도 '오케이'라는 단어는 거의 입에 붙어 있다시피 해요."

학생들이 교육자를 바라보며 웃음을 터뜨린다. 교육자가 빙그레 웃고 있다. 문숙도 씩 웃으며 계속 자신의 말을 이어간다.

"미선은 상황판단이 빠른 신세대 여성이긴 하지만, 사람에 대한 배려심 또한 상당히 갖추고 있는 여자인지라 인간관계는 무난할 듯하고요. 해서 그다지 싫어하는 단어나 말 또한 없는 듯해요. 하지만 엄마인 경기 댁과는 가끔 부딪치는 경우가 있습니다. 그것은 경기 댁이 쓸데없이 말을 많이 하기 때문인데, 이러한 점으로 미루어보건대 미선은 말 많은 것을 좋아하지 않는 듯합니다. 그래서 엄마가 마당 깊은 집의 사람들 일에 사사건건 참견할 때마다 슬쩍 꼬집거나 잔소리를 하기도 하고요."

교육자는 문숙의 설명에 고개를 끄덕인다. 정태와 무신은 자신들의 노트에 뭔가 재빠르게 적는다.

"오케이, 그렇다면 미선의 삶의 목표는 무엇이라고 생각하나요?"

교육자의 재차 질문에 문숙은 잠시 생각하더니 큰소리로 외친다.

". . . 그녀의 삶의 목표는 신분상승입니다."

"그것은 어떤 의미이죠?"

교육자가 문숙에게 좀 더 주의를 기울인다.

"음. . . 피엑스에서 일하며 돈을 모으는 것은 미래를 설계하는 것이고, 그리고 야간학교를 다니는 것은 앞으로 좋은 일자리를 구하기 위해서이죠. 동시에 영어학원에서 외국어를 배우는 것은 미래를 대비하고자 하는 것으로 이해되거든요. 그렇다면 이러한 그녀의 일들은 충분히 신분상승을 위한 것이라고 말해도 무방할 듯해서요."

문숙의 야무진 응답에 학생들은 고개를 연신 끄덕거린다.

"오케이!"

교육자의 '오케이'라는 말에 학생들은 키득거리며 웃어댄다. 문숙도 소리 내어 웃는다.

"방금 자네가 보여준 시연 중에서 사건은 무엇이었지?"

교육자가 재빨리 문숙에게 다시 질문한다.

"장롱 깊숙이 숨겨 놓았던 구리 목걸이가 없어졌습니다. 그래서 사건의 평가 이후 엄마를 찾았고요."

학생들은 고개를 끄덕거린다. 교육자가 문숙을 빤히 바라보며 재차 질문을 던진다.

"구리 목걸이를 찾는 것과 오늘 한복차림을 하는 이유는 어떤 연관이 있나요?"

"네! 오늘은 야간학교 졸업식이 있는 날이거든요."

교육자와 학생들은 고개를 크게 끄덕인다.

"오케이! 한 가지만 더 물어볼까요? 미선이라는 인물형상화를 위해 자네가 한 일에 대해 우리에게 말해주겠니?"

"제가 생각하기에 미선이라는 인물의 외형과 거의 유사한 사촌언니가 있어요. 그 언니는 매우 육감적이며 털털한 성격의 여자인데, 대학 졸업 후에 금융회사를 몇 년 다니다가 그만 두었습니다. 그리고 지금은 평소 자신이 관심을 가지고 있던 패션 디자인 쪽으로 공부를 하고 있어요. 행동거지뿐만 아니라 말씨 또한 제가 현재 생각하고 있는 미선과 닮은 것 같습니다. 그래서 사촌언니가 현재 저의 인물형상화를 위한 모델이 되고 있어요. 며칠 전 언니하고 통화했는데, 다음 주쯤 만나기로 했어요. 그때 좀 더 구체적으로 관찰을 해보려고요."

문숙이 교육자의 물음에 거침없이 답변하자 교육자와 학생들은 고개를 힘차게 끄덕거린다.

"무척 흥미로운 작업이 될 것 같군! 기대할게요!"

문숙은 교육자의 기대한다는 말에 쑥스러운 듯 손사래를 친다.

"오케이! 10분 휴식 후 무신의 〈공원에서〉를 볼까요?"

학생들이 또 다시 키득거린다. 교육자가 실기실을 나서자, 학생들은 무신의 시연을 위해 무대전환을 하기 시작한다.

8

학생들은 대 여섯 개의 가림막을 활용하여 골목길을 만들어 놓았다. 왼편 가림막 끝에 작은 큐빅이 하나 놓여 있고, 무신은 군복을 입고 군모를 쓰고 큐빅에 앉아 있다. 그는 집중한 채 조용히 말한다.

"준비되면 시작하겠습니다!"

"네!"

교육자도 낮은 목소리로 화답한다. 잠시 후 그는 군복 상의호주머니에서 담뱃갑을 꺼내 오른손가락의 의수 사이에 끼운다. 그리고 라이터를 꺼내 불을 피워 담배를 피기 시작한다. 그의 왼쪽 어깨는 약간 움츠리고 있고, 눈은 푹 눌러 쓴 군모 사이로 반짝거리고 있다.

무신은 오른쪽과 왼쪽을 연신 번갈아 주시하며 담배를 뻑뻑 피고 있다. 담배

재가 거의 끝까지 다다르자 의수를 흔들어 꽁초를 땅바닥에 던지고 군화발로 끈다. 그는 벌떡 일어서더니 어슬렁거리며 걸어 다닌다. 상체는 빳빳하게 곧추 세우고 있지만 여전히 왼쪽 어깨는 움츠린 자세다. 준호아버지로 분한 무신은 계속 어슬렁거리며 걷다가 갑자기 오른쪽 맨 끝의 가림막 근처로 가서 착 달라붙어 골목길을 주의 깊게 살핀다. 한참 동안 골목길을 주시하다가 힘없이 큐빅으로 가서 다시 앉는다.

"왜 이리 안 나오는 게야?"

무신은 낮은 목소리로 구시렁댄다. 그의 목소리는 조금은 쉰 듯하지만 굵고 안정감 있다. 갑자기 그는 자리에서 황급히 일어나더니 큐빅 뒤의 가림막에 몸을 숨긴다. 잠시 후에 목을 조금 빼내 주위를 살피고는 누군가를 쫓아가듯 급히 뒤따라간다.

"수고했어요! 준호아버지의 형상을 위한 관찰 작업은 계속되고 있나요?"

교육자가 가림막 뒤로 퇴장한 무신에게 소리치자 그가 자신의 본 모습으로 가림막 뒤에서 다시 등장하며 대답한다.

"일전에 말씀드린 것처럼, 준호아버지의 형상을 위한 모델은 늑대로 잡고 있고, 동물원을 가보거나 영상을 통해 관찰을 계속하고 있습니다. 특히 삼백근을 드러내고 있는 늑대의 눈은 준호아버지의 눈매를 연상시키기에 충분한 듯하여 적극 차용하고 있습니다."

교육자가 고개를 끄덕거리자 무신은 말을 계속 잇는다.

"그리고 의수사용법을 익히는 것이 쉽지 않아 몸에 붙이는 연습을 계속하고 있고요."

"의수는 구입한 것인가요?"

"아뇨, 철물점에서 굵은 철사를 구입해서 직접 만든 것입니다."

학생들은 무신이 직접 만든 의수를 자세히 살피며 웅성거리기 시작한다. 교육자는 고개를 끄덕이고서 또 다시 질문을 던진다.

"준호아버지의 세계관에 어울리는 말이나 단어가 있다면 무엇이라고 생각합니까? 그리고 또 그가 가장 싫어하는 말이나 단어가 있다면 무엇입니까?"

"그는 6.25전쟁에 참전한 남한 장교이기에 '조국'이나 '동지', '빨갱이'라는 단어들을 자주 사용할 듯하고, 사회주의적 단어나 말들, 예를 들면 '동무', '인민', '계급' 등의 단어들을 매우 싫어하거나 혐오스러워하는 것 같습니다."

무신은 교육자의 질문에 이미 답안을 준비한 듯 거침없이 답변한다. 교육자가 고개를 끄덕이며 재차 질문한다.

"오케이, 이제 자네가 시연한 에튜드의 전 상황과 사건, 그리고 목표에 대해 우리에게 이야기 해주세요."

무신이 자신의 노트를 들춘다.

"며칠 전 평양 댁 장남인 정태 청년이 장관동 굴다리 근처에서 밀짚모자를 쓴 어떤 남자를 만난 것을 목격했습니다. 준호아버지는 그 남자를 이미 알고 있었습니다. 그는 준호아버지가 빨갱이라 부르는 사람의 하수인이자 행동대원입니다. 그래서 정태 청년과 그 남자의 대화를 엿듣고는 오늘 아침 정태 청년이 그를 다시 만나기 위해 약전골목의 어떤 집으로 향하고 있는 것을 미행했습니다. 지금은 근처 골목에서 그들이 나오길 기다리고 있습니다."

무신이 또박또박 답변하자 동료들은 고개를 연신 끄덕인다.

"그들의 대화에서 엿들었던 내용은 무엇이죠?"

교육자가 무신 쪽으로 상체를 기울여 주의를 기울인다.

"마르크스 책에 관한 대화였습니다."

"그렇다면 준호아버지의 목표는 무엇입니까?"

"정태 청년과 대화를 나누고 싶습니다. 그래서 밀짚모자를 쓴 그 사람을 알게 된 경위와 마르크스 책의 입수경로, 그 책이 정태 청년에게 왜 필요한지 등에 대해 알고 싶은 것입니다. 그러나 궁극적으로는 그 사람을 다시 만나지 말 것과 마르크스 책은 당국의 금지서이기에 주의를 주는 것입니다."

무신은 교육자의 연이은 질문에 차분하게 대답한다.

"오케이! 하나만 더 물어볼까? 준호아버지의 본명과 의수를 하게 된 이유는 무엇이죠?"

교육자가 무신의 제법 잘 만든 의수를 바라보고 있다.

"텍스트에 의하면, 준호아버지는 박종모라는 실명을 가지고 있습니다. 그리고. . ."

무신이 갑자기 말을 멈추더니 자신의 노트를 얼른 뒤적인다.

"아. . . 그가 의수를 하게 된 이유는 소설에서 이렇게 묘사되어 있습니다. 1951년 여름, 비가 억수로 오는 칠흑 같은 밤, 금성전투에서 중공군 부대와 맞붙었을 때 부상을 당했다고 기술되어 있습니다."

동료들 몇 명도 급히 소설책을 뒤적인다. 교육자는 무신의 답변이 끝나자 잠시 생각에 잠긴다. 그리고는 천천히 입을 연다.

"공산주의인 북한군, 중공군과의 참전 경험은 그로 하여금 어떤 세계관을 형성하기에 충분했을 겁니다. 그것은 곧 그가 '빨갱이'라고 부르는 집단과 조직에 대하여 혐오감을 가지게 만들었을 것이고, 또한 반드시 척결해야만 하는 대상이라는 생각을 확고히 가지게끔 만들었을 겁니다. 이러한 자신의 경험은 그를 철저한 우익으로 만들었을 가능성이 크죠. 그렇다면 그의 입장에서 보았을 때, 평양 댁의 장남인 말라깽이 정태 청년이 좌익으로 불리는 사람들과의 접촉과 사회주의 서적의 탐닉은 필히 막아야만 하는 것일 수도 있겠죠. 그래서 아마도 평상시 그는 정태 청년을 지속적으로 관찰하거나 주시하고 있었다고 생각됩니다.

며칠 전 상이군인인 준호아버지는 평상시 주시하고 있던 정태 청년이 자신이 이미 알고 있는 어떤 남자와 몰래 만나는 것을 지켜보았고, 그 남자는 바로 좌익의 행동대원이기에 분명 그로서는 좌시할 수 없는 일이었겠죠. 그가 이러한 역사와 전 상황을 가지고 있었기 때문에 정태 청년을 미행하여 골목길에서 담배 피우면서 숨어있는 것과 그들이 나오기를 주시하는 것 등의 행동은 적합하고 분명하게 우리에게 와 닿는 것이라고 평가할 수 있을 것 같습니다. 그렇죠?"

학생들은 교육자의 부연 설명에 고개를 연방 끄덕거린다. 교육자는 무신을 다시 빤히 쳐다본다.

"그렇다면 이제 준호아버지는 마당 깊은 집 사람들과의 만남이 가능할까요, 무신?"

"물론입니다. 텍스트를 근거로 상상력을 조금만 보탠다면 충분히 가능할 듯합니다."

무신의 목소리는 자신감이 넘쳐있다.

"오케이! 동료들과 이야기하고 논의해서 차후에 2인 에튜드를 보여주세요. 자, 10분만 쉬었다가 성준의 에튜드를 볼까요?"

9

휴식시간 때 학생들은 성준의 에튜드를 위하여 무대를 만드느라 분주하게 움직이고 있다. 그들은 가림막으로 외벽을 만들고, 무대 중앙에는 사각 탁자와 팔걸이의자 몇 개를 갖다 놓는다. 탁자 위에는 미군용 포마드 기름용 병, 낡은 중절모, 양말 등이 널려 있다. 왼쪽 외벽에는 크지 않은 네모반듯한 거울이 걸려 있고, 그 밑에는 축음기 한 대가 대중가요 소리를 내뿜고 있다.

성준으로 분한 승욱은 거울을 보고 흥얼거리며 머리에 포마드 기름칠을 하고 있다. 교육자가 들어와 자리에 앉으면 승욱은 자신의 일을 계속하며 소리친다.

"시작하겠습니다."

동료들이 소리 내어 웃는다. 교육자도 미소 지으며 짧게 응답한다. 이제 승욱은 노래의 리듬에 맞춰 상체와 다리도 흔들며 흥얼거린다. 그는 휘파람을 불며 탁자에 앉는다. 성준으로 분한 승욱은 당시로서는 구하기 힘든 면양말을 부드럽게 만지고 나서 우아하게 턴다. 그리고 난 후 발가락을 꼬물거리며 면양말 속으로 집어넣고 다른 쪽도 똑같은 방식으로 신는다. 그는 일어서서 거울 쪽으로 다가가 옷매무새를 활기차게 고치고 머리를 쭉 내밀어 입술을 쫙 벌려 이빨을 점검한다. 이어 목을 오른쪽과 왼쪽으로 천천히 돌리고 거울 쪽으로 바짝 다가가 눈곱 떼는 동작을 하고서는 머리카락을 보기 좋게 몇 번 쓸어 넘긴다. 그리고 난 다음 승욱은 탁자 위에 놓여 있는 중절모를 머리 위에 얹고서 거울에 비친 자신의 모습을 앞뒤로 발걸음을 옮겨 가며 살핀다. 그는 음악에 맞춰 상체를 흔들거리며 축음기 쪽으로 가서 끄고는 가벼운 발걸음으로 밖으로 나간다.

이내 그는 뒤를 힐끗 보며 조심스럽게 다시 등장한다. 손에는 컵을 들고 있다. 살며시 탁자 쪽으로 다가와 팔걸이의자에 앉는다. 성준으로 분한 승욱은 잠시 생각에 잠긴다. 천천히 컵을 들어 한 모금 마시고는 의자에 깊숙이 몸을 맡긴다. 잠시 후 그는 천천히 일어서서 문 쪽으로 살금살금 다가가더니 목을 쭉 빼고 문 밖을 내다본다. 앞발바닥을 세우고는 천천히 밖으로 나간다.

"여기까지입니다."

승욱이 가림막 뒤에서 소리친다.

"수고했어요! 들어오세요."

교육자가 가림막 뒤의 승욱을 향해 외치자 그는 쑥스러운 듯 머리를 긁으며 들어와서 의자에 앉는다.

"현재까지 승욱이 이해하고 있는 대학생 성준에 대해 우리에게 이야기 해주세요."

교육자가 승욱을 바라보며 대답을 요구하자, 그는 자세를 고쳐 잡고 답변을 시작한다.

"저는 현재 21살입니다. 일제강점기 때 소학교를 제때 다니지 못해 1년 쉬었습니다. 물론 집안 형편 때문이었습니다. 그러나 아버지의 사업이 번창하여 대학은 보결로 입학했습니다. 어머니의 성화에 못 이겨 돈을 써서 입학하게 되었고요. 그래서 지금은 대구 시내에 있는 사립 대학교에서 법학을 전공하고 있습니다. 하지만 공부에는 취미도 없고 하고 싶지도 않습니다. 학교는 매일 등교하지만 가방에는 소설책이나 미군잡지만 가득 있을 뿐입니다. 대충 수업을 하고는 시내 동성로에 있는 송죽극장이나 자유극장을 찾는 일이 저의 중요한 일과입니다. 카바레 가는 일은 밥 먹는 일보다 더 중요합니다, 저에게는."

"승욱이 너다!"

기주가 놀리 듯 큰소리로 외치자 다른 학생들도 동의하는 듯한 웃음을 터뜨린다. 승욱은 멋쩍은 듯한 태도를 취한다.

"오케이, 계속해보세요!"

교육자가 미소를 띠며 재촉한다.

"텍스트에도 언급되어 있습니다만, 저는 돈 좀 있는 아주머니들도 만나서 데이트하기도 하고요. 아무튼 저의 모든 관심사는 여자라고 할 수 있습니다."

"역할이 따로 필요 없네!"

이번에는 주희와 문숙이 웃으며 동시에 큰소리로 외친다. 다른 학생들이 손뼉을 치며 맞장구친다. 교육자가 학생들의 농담 섞인 야유를 뚫고 승욱한테 재차 질문을 던진다.

"방금 보여준 에튜드에서 자네의 전 상황과 사건, 그리고 목표에 대해 말해주세요."

승욱은 동료들을 진정시키는 제스처를 취하며 교육자에게 시선을 돌린다.

"오늘은 수업이 없는 날입니다. 저는 어제 여느 때와 마찬가지로 극장과 다방을 전전하다가 밤늦게 까지 술을 퍼 마셨습니다. 물론 여자들과 함께요. 지금 은 오후 3시 쯤 되었고, 약속시간은 4시에 장관동의 어느 제과점에서 아버지 조카이며 현재는 저희 집에서 기거하고 있는 고등학생 동희를 만나기로 했습니다. 동희는 몸매 좋고 얼굴이 제법 반반한 여학생인데, 저하고는 오촌입니다. 동희는 일 년 전부터 저희 집에서 얹혀살며 대구에서 고등학교를 다니고 있습니다. 평소에 저는 그녀에게 관심을 보이고 있었고, 그녀 또한 저한테 조금의 관심이 있다는 것을 지레 짐작하고 있던 터라 며칠 전 그녀에게 빵을 사주겠다고 말했습니다. 그래서 지금 그녀를 만나기 위해 치장을 하고 있었습니다."

"이제는 친척 여학생까지 건드리냐?"

승욱의 제법 조리 있는 답변에 기주가 또 다시 큰소리로 야유를 보내며 놀려 댄다.

"해도 해도 너무하네!"

수정도 장난 섞인 볼멘 목소리로 외친다.

"내가 아니고 성준이 그렇다고!"

승욱이 마침내 발끈하며 동료들의 야유를 되받아친다. 교육자는 여전히 빙그레 웃으며 조금 큰 목소리로 승욱에게 질문을 던진다.

"방금 자네가 보여준 에튜드에서 주 사건은 무엇이지?"

"동희를 만나러 가기 위해 치장이 거의 끝날 무렵 물을 마시고 싶었습니다. 그래서 부엌으로 나갔는데, 식모 안 씨가 긴 생머리를 풀어 헤치고 저녁을 준비하고 있었습니다. 원래 안 씨는 수건으로 늘 머리를 감싸고 있어서 그녀의 이런 모습은 처음 보았습니다. 그래서 다른 여자로 착각했을 정도였습니다. 물 한잔을 가지고 방에 들어와서 잠시 생각하다가 일단 그녀와 대화를 나누기 위해 다시 부엌으로 나섰습니다."

"가지가지 하는구나! 이젠 식모까지! 너의 끝은 어디니?"

소희가 더 이상 참지 못하겠다는 제스처를 해대며 놀리는 듯한 목소리로 구시렁댄다. 학생들은 박장대소를 하며 웃음을 터뜨린다. 교육자도 마침내 웃음을 참지 못하고 소리 내어 웃기 시작한다. 승욱은 대꾸도 하지 않고 기가 찬 듯한 표정을 짓고 있다. 잠시 후에 교육자는 승욱을 바라보며 재차 질문을 던진다.

"성준에게 있어서 여자가 왜 이처럼 중요하죠? 과거에 어떤 특별한 사건이나 계기가 있었나요?"

학생들이 그의 대답에 주의를 기울인다. 그러자 승욱은 또박또박 답변한다.

"제가 생각한 성준의 애정결핍과 같은 이와 같은 행동은 집안 사정에서 그 이유를 찾을 수 있을 것 같았습니다. 어릴 때부터 부모님은 바깥생활로 너무 바빠서 할머니께서 저를 거의 키우다시피 했습니다. 아버지는 사업 때문에 무척 바빠서 술을 거나하게 먹고 늦은 밤에 들어오기가 일쑤였고, 어머니 또한 가게 일로 대부분 늦은 밤에 귀가했고요. 자연히 어릴 때부터 할머니께서 저를 보살펴주셨고, 늦은 밤에는 저를 토닥거리며 잠을 재워 주셨습니다.

이러한 환경 때문에 사춘기에 접어들면서 여자는 저에게 있어서 무척 신기한 존재이었으며 들뜨게 만들었습니다. 그러다가 몇 년 전 지금의 집으로 이사 왔는데, 옆집에 사는 고등학생 누나는 저한테 처음으로 이성에 눈을 뜨게 만들었습니다. 그 누나는 저한테 매사 무척 잘 대해주었고, 심지어는 아무렇지도 않게 스킨십을 하기도 했습니다."

동료들은 성준 역인 승욱의 여성관에 대해 경청하고는 고개를 끄덕거리기 시작한다. 교육자도 고개를 끄덕이더니 잠시 생각에 잠긴다. 이윽고 그가 입을 연다.

"오케이! 승욱은 자신의 전 상황, 목표, 전사前史, 그리고 여성관 등을 이야기하며 한 가지 흥미로운 단어를 쓰고 있었어요. 무엇이죠?"

학생들은 교육자의 질문에 수군대기 시작한다. 교육자가 그들의 웅성거림을 뚫고 입을 뗀다.

"승욱은 성준이라는 인물에 대한 나의 질문에 줄곧 '나' 혹은 '저'라는 단어를 쓰고 있었습니다. 그렇죠?"

". . . 네."

학생들은 잠시 생각하다가 고개를 끄덕이며 응답한다.

"비교적 이른 시점이지만, 승욱은 이미 성준의 삶을 마치 자신의 삶처럼 이해하고 있거나 생각하고 있는 것 같습니다. 이것은 승욱이 텍스트를 정독하고 난 후 시대와 공간에 대한 이해를 위해 조사, 연구를 통해 자신도 모르는 사이에 역할에 대한 이해도가 깊어졌다는 것을 암시합니다. 이처럼 인물에 대한 이해를 위해 자신이 역할로의 흥미를 스스로 만들어 나간다면, 분명 우리는 자연스럽게 존재하지도 않는 인물과 어느 지점에서 충돌할 가능성을 확보하게 되는 것이겠죠. 이해되나요?"

학생들은 우렁차게 대답하며 고개를 힘 있게 끄덕인다.

"따라서 승욱은 자신도 의식하지 못한 사이에 나의 질문에 '성준'이라는 단어가 아니라 '나' 혹은 '저'라는 단어를 사용했다고 생각됩니다. 이것은 방금 말한 것처럼, 자신의 인물에 대한 이해와 공감이 강화되어 결국 자신과 인물의 중간 지점으로 향하는 여정이었다고 감히 말할 수 있습니다."

몇 명의 학생들은 자신의 노트에 무언가 재빨리 적기 시작한다. 교육자는 시선을 다시 승욱에게 돌린다.

"자네에게 있어서 성준이라는 인물창조를 위한 변신의 모델은 무엇이지?"

승욱은 잠시 생각하는 듯하더니 천천히 입을 연다.

". . . 중학교 때 소위 노는 친한 친구가 있었습니다. 그 친구의 행동방식이 며칠 전부터 연상되어 저의 외적 변형에 도움을 주고 있습니다. 그래서 저는 그 친구의 행동거지를 조금씩 모방해 나가다가 구체적으로 뭔가 몸이 바뀌고 있다는 느낌이 들었습니다.”

교육자는 승욱의 답변에 고개를 끄덕이더니 학생들 쪽으로 시선을 돌린다.

“자신의 상상을 통한 연상으로서의 모방이든, 실제 대상을 관찰하면서 모방을 하든 우리의 작업은 구체적인 행동을 확보하여 자신의 행동으로 드러내면 되는 것입니다. 이때 구체성은 우리로 하여금 과감하고 대담하게 무엇을 할 수 있도록 만드는 원천입니다. 그것은 결국 자신의 행동을 통해 보는 사람들로 하여금 믿음을 줄 수 있을 거고요. 오케이?”

“네!”

학생들은 한 목소리로 응답한다.

“오케이, 다음 주부터 마당 깊은 집의 인물로서 ‘2인 에튜드’ 작업을 시작해볼까요? 파트너는 여러분들이 자유롭게 선택하길 바랍니다.

처음에는 텍스트에 근거하여 파트너와 함께 이야기하고 논의해서 상황과 행동들을 찾아 보여주고, 이후에 여러분의 상상력을 확대시켜 텍스트에 묘사되어 있지 않은 상황을 들추어내어 그들의 행동을 모색하여 보여주길 바랍니다. 물론 말이 필요하다면 과감하게 해보세요. 그러나 전에도 말했지만, 말은 상황의 설명이나 정보를 제공하는 것이 아니라 행동으로써의 말이 되어야 한다는 것도 유념하기 바랍니다. 오케이?”

“오케이!”

학생들이 큰소리로 외치며 응답하자, 교육자는 씩 웃으며 자신의 물건들을 챙겨 실기실을 나선다.

10

연기교육자가 실기실로 들어와서 자리에 앉으면 책상 위에 놓여 있는 수업용 노트에는 다음과 같은 순서가 적혀 있다.

1. 출근　　　... 주인아저씨(박정태)/주인아주머니(이정하)
2. 충고　　　... 어머니(이소희)/성준(양승욱)
3. 늦은 밤에　... 경기 댁(김현정)/미선(윤문숙)
4. 부탁　　　... 평양 댁(권주희)/식모 안 씨(이수정)
5. 책　　　　... 준호아버지(감무신)/민이(손기주)

　학생들은 정태와 정하의 〈출근〉 에튜드를 위해 가림막을 사용하여 왼쪽에는 등·퇴장로로 만들었고, 나머지 세 면은 다른 가림막을 이용하여 방 벽으로 만들어 놓았다. 무대 뒤쪽에는 옷장이 객석 쪽으로 향해 있고, 그 옆에는 협탁이 붙어 있다. 오른쪽 가림막에는 크지 않은 액자형의 네모난 거울이 걸려 있다. 무대 왼쪽에는 나뭇가지 모양을 한 허름한 옷걸이가 덩그러니 서 있다.

　"준비되면 시작하겠습니다."

　가림막 뒤에서 정태의 소리가 활기차게 들린다.

　"네."

　교육자가 짧게 화답한다. 잠시 후 주인아저씨로 분한 정태가 팔자걸음으로 뒤뚱뒤뚱 들어온다. 그는 뱃살을 강조하려는 듯 배에 무언가를 잔뜩 집어넣었다. 머리카락은 포마드 기름칠을 하여 이대 팔 가르마를 하고 있으며, 제법 멋스러운 양복을 입고 있다.

　그는 옷장 문을 열고나서 무언가를 찾더니 힘겹게 앉는다. 그리고 아래쪽의 긴 서랍을 열어 뒤적거린다. 면양말이다. 그는 한 손을 땅바닥에 짚고 육중한 소리를 내며 일어서더니 무대 중앙으로 간다. 그리고 다시 힘겹게 앉는다.

　"도대체 양말이 어데 있는지 넥타이가 어데 있는지 알 수가 없다 아이가! 살림을 하기는 하는 기가!"

　그는 구시렁대며 양말을 신는다. 다시 한 손으로 땅바닥을 짚고 힘겹게 일어서더니 옷장 쪽으로 가서 문을 연다. 넥타이를 꺼낸다. 주인아저씨 역할의 정태는 검은색과 빨간색이 뒤섞인 넥타이를 목에 갖다 대보고서는 벽에 걸린 거울 쪽으로 다가간다.

"아 교육은 지대로 하고 있능가 모르겠네."

거울을 보고 넥타이를 매면서도 그는 여전히 구시렁댄다.

"사는기 사는기 아이다. 누구는 빼빠지게 일하면 뭐하노!"

그는 넥타이를 매며 이리저리 보면서도 계속 중얼거린다. 이제 그는 넥타이를 다 매고 옷걸이에 걸려 있는 중절모를 쓰고는 다시 거울을 본다. 허리춤에 찬 시계를 꺼내보며 그는 양복 안쪽 호주머니에서 두툼한 종이 서류를 꺼낸다. 종이 서류를 잠시 유심히 들여다보고는 협탁 쪽으로 가서 서랍을 연다. 그는 구부린 채로 뭔가를 찾기 위해 뒤적인다.

"성준이 엄마!"

그는 계속 서랍장 안을 뒤적이며 소리친다.

"성준이 엄마!"

그는 서랍장을 아예 밖으로 꺼내 뒤집어엎고는 큰소리로 다시 외친다. 통이 넓고 펄렁거리는 바지차림에 팔소매를 걷어 부친 주인아주머니로 분한 정하가 어슬렁거리며 들어온다. 그녀는 금테 안경을 코끝까지 걸치고 연방 눈가의 근육을 씰룩거리고 있다. 정하는 가슴팍에 무언가를 집어넣어 풍만한 가슴을 내밀고 있다.

"아이고야, 이거 무슨 일인교."

그녀는 얼른 방바닥에 널려 있는 물건들을 챙겨 서랍장에 던지면서 소리친다.

"인주는 어디 갔노? 내가 지난번에 쓰고 여기 넣어뒀는데, 도대체 집안 물건이 어디 있는지 찾을 수가 없다 아이가!"

"인주 찾습니꺼, 그라믄 찾으면 되지 와 물건을 다 뒤집어 놓습니꺼!"

그녀는 남편의 말을 되받아친다.

"아니, 인주가 없으니까 그런 거 아이가! 어디 있노, 있나 봐라!"

그녀는 서랍장을 뒤적거리며 찾는다.

"없제? 봐라, 없다 아이가! 니 같으면 화딱질 안 나겠나? 오늘 장사장하고 계약서 도장 찍어야 하는데!"

주인아저씨 역의 정태는 고함친다.

"가만있어 보이소. 찾고 안있습니꺼! 마, 어제 저녁에 좀 챙겨놓지. 당신은 그게 문제라예. 맨날 꼭 일이 생기면 그때 할라고 하니."

"뭐라꼬!"

그는 아내인 정하가 인주를 찾고 있는 서랍장을 홱 닫아 버리고 그녀 앞에 털썩 앉는다.

"니는 요새 뭐하고 사노? 집구석에 숟가락이 있는지 젓가락이 있는지 알기는 하나!"

정하는 그를 노려보더니 손사래를 치며 나가려고 일어선다. 주인아저씨로 분한 정태가 큰소리로 외친다.

"어디 가노, 앉아봐라!"

정하는 들은 척도 안하고 방문을 나선다.

"어디 가노, 앉아봐라 안하나!"

정태가 소리를 꽥 지르자 주인아주머니인 정하는 홱 돌아서서 소리 지른다.

"와 아침부터 소리는 지르능교! 인주 찾는다면서예, 인주 찾으러 감니더. 성준이 방에!"

그녀는 남편에게 또박또박 대꾸하고서는 휑 나간다.

"인주가 와 성준이 방에 있노! 인주가 발이 있나 다리가 있나!"

주인아저씨인 정태는 아내가 나간 방문 쪽을 향해 고함친다. 그는 중절모를 벗고서 씩씩거린다.

"집구석이 이래 가지고, 아이고!"

그는 방바닥에 중절모를 집어던진다. 동료학생들은 소리 내어 웃고 있다.

"여기까지입니다."

"수고하셨어요! 정하도 들어오세요."

정하가 배시시 웃으며 들어와서 바닥에 앉는다. 교육자는 만면에 미소를 머금고 그들을 똑바로 쳐다보고 있다. 동료들이 교육자의 평가에 주의를 기울이자 그는 천천히 말문을 연다.

"정태와 정하의 〈출근〉 에튜드는 몇 가지 점에서 무척 흥미로웠습니다. 우선 그들의 인물로서 교류는 딱히 언급할 만한 것이 없을 정도로 정확히 파트너인 대상에게 영향을 주고받는 재미있는 놀이였다고 평가됩니다.

아울러 정하와 정태의 인물 형상은 현재까지 제법 잘 구축되어 있는 듯합니다. 인물의 형상에 대해서는 관찰한 인물이나 동물의 신체부위를 지속적으로 자신의 몸에 붙여 생활화시켜야만 합니다. 이러한 측면에서도 그들은 제법 인물의 형상을 위해 견고하게 생활화하고 있는 듯하다고 말하고 싶습니다. 그래서 얼핏 보기에도 주인아저씨인지 정태인지, 주인아주머니인지 정하인지 헷갈릴 때가 있어 보입니다. 동의하나요?"

교육자가 학생들에게 주의를 돌리자 그들은 고개를 힘차게 끄덕이며 동의를 표한다. 교육자가 다시 정태와 정하를 번갈아 쳐다본다.

"각자의 전 상황에 대해 간단하게 이야기해주세요."

"저는 아침 출근준비를 거의 마쳤습니다. 근데 양말과 제가 찾고자 하는 넥타이가 없어서 이리저리 찾고 있었습니다. 그리고 장사장과의 계약을 위해 서류에 도장을 찍어 가야하기 때문에 인주를 찾고 있었습니다."

정태가 먼저 자신의 전 상황에 대해 차근히 대답한다.

"저 또한 아침출근 준비로 서두르다 화장실을 갔다 왔습니다. 오늘따라 화장실 줄이 유난히 길어 한참을 기다리다 용무를 마치고 서둘러 안방으로 향하고 있었는데, 남편의 고함소리를 들었습니다."

정하도 자신의 전 상황에 대해 차분하게 대답하자 교육자는 고개를 끄덕인다. 그리고는 그들에게 질문을 던진다.

"부부로서 둘 간의 관계는 어떠한가요?"

그들은 서로 잠시 쳐다본다. 정태가 정하에게 손짓을 하며 답하라고 한다. 정하는 알겠다는 표시로 고개를 끄덕이며 입을 연다.

"일전에 저의 장남인 승욱이 말한 것처럼, 전쟁 통에 남편의 사업이 날로 번창하여 제법 살림살이가 펴졌습니다. 그리고 난 후 저의 보금당 장사가 시작되었고, 그래서 자연히 아이들 교육과 집안 살림은 어머님 몫이 되어버렸습니다. 저와 남편은 얼굴보기도 힘들고 아침출근 때 정도만 겨우 마주칠 뿐입니다. 그래서 어느새 남이 되어 버린 느낌입니다."

정하가 정태를 힐끔 쳐다본다. 학생들과 교육자는 고개를 끄덕거린다.

"오케이, 이제 둘의 에튜드 수립 과정에 대해 우리들에게 말해줄래요?"

교육자가 빙그레 웃으며 다시 그들에게 답변을 요구한다.

"우선, 정하와 저는 텍스트를 근거로 각자 인물의 일상에 대해 이야기를 나누었습니다. 그리고 저희들의 관계에 대해서도 자연스럽게 토의하다가 공유할 수 있는 부분을 찾았습니다. 세 아들, 성준, 짱구, 똘똘이, 그리고 어머님, 식모 안 씨, 친척인 여고생 동희에 대해서도 알아야 할 정보를 캐내어 저희들의 생활 속으로 끌어 들였고요. 또한 아직까지는 좀 더 이야기를 나누어야 하지만 아래채에 세 들어 사는 사람들에 대해서도 대충 정보를 나누고 있습니다.

그리고 난 후에 에튜드를 위한 소재 감으로 이런저런 얘기를 하다가 비교적 사건의 충돌로 인한 서로의 목표로써 행동과 말을 넉넉히 찾을 수 있는 출근준비로 결정했고, 가능성 있는 행동의 계획들을 수립하여 노트에 기록했습니다."

정태가 그들의 에튜드 수립 과정에 대해 비교적 상세히 말한다. 교육자는 정태의 답변에 고개를 끄덕이더니 정하에게 시선을 돌린다.

"정태와 에튜드에 대해 이야기를 나누며, 목표를 결정하고 행동계획을 세우면서 어려운 점이 있었다면 무엇이었습니까?"

정하는 잠시 생각에 잠기더니 힐끗 정태를 한 번 쳐다보고서 입을 뗀다.

". . . 이전에 '2인 에튜드'를 하고 난 뒤라 그리 힘든 부분은 없었지만, 텍스트가 있다는 것이 한편으론 부담이었어요."

"음. . . 무슨 의미인지 좀 더 구체적으로 얘기해주세요!"

교육자가 정하의 말을 끊으며 되묻자 옆에 있던 정태가 거든다.

"우선 텍스트의 내용이 60여 년 전의 상황이라서 시대상과 관련된 영화를 정하와 몇 편 봤습니다. 그런데 이전의 '2인 에튜드'에서는 아예 텍스트가 없었기에 저희들의 상황 임직한 이야기에 모든 포커스를 맞추면 되었는데, '문학작품 인물 교류 에튜드'는 텍스트를 정독하고 난 후 다시 저희들 이야기로 되돌아 와야 하기에 인물과 자신이라는 간극에 대해 서로가 맞는지 아닌지를 계속 의심하게 되었습니다. 그래서 정하와의 대화가 때론 엉뚱한 곳으로 흘러가는 건 아닌가하고 생각이 들기도 했고요. 그리고. . ."

정태가 말을 이어가기 위해 잠시 생각에 잠기자 정하가 대신 말문을 잇는다.

"그리고. . . 인물로서의 교류적인 측면에서도 이전의 '2인 에튜드'보다는 훨씬 많은 시간이 걸렸습니다. 예를 들면, 제가 남편한테 '어떤 상황에서 이런 행동과 말을 할 수 있을까?'는 비교적 무난하게 정태와 합의되었지만, '어떻게 할 수 있을까?'라는 문제는 다시 텍스트를 참고로 소설을 뒤적이고 상상력을 발휘해야하기에 시간이 많이 걸렸고 힘들기도 했어요."

교육자와 학생들은 그들의 이야기를 경청하며 고개를 끄덕거린다. 잠시 후 교육자가 말문을 연다.

"그러나 오늘 시연에서 여러분들의 고민은 상당히 해결된 듯합니다. 왜냐하면 인물로서의 가능한 행동과 말을 자신으로서 제법 정당성 있게 해결하고 있기에, 오늘 시연에서는 자신이 이해하고 있는 인물의 행동과 말로서 결국 구현되고 있었다고 판단되기 때문입니다. 그런 점에서 오늘 보여준 두 사람의 시연은 비교적 무난하게 해결되었다고 평가하고 싶습니다. 아마 파트너와 인물의 환경, 상황, 그리고 그들의 형상에 대해 많은 얘기를 나누었고, 텍스트에서 관련 정보를 부지런히 찾아서 이해한 결과인 듯합니다."

교육자는 잠시 말을 끊더니 이내 그들에게 재차 질문을 던진다.

"한 가지만 더 물어 볼까요? 대구지방의 말은 어떻게 해결했는지 우리에게 말해주세요."

정태와 정하가 서로 마주보며 웃는다. 동료들이 주의를 기울이자 정태가 먼저 말문을 연다.

"경상도 지방 출신의 친구에게 부탁하여 저희들이 계획하고 선택한 말을 하도록 하고서 녹음을 했습니다. 경상도라도 지역마다 말이 조금씩 다르다는 걸 이번에 알았습니다. 악센트도 다르고 단어의 사용도 조금씩 달랐습니다. 정말이지 저는 개인적으로 지방 사투리를 말하는 것이 무척 어려웠던 것 같습니다. 특히 대구지방 말의 리듬과 인토네이션은 엄청 힘들었습니다.

그리고 이번 에튜드를 위해 사투리 사용에 대해 정말 도움을 많이 주신 분이 계신데, 바로 정하 아버님이었습니다. 정하 아버님은 대구 분이셔서 텍스트에 적혀있는 말을 녹음까지 해주셨거든요."

정하가 겸연쩍은 미소를 짓고 있다.

"와!"

학생들이 정하를 쳐다보며 감탄사를 내뱉는다. 교육자가 고개를 끄덕끄덕거린다.

"오케이! 정하 아버님께 감사드리며, 10분만 쉬었다가 두 번째 에튜드를 볼
까요?"

11

10분 휴식 후 교육자가 들어와 책상에 앉으며 외친다.

"소희와 승욱은 준비되었나요?"

어머니로 분한 소희는 이미 평상에 앉아 있다. 그녀는 집중한 채 낮은 소리
로 응답한다.

"네, 준비되면 시작하겠습니다!"

무대는 가림막으로 세 면을 막아 외벽으로 만들고, 중앙 뒤쪽으로 계단이 놓
여 있다. 무대 중앙에는 커다란 평상이 놓여 있고, 어머니 역할의 소희가 앉아서
빨래를 개고 있다.

소희는 짙은 고동색의 몸빼 바지와 낡은 모시 상의를 입고 있다. 그녀의 머
리는 색깔이 바랜 비녀로 꽂아 위로 틀어 올려져 있다. 평상 아래에는 검정 고무
신이 가지런히 놓여 있고, 무대 왼쪽의 기다란 벤치 위에는 제법 큰 보따리가
묶인 채 놓여 있다.

이때 무대 오른쪽 위채에서 음악소리가 크게 흘러나온다. 소희는 아랑곳 하
지 않고 찢어진 면수건과 구멍 뚫린 군용 양말, 모시 옷 등을 차례차례 개고 있
다. 음악소리가 절정에 다다르면 위채에서 성준의 노래 부르는 소리가 우렁차게
들린다. 어머니 역의 소희는 고개를 절레절레 흔든다. 그러더니 위채를 힐끗 보
고서는 다시 빨랫감을 빠르게 갠다. 음악소리와 노래 소리가 좀처럼 줄어들지
않자, 어머니로 분한 소희는 마침내 빨래 개는 것을 멈추고 벌떡 일어선다. 그녀
는 고무신을 신고서 위채로 빠르게 다가간다.

"성준 총각!"

어머니인 소희의 목소리가 음악소리를 뚫는다. 음악소리가 줄어들지 않자 그녀는 소리를 분절시켜 큰소리로 외친다.

"성 - 준 - 총 - 각!"

노래 소리가 멈추고 음악소리도 작아진다. 이윽고 방에서 성준이 나온다. 그의 머리카락은 보기 좋게 이대 팔 가르마로 나뉘어져 있고 포마드 기름이 잔뜩 칠해져 있다. 성준으로 분한 승욱은 노래 가락을 흥얼거리면서 어슬렁어슬렁 등장한다. 그는 초록색 양복바지와 분홍 꽃무늬가 얼기설기 섞인 와이셔츠를 입고 있다.

"와예?"

승욱은 소희를 아래위로 쳐다보며 시큰둥하게 대답한다. 소희는 성준을 쳐다보는 둥 마는 둥하며 "소리 좀 줄이소. 혼자 사능교!"라고 내뱉고는 재빨리 평상으로 되돌아간다. 성준 역의 승욱은 잠시 소희를 쳐다보더니 방으로 사라진다.

음악소리가 다시 흘러나온다. 노랫소리는 들리지 않지만 음악소리는 아까보다 아주 약간 작아진 듯하다. 소희는 개고 있던 구멍 뚫린 양말을 바닥에 내려놓는다. 그녀는 잠시 위채를 뚫어지게 쳐다보더니 고무신을 급히 신고 다시 위채로 다가간다.

"성준총각! 좀 보입시더!"

소희의 목소리는 카랑카랑하다. 잠시 후 승욱은 껌을 질겅질겅 씹으며 나온다. 음악소리는 여전하다.

"와 자꾸 사람을 나오라 마라 합니꺼!"

승욱의 목소리도 카랑카랑하다. 소희는 마루에 앉으며 손짓으로 그에게 앉으라고 한다. 승욱은 서 있다. 소희는 서 있는 그를 쳐다본다.

"앉아 보이소. 성준 총각!"

소희의 목소리는 차분하면서도 다부지다. 잠시 서 있던 승욱은 털썩 주저앉는다.

"핵교다니먼 피곤하겠지예, 암니더. 그치만 아래채에도 사람들이 살고 안 있습니꺼. 핵교에서도 고성방가 합니꺼? 안 하지예? 와 그렇습니꺼? 핵교에도 학생들이 안 있습니꺼. 그렇지예? 누가 노래 부르지 마라 합니꺼? 아래채에도 사람들이 살고 있어서 작게 부르면 된다 아임니꺼. 안 그렇습니꺼!"

소희는 승욱을 빤히 쳐다보고 손가락으로 바닥을 또박또박 쳐가며 차근차근 말한다. 성준 역의 승욱은 그녀를 빤히 쳐다보고 있다가 큰소리로 대꾸한다.

"아따, 길남이 어무이, 핵교 선생해도 되겠네예!"

그는 여전히 껌을 질겅질겅 씹고 있다.

"뭐라고예?"

소희는 눈에 살짝 힘을 주고 즉각 응수한다.

"오늘 오전 수업이 없어서 집에 좀 있다 나갈라고 했는데, 뭐가 잘못 됐심니꺼? 그라고 보통 이맘때 쯤이면 일보러 다 나간다 아임니꺼? 길남이 어무이가 집에 있는지 없는지 내가 맨날 확인해야 합니꺼?"

성준은 껌을 짝짝 씹고 있다.

"그래, 일보러 나가야 하는데, 안 나간 내가 잘못했네예!"

소희는 한숨을 내쉬고 승욱을 쳐다본다. 승욱이 일어서려 하자 소희가 '앉아 보이소!' 라며 소리친다. 그는 일어서다말고 엉거주춤한 자세를 취한다.

"성준 총각! 내 하나만 물어보입시더."

어머니로 분한 소희의 이 말에 승욱은 갑자기 주춤한다.

"뭡니꺼?. . . 말하이소!"

승욱은 천천히 자리에 앉으며 조금 긴장하는 듯하다.

"요 며칠 전에 길남이한테 돈도 안주고 극장표 사오라고 했다면서예! 그라고 또 일전에 길남이더러 편지쪽지인지 뭔지 자유극장 옆에 사는 정씨 아지매한테 전해주라고 했다면서예!"

소희가 승욱을 똑바로 쳐다보며 따박따박 말하자 그는 껌 씹던 것을 멈추고 서는 자리에서 벌떡 일어선다.

"앉아 보이소, 성준 총각!"

승욱은 일어선 자세로 가만히 서 있더니 엉거주춤 앉는다.

"아부지는 암니꺼? 정씨 아지매하고 장남하고 나이트 가는 거 말임더!"

소희가 승욱을 빤히 쳐다보며 말을 이어간다. 승욱은 꼼짝 않고 소희의 말을 듣고 있다.

"길남이한테 한 번만 더 고런 일 시키믄 어무이 가게 보금당으로 찾아가도 됩니꺼?"

소희의 위협적인 어조에 승욱은 고개를 재빨리 가로젓는다.

"길남이한테 인자 심부름 안시키겠습니더. 그리고 아부지한테는 절대로 말하지 마이소, 알겠습니꺼?"

승욱은 자리에서 벌떡 일어서더니 소희에게 고분고분 말한다. 그리고는 급히 돌아서서 방으로 들어간다. 소희는 자리에서 툭툭 털며 일어서서 평상으로 가더니 빨랫감을 챙긴다. 그리고 그것들을 방안에 차곡차곡 집어넣는다. 그녀는 머리에 수건을 받치고 큰 보따리를 얹어 계단을 넘어서 밖으로 나간다. 음악소리는 완연히 낮다.

학생들은 소희와 승욱의 시연을 뚫어져라 쳐다보며 상기된 표정을 짓고 있다. 교육자는 연신 고개를 끄덕이더니 소리친다.

"수고했어요! 둘 다 나오세요."

소희와 승욱은 다시 들어와 서로를 쳐다보며 쑥스러운 듯 평상에 나란히 앉는다. 교육자가 그들을 번갈아 쳐다보며 환하게 웃고 있다. 그리고 입을 연다.

"어머니 역의 소희와 성준 역인 승욱의 전 상황, 목표, 사건과 평가로 인한 행동 찾기와 실행, 그리고 말행동은 '지금, 여기에서' 정확히 수행되고 있는 듯합니다. 결국 그들의 에튀드는 목표를 가진 충돌로 인해 정확히 행동으로 드러나고 있어요. 아울러 에튀드를 통해 둘의 관계 또한 여실히 드러나고 있고요. 그러므로 소희와 승욱의 〈충고〉 에튀드는 우리의 현 작업 단계인 인물 형상으로써의 교류라는 목표를 정확하게 달성하고 있다고 평가됩니다."

동료들이 일제히 부러운 듯한 시선으로 그들을 바라보자 소희는 얼굴을 살짝 붉히고 있고, 승욱은 머리를 긁적거린다. 교육자가 고개를 끄덕거리며 또박또박 말한다.

"소희와 승욱의 〈충고〉 에튀드는 공개 발표하도록 합시다!"

"와!"

학생들이 고함을 지른다. 이내 교육자가 계속 말을 이어가자, 학생들은 재빨리 교육자에게 주의를 기울인다.

"〈충고〉 에튀드에서 특히 흥미로웠던 부분은, 소희가 더 이상 시끄러움을 참지 못하고 성준을 재차 불러내 위협하는 장면이었습니다. 소희의 위협적인 말은 정확하게 승욱으로 하여금 사건으로 작용하여 그를 생각하게 만들고 있었고, 승욱의 그 다음 행동, 즉 슬쩍 자리를 뜨고자 일어서는 것으로 영향을 주고 있었어요. 이것은 승욱으로 하여금 결국 행동하도록 만든 말행동이었다고 생각합니다.

또한 이후 소희의 다시 앉으라는 말과 다시 한 번 다짐을 받아내고야 마는 소희의 목표가 말로 전달되는 것 또한 분명 승욱으로 하여금 매우 명확하게 영향을 주고 있다는 것입니다. 이것은 승욱으로 하여금 이러한 사건을 자신으로서 정확히 평가하게 하고 있었으며, 아울러 자신의 목표를 수정하게 만들고 있었습니다. 그리하여 결국 자신의 계획된 말을 매우 정확하게 소희에게 전달하고 있다는 사실입니다."

교육자의 설명에 학생들은 고개를 연신 끄덕인다. 몇 명의 학생들은 자신의 노트에 뭔가 부지런히 적고 있다. 교육자는 말을 끊고 잠시 생각하더니 이내 말을 잇는다.

". . . 또 한 가지 흥미로웠던 부분은, 에튜드의 끝 부분에서 소희의 목표가 음악의 줄어듦으로 이루어지고 있다는 점입니다. 이것은 마치 극작가나 연출가의 등장을 보는 듯했습니다. 그런데 이와 같은 구조적 방식은 때때로 에튜드의 기술적인 측면만을 강조하는 것으로 전락하기도 합니다. 하지만 소희와 승욱이 시연한 에튜드에서는 보이지 않는 승욱의 행동으로 명확하게 해결된 듯하여 매우 흥미로웠습니다."

교육자의 시선이 학생들에게 옮겨간다. 그는 자신의 말을 계속 이어간다.

"일전에도 말했지만, 에튜드 작업은 우리로 하여금 여러 가지 기능을 해결하도록 만들어 줍니다. 그것은 극작가로서, 무대미술가로서, 연출가로서 그리고 최종적으로 무대에 등장하는 배우로서의 기능을 하도록 해주는 교육기자재입니다. 방금 소희와 승욱의 〈충고〉 에튜드는 이미 에튜드의 이러한 다양한 기능성을 성과로 보여주기에 충분했다고 생각됩니다. 무척 재미있고 흥미로운 에튜드였어요! 자, 다음 에튜드를 볼까요?"

"선생님, 무대를 바꾸어야 하는데. . ."

수정의 말에 교육자는 노트를 훑어보며 시계를 본다.

"오케이, 오늘 수업은 여기까지 하고 수정과 정태의 에튜드는 다음 시간에 보여주세요!"

12

휴식 시간에 몇 명의 학생들은 파트너와 함께 에튜드에 대해 이런저런 이야기를 나누고 있고, 몇 명의 학생들은 현정과 문숙의 에튀드 〈늦은 밤에〉를 위해 무대 전환을 하고 있다. 교육자는 방금 전 시연한 승욱과 기주의 〈영어공부〉에 튀드에 대해 그들과 이야기를 나누고 있다. 현정과 문숙은 가림막 뒤에서 의상을 갈아입고 나서 분장을 하느라 바쁘다. 책상 위에 놓여 있는 수업용 노트에는 다음과 같이 순서가 적혀 있다.

1. 고향   . . . 경기 댁(김현정)/평양 댁(권주희)
2. 가계부   . . . 주인아주머니(이정하)/식모 안 씨(이수정)
3. 영어공부   . . . 민이(손기주)/성준(양승욱)
4. 늦은 밤에   . . . 경기 댁(김현정)/미선(윤문숙)
5. 화해   . . . 주인아저씨(박정태)/준호아버지(감무신)

무대는 가림막으로 세 면을 만들어 방 벽으로 설치되어 있다. 왼쪽 구석에는 허름한 자개농이 덩그러니 놓여 있다. 오른쪽 앞에는 밥상으로 보이는 조그만 상이 보자기에 덮여 있다. 그리고 무대 왼쪽 문가에는 뚜껑이 덮인 사기로 만든 오강이 얌전히 자리 잡고 있다. 경기 댁 역의 현정은 낡은 군청색의 이불 속에 누워 있다.

"준비되었나요, 현정과 문숙?"

무신과 기주와의 이야기를 끝낸 교육자가 무대를 바라보며 외친다.

"네!"

현정과 문숙은 이미 준비를 마치고 동시에 소리친다. 경기 댁 역의 현정은 이불 속에 누워 있고, 미선 역의 문숙은 가림막 뒤에 있다.

"오케이! 준비되면 시작하세요!"

교육자가 그들에게 소리친다. 잠시 후 가슴을 불룩하게 만든 미선 역의 문숙이 수건을 목에 걸치고 등장한다. 그녀는 잠자고 있는 어머니 경기 댁을 힐끗 쳐다보고는 자개농을 연다. 미선은 옷가지들을 꺼내어 농 위에 가지런히 놓고 다시 경기 댁을 슬쩍 쳐다본다.

"안 잘 거니?"

잠자리를 뒤척이던 경기 댁이 나지막하게 말한다.

"내일 교회입고 갈 옷들을 챙겨 놓고 자려고요."

미선은 무심하게 대꾸하며 자신의 일을 계속한다.

"어서 자!"

경기 댁은 돌아누우며 미선에게 말한다.

"네, 어서 주무세요."

농 위의 옷가지들을 정리하고 나서 미선은 수건으로 목을 닦으며 밥상 보자기를 들춰 본다. 그녀는 이내 보자기를 덮고 농 위에 있는 사각형 모양의 로션통을 열어 한 움큼 찍어 얼굴과 손에 바른다.

"오빠는. . .?"

미선은 돌아 누워있는 경기 댁 뒤에 앉아서 얼굴을 로션으로 비비며 말한다.

" . . . "

"오빠는 오늘도 늦는 모양이죠?"

미선이 손을 로션으로 문지르며 재차 묻자, 갑자기 경기 댁이 벌떡 일어나 앉는다.

"왜 그래, 또?"

미선은 여전히 자신의 일을 해대며 퉁명스럽게 소리친다. 경기 댁이 밖으로 나간다.

"어디 가요?"

딸의 소리에 대꾸도 않은 채 경기 댁은 휑하니 나가 버린다. 미선 역의 문숙은 고개를 절레절레 흔든다. 그녀는 농으로 가서 내일 입고 갈 옷가지들을 다시

한 번 점검한다. 잠시 후 경기 댁은 허리춤을 올리며 들어오더니 이불 속으로 들어간다.

"변소 갔다 왔어? 그냥 오강에다 누지, 밤에 뭐하러. . ."

갑자기 경기 댁이 자리에서 벌떡 일어나 미선을 쳐다본다.

"오늘 무슨 일 있었수?"

미선은 밥상을 한쪽으로 치우고 이부자리로 들어가며 말한다. 경기 댁이 한숨을 내쉬더니 입을 뗀다.

"오늘 아침에 마당 깊은 집 사람들이 다 나가고 노마님이 지나가는 말로 나한테. . . 성준이 아버지가 달세를 올렸으면 한다고 언질을 하더라, 미선아. 그리고 김천 댁이 살고 있는 바깥채를 헐어서 수린가 뭔가 해서 그쪽도 달세를 놓겠다는데. . . 이게 말이 되는 소리냐?"

"무슨, 말도 안 되는 소릴!"

미선이 소리치며 벌떡 일어나 앉는다.

"아니, 지난번에도 은근 슬쩍 달세를 올려야겠으니 하면서 돼지 같은 주인마누라가 사람 복장을 들쑤셔 놓더니, 원, 참!"

경기 댁 역의 현정은 혀를 끌끌 찬다. 미선은 어머니에게 다가가 앉으며 "자초지종 얘기해보세요. 노마님이 뭐라 했는지!"라고 보챈다. 현정은 다시 한숨을 내쉬며 말을 계속한다.

"아, 글쎄, 아침에 설거지나 해볼 요량으로 마당에 그릇들을 내놓고 있는데 위채 노마님이 슬쩍 다가오더니, '아이구, 요새 홍규 총각 치과 병원일은 잘 굴러 가남?'하고 뜬금없이 묻질 않겠냐? 그래서 노마님이 이빨이 시원찮은가 하고 생각했지. 그러더니 '성준이 아부지 면방직 공장이 팍팍혀. 짱구하고 똘똘이 공부시키기도 힘들구먼. . . 해서 성준이 아부지가 아래채하고 바깥채 달세를 이제 좀 올렸으면 하더라고. 경기 댁, 자네는 어떻게 생각하노?'하고 묻더라고."

경기 댁은 열을 내가며 딸에게 아침에 일어난 일에 대해 자세히 설명한다. 미선은 어머니 말을 다 듣고 나더니 생각에 잠겨 있다.

"이번에는 단단히 벼른 모양인데, 어떡하면 좋냐, 미선아?"

경기 댁이 딸의 얼굴을 빤히 쳐다보자 미선은 무언가 결심한 듯한 목소리로 말한다.

"내일 아침에 교회 갔다 와서, 엄마. . . 준호아버지를 만나서 얘기를 해 봐야 겠어요. 그리고 길남이 어머니하고도 얘기해 봐야겠어요. 엄마, 내가 준호아버 지와 길남이 어머니 만나서 얘기해보기 전까지는 아무한테도 말하지 마세요. 괜 히 또 동네방네 들쑤시지 말고요, 아시겠어요?"

문숙은 어머니인 경기 댁의 팔목을 잡고서 당부한다.

"내가 뭘 쑤신다고 그러냐?"

"아, 지난번에도 식모 안 씨한테 길남이 부엌에서 밥 훔쳐갔다고 얘기해 가 지고 온 집안을 들쑤셔 놓았잖아요? 그것 땜에 길남이 어머니한테 길남이 얼마 나 호되게 맞았는데! 제발, 남의 일에 참견 좀 그만해요, 좀!"

미선은 목소리를 높여 엄마를 나무란다.

"아니, 난 사실을 말했을 뿐이라고! 내가 내입으로 말도 못 하냐? 가시내가 말하는 것 하고는!"

경기 댁이 발끈하며 쏘아붙인다.

"그것 뿐이유, 준호아버지 다방에서 치약판다는 얘기는 노마님한테 왜 해가 지고는. . ."

"야, 그것도 내 눈으로 똑바로 본걸 얘기했을 뿐이야! 동성로 근처 다방으로 준호아버지가 들어가서 치약 파는 걸 내 눈으로 똑똑히 봤다니까, 가시내가!"

"남이사 공책을 팔든 사령부로 가든 무슨 상관이요. 입에 풀칠하기도 바쁜 세상에! 암튼 노마님이 말한 거 내가 준호아버지와 길남이 어머니하고 얘기 전까지는 절대 다른 사람한테 말하지 말아요. 특히 평양 댁 아줌마한테는! 난리 나요, 난리!"

"말 안하면 될 것 아냐!"

경기 댁은 퉁명스럽게 쏘아붙이고는 이불 속으로 들어간다. 미선은 엄마를 물끄러미 쳐다본다. 그녀는 무언가 골똘히 생각하다가 벌떡 일어서서 불을 끄고 자리에 눕는다.

"오케이! 수고했어요!"

교육자가 그들의 시연이 끝났음을 알고 큰소리로 말한다. 그리고 그들을 향해 빙그레 웃더니 천천히 입을 뗀다. 학생들이 교육자에게 주의를 기울인다.

"현정과 문숙이 보여준 〈늦은 밤에〉 에튜드는 인물 형상화 에튜드, 즉 '문학작품 인물 교류 에튜드'로써 갖추어야 할 것은 충분했다고 평가됩니다. 그렇나요?"

학생들은 고개를 끄덕인다.

"우선 미선 역할인 문숙의 전 상황과 어머니 경기 댁 역할인 현정의 전 상황은 매우 구체적이었어요. 그러고 난 후 그들은 그들의 행동계획을 정확하게 실행해내고 있었고요. 또한 둘 간의 사건으로 인한 목표는 제법 명확하게 부딪혀 '지금, 여기에서' 자신들의 문제로 표출되고 있었죠. 물론 사건의 평가에 대한 정도나 크기 또한 확고하게 소유하고 있었습니다.

한편 그들의 말에 대한 계획은 꽤 장황함에도 불구하고 쓸데없는 것들은 거의 없었다고 생각됩니다. 말의 실행은 '지금, 이 자리에서' 상대배우의 말과 행동을 보고 들으며 진행되고 있었어요. 결국 이것은 자신의 목표달성을 위한 말행동으로 귀결되고 있었다고 할 수 있습니다. 그리고. . . 그들의 시연에서 나한테 흥미로웠던 물건은 오빠 홍규를 위해 차려놓은 보자기가 덮인 밥상이었어요. 물론 이것에 대한 미선의 행동도 매우 명확했다고 평가되고요. 또한 오강은 과거의 시대적 환경을 우리로 하여금 상상하게 만드는 훌륭한 행동 도구이었습니다.

나는 이러한 이유들로 인해 현정과 문숙의 〈늦은 밤에〉 에튜드가 나무랄 데 없었다고 말했던 것입니다."

학생들은 교육자의 평가에 동의의 표시로 고개를 연방 끄덕거리고 있다. 그는 잠시 무언가 생각하고 나더니 계속해서 자신의 말을 계속 이어간다.

"우리의 '문학작품 인물 교류 에튜드'는 역할 작업을 위한 두 번째 단계에 해당합니다. 역할작업을 위한 첫 번째 단계는 몸을 바꾸는 '관찰 작업'이었으며, 그리고 두 번째 단계는 지금 우리의 현 과제로서 텍스트가 희곡이 아닌 소설 속의 인물을 창조하여 에튜드 작업을 하는 것이죠. 짐작하겠지만, 이후에 우리는 본격적으로 희곡이라는 텍스트를 가지고 역할 작업을 할 것이고요.

일전에도 말했지만, 작품 속의 인물, 즉 역할은 그 어디에도 없습니다. 배우 자신만이 있을 뿐입니다. 해서 우리가 텍스트를 근거로 인물임직한 사람의 외형을 관찰하여 자신의 몸에 붙여 행동으로 옮겨낸다면, 자신인지 역할인지 모를 그 어떤 모호한 경계에 이르게 될 가능성이 다분할 겁니다. 이때 분명한 사실은, 자신의 생각과 행동이 여기에 고스란히 참여하고 있다는 것이죠. 그렇다면 대담하게, 용감하게 자신의 일을 해내길 바랍니다. 뒤를 돌아볼 필요도 없고, 앞을 생각할 필요는 더더욱 없습니다. 오직 이 순간을 믿고 과감하게 해내라는 것입니다. 그러고 난 후 에튜드가 끝난 다음 시연에 대해서는 파트너와 다시 이야기해보고 스스로 평가해보세요. 이런 의미에서 현정과 문숙의 〈늦은 밤에〉 에튜드는 매우 흥미로운 에튜드였다고 평가됩니다. 동의하나요?"

"네!"

학생들은 고개를 힘차게 끄덕이며 우렁차게 응답한다. 교육자도 고개를 끄덕이며 학생들을 한 번 휙 바라본다. 그리고는 다시 말문을 연다.

"자, 다음 주에 '문학작품 인물 교류 에튜드'를 공개 발표하도록 하겠습니다. 공개 발표 리스트는 다음 주 수업이 끝난 후에 반대표인 무신을 통해 전달하겠습니다."

교육자가 실기실을 나서자 학생들은 각자 파트너와 에튜드에 대해 이야기를 나누기 시작한다.

<h1 style="text-align:center">13</h1>

'문학작품 인물 교류 에튜드' 공개 발표가 있는 날, 오전부터 학생들은 실기실에서 극장으로 대도구, 소도구, 그리고 소품 등을 옮기고 있다. 얼추 그들이 일을 끝낼 무렵 교육자가 극장으로 들어온다.

"오늘 '문학작품 인물 교류 에튜드' 공개 발표 또한 여느 때의 공개 발표와 다름없습니다."

교육자가 객석에 앉아 말문을 열자 학생들은 무대바닥에 편하게 앉아서 그에게 주의를 기울이고 있다.

"오늘 여러분은 입학한 이후로 두 번째로 극장에서 공개 발표를 가질 것입니다. 보는 바와 같이 극장에는 조명기, 음향기기, 호리전트, 윙, 덧마루, 객석, 분장실 등 여러 시설들이 있습니다. 언젠가 우리는 이곳에서 이것들과 정식으로 만나게 될 겁니다. 그때 우리의 작업은 공연의 형태를 띨 것이며 아울러 우리의 최후의 대상, 즉 불특정 다수관객들과의 만남이 이루어질 것입니다.

하지만 아직까지 우리의 공개 발표는 공연이 아닙니다. 그리하여 우리는 분장실을 제외한 어떠한 기자재도 아직은 정확하게 사용하지 않을 거고요. 달리 말하면, 이전의 실기실에서 공개 발표할 때와 별반 차이가 없을 거라는 거죠. 단지 '문학작품 인물 교류 에튜드'라는 작업 단계의 특수성 때문에 우리는 미리 극장에서 공개 발표를 하고자 하는 것입니다."

교육자가 학생들을 찬찬히 훑어보고 나더니 다시 자신의 말을 이어간다.

"누차 언급한 것처럼, 우리가 현 단계에서 해야 할 일은 인물로서의 정확한 행동을 찾고 수행하는 것입니다. 그것은 상대배우와의 명확한 상호행동인 교류로 귀결되어야 합니다. 지금의 단계에서 이것이야말로 우리의 목표라고 할 수 있습니다. 즉 인물로서의 교류 말입니다. 조명과 음악, 의상, 분장 등은 분명 우리에게 필요한 것입니다. 그러나 지금 단계에서 그것들은 우리의 무대적 행동에 감정을 유발하도록 슬쩍 부추깁니다. 다시 말하면, 그것들은 우리로 하여금 행동이 아닌 다른 무엇으로 대체하도록 만들 가능성이 농후하다는 것이죠. 그것은 분명 무드나 감정, 분위기를 고취시켜 자신으로 하여금 무대에서 쓸데없는 짓을 하도록 만들지도 모릅니다. 차후에 우리는 그것들을 분명 적절하게 이용할 것이지만, 지금은 인물의 행동과 상대배우와의 교류만을 생각하고 실행하는데 모든 주의를 돌려야합니다. 이해되나요?"

"네!"

학생들은 큰소리로 응답한다.

"지난 시간에 나는 공개 발표 리스트를 무신에게 전달했습니다. 자신의 공개 발표 에튜드와 순서를 확인했나요?"

"네!"

학생들은 다시 큰소리로 화답한다.

"여러분이 확인한 것처럼 오늘 공개 발표, 즉 『마당 깊은 집』을 통한 '문학작품 인물 교류 에튜드' 공개 발표는 총 9개입니다. 자, 지금부터 점심식사 전까지 공개 발표를 위한 마당 깊은 집의 공간을 만드세요. 지난 시간에 말했던 것처럼 극장무대에 가림막, 덧마루, 큐빅 등을 이용하여 마당 깊은 집의 공간을 만들어 보세요. 공간이 완성되고 나면 무신은 나한테 보고하도록 하고요!"

교육자가 학생들에게 지시하고 극장을 나가면 그들은 마룻바닥에 널브러져 앉는다.

"자, 이제 일을 시작해보자!"

반대표인 무신의 말과 동시에 동료들은 공개 발표를 위한 무대 공간의 배치와 설치에 대하여 각자 자신들이 미리 준비한 밑그림을 펼쳐 놓고 이야기하기 시작한다.

잠시 후, 무대 공간에 대한 토론이 끝난 후 학생들은 공개 발표에 대한 몇 번의 경험덕택에 일사분란하게 일을 하기 시작한다. 우선 몇 명의 남학생들은 무대 뒤쪽에 가림막을 사용하여 외벽으로 만들고 그 중간쯤에 철제 프레임을 세워 마당 깊은 집의 솟을대문을 만든다. 그리고 다른 몇 명의 남학생들은 무대 오른쪽에 큐빅을 놓고 그 위에 덧마루를 몇 장 깐다. 덧마루 중앙에 조그마한 2단 짜리 계단을 놓아 마루로 올라가는 층계를 만든다. 여학생들은 층계 밑에 신발을 놓고 덧마루 위에 작은 테이블과 소파를 갖다 놓는다. 그러고 난 후 남학생들이 무대 왼쪽에 가림막을 이용하여 서너 개의 방을 만들면 여학생들은 방마다 소품들로 방을 꾸민다. 방 앞에는 긴 벤치를 몇 개 놓고 그 밑에 신발들을 갖다 놓는다. 또 다른 몇 명의 여학생들은 무대 왼쪽의 방 끝과 외벽 사이에 가림막을 이용하여 화장실을 만들고 그 위에 커다랗게 'WC'라는 영어가 쓰여 있는 누런 종이를 붙인다.

이제 학생들은 큐빅과 덧마루를 사용하여 무대 중앙에 넓고 큰 평상을 만들기 시작한다. 여학생들은 굵은 줄로 양 끝을 묶어 평상을 가로 질러 빨랫줄을 만든다. 그들은 중간에 줄이 늘어지지 않도록 긴 나무로 받쳐 놓는다. 그리고 빨랫줄에 옷가지와 몇 개의 수건, 천을 걸어 놓는다. 얼추 마당 깊은 집의 공간이 완성되자 여학생들이 마무리작업을 서두르고 있다.

한편 남학생들 몇 명은 준호아버지 역할인 무신의 첫 번째 에튜드를 위해 무대 오른쪽 앞에 작고 낡은 벤치를 갖다 놓고, 그리고 평양 댁 역할의 주희와 민이 역할인 기주의 에튜드를 위해 무대 왼쪽 앞에 조그만 공간을 만들어 군용복과 잡다한 물건들을 쌓아 놓는다.

"다 된 것 같은데!"

승욱은 동료들과 함께 건축해 놓은 마당 깊은 집의 공간을 만족한 듯한 눈길로 보며 큰소리로 외친다.

"오케이! 다들 점심 식사하고, 나는 1시쯤에 선생님께 보고하고 올게!"

반대표인 무신이 경기 댁 현정과 미선 역의 문숙과 함께 아래채 방을 마무리 작업하며 외친다.

14

점심 식사 후, 몇 명의 학생들은 자신들의 소품과 의상을 준비하느라 바쁘게 움직이고 있다. 그리고 다른 학생들은 자신들의 무대 공간을 이리저리 걸어 다니며 점검하고 있다.

잠시 후에 교육자가 들어와서 학생들이 합심해서 만든 마당 깊은 집을 꼼꼼히 살펴보고 난 후 자리에 앉는다. 책상 위에는 공개 발표 프로그램이 놓여 있다. 그는 무신이 출력한 프로그램 용지를 세심하게 확인하고 나서 말문을 연다.

"자, 오늘 공개 발표할 순서입니다.

1. 출근 . . . 준호아버지(감무신)
2. 충고 . . . 어머니(이소희)/성준(양승욱)
3. 등록금 1 . . . 평양 댁(권주희)/민이(손기주)
4. 밥도둑 . . . 어머니(이소희)/식모 안 씨(이수정)
5. 집세 . . . 주인아저씨(박정태)/준호아버지(감무신)
6. 보금당 골목에서 . . . 주인아주머니(이정하)/경기 댁(김현정)
7. 학원 앞에서 . . . 성준(양승욱)/미선(윤문숙)
8. 등록금 2 . . . 경기 댁(김현정)/평양 댁(권주희)/어머니(이소희)
9. 장마 . . . 전체

이제 남은 시간동안 오늘 발표할 에튜드에 대해 파트너와 다시 이야기를 나누고, 각자의 무대 공간, 소품, 의상 등을 점검하길 바랍니다. 공개 발표 후에는 평가가 있을 겁니다. 공개 발표가 끝나고 난 후 무대 정리가 마무리되는 대로 무신은 보고하도록 해주세요."

"네!"

학생들은 진지한 표정이지만 활기차게 응답한다.

"자, 그러면 한 시간 뒤에 공개 발표를 하도록 합시다!"

교육자가 학생들에게 지시를 하고 극장을 나서자, 그들은 삼삼오오로 모여 파트너와 이야기를 나누거나 자신들의 의상과 소품 등을 챙기며 분주하게 움직이기 시작한다.

한 시간 뒤에 공개 발표 장소인 극장에는 연기과 선후배, 연출과 영화과 학생들이 객석에 앉아 있고, 연기, 화술, 무대동작, 이론전공 교육자들이 책상 앞에 놓여 있는 의자에 앉아 있다. 담임 연기교육자가 프로그램을 들고 무대로 나온다.

"오늘 학생들이 공개 발표할 내용은 '문학작품 인물 교류 에튜드'입니다. 이 단계는 다른 말로 하면, '인물 형상 교류 에튜드'라고 할 수 있습니다. 즉 인물 형상을 가진 에튜드 작업입니다. 그래서 '인물 형상화 작업'이라고도 불립니다.

우리에게 아직까지 텍스트는 희곡이 아닙니다. 그 이유는 학생배우들이 좀 더 용이하고, 좀 더 수월하게 인물 형상을 창조하기 위하여 희곡이 아닌 다른 문학작품 텍스트가 필요하기 때문입니다. 그래서 우리는 희곡이 아닌 소설을 텍스트로 선택했는데, 김원일 작가의 소설 『마당 깊은 집』이 그것입니다.

『마당 깊은 집』은 우리로 하여금 몇 가지 점에서 매우 유익한 교육 재료입니다. 그것은 첫째로, 텍스트의 시공간적 배경이 우리의 역사인 6.25전쟁 직후이므로 학생들에겐 당시의 시대와 공간에 대한 조사와 연구가 반드시 필요합니다.

이러한 공부는 바로 우리의 역사를 제대로 알기 위한 것임과 동시에 이 땅에서 예술을 하는 사람들의 의무이기도 합니다. 그러므로 학생배우들이 우리의 역사를 제대로 되짚어 볼 수 있는 이 단계의 텍스트로서『마당 깊은 집』은 필연적인 이유를 가지고 있다고 할 수 있습니다.

둘째로,『마당 깊은 집』에는 다양한 인물군상들이 등장합니다. 이러한 인물들은 작가가 창조한 가상의 인물이지만, 분명히 우리의 역사 속에서 살았던 있음직한 사람들입니다. 그렇다면 우리는 그들을 이해하고 연구하여 창조해야만 하는 배우이어야 합니다. 그리하여 그것은 우리의 현 과제인 인물 형상화 작업과 그들의 상호행동으로 나아갑니다.”

교육자는 프로그램으로 눈길을 잠시 주더니 다시 자신의 말을 이어간다.

“우리는 이미 배우 자신으로서의 작업인 ‘대상없는 행동’, ‘1인 에튜드’, 침묵을 포함한 ‘2인 에튜드’ 등을 공개 발표했으며, 그리고 2학년 첫 학기에는 역할로의 첫 번째 작업인 ‘관찰 작업’을 공개 발표한 바 있습니다. ‘관찰 작업’이 관찰을 통하여 자신의 몸을 바꾸는 작업이었다면, ‘문학작품 인물 교류 에튜드’는 몸의 변신으로부터 인물의 삶을 배우 자신이 행동으로 찾아내고 실행하는 에튜드라고 할 수 있습니다. 이전의 작업과 마찬가지로 교육도구인 에튜드는 여전히 우리의 작업에 있어서 키워드입니다. 이처럼 우리의 작업은 유기적으로 진행되고 있으며, 궁극적 목적지인 공연까지도 유기성은 일관성 있게 진행될 것입니다.

학생배우들은 작업의 초반부에 소설『마당 깊은 집』의 시대와 공간을 이해하기 위해 자료들을 수집하거나 답사를 갔다 오기도 했습니다. 그런데 그들이 1950년대 전쟁 직후의 시대상과 공간, 인물 등을 명확하게 이해하기란 쉽지 않은 일이었습니다. 그렇지만 배우의 작업은 과거와 현재 그리고 미래의 공간과 인물들에 대한 탐구이며 행동이어야 합니다. 그러므로『마당 깊은 집』은 쉽지 않은 과제이지만 그런 면에서 분명 유익한 재료라고 확신하는 바입니다.

『마당 깊은 집』에는 많은 인물들이 등장합니다. 우리는 그 중에서 10명의 인물만 선택하여 에튜드 작업을 수행했습니다. 그러고 난 후 학생배우들은 인물 형상을 위하여 관찰 작업을 함과 동시에 '1인 에튜드', '2인 에튜드', '무리 에튜드' 등을 수업시간에 시연해 왔고, 그 중에서도 성과가 있는 9개를 선택하여 오늘 공개 발표하기에 이르렀습니다.

'문학작품 인물 교류 에튜드'가 끝나면 학생배우들은 이제 본격적으로 희곡 작가를 만나게 될 것입니다. 이후에 그들은 희곡의 장면을 선택하여 에튜드 작업을 하고 난 뒤, 장면을 연습하고 시연하고서는 다시 공개 발표를 하게 될 것입니다. 그것은 바로 우리의 다음 작업 단계인 '장면연극'을 의미합니다."

교육자는 제법 긴 설명을 마치고서 무대 뒤를 바라본다.

"자, 무대 뒤 학생들은 준비되었나요?"

"네!"

무대 뒤에서 학생들이 큰소리로 화답하면 교육자는 자신의 의자로 가서 앉는다.

"그럼, 공개 발표를 시작하겠습니다. 첫 번째, 〈출근〉, 준호아버지, 감무신!"

그는 프로그램을 바라보며 첫 번째 발표 순서를 큰소리로 외친다.

15

공개 발표가 끝나고 학생들은 바쁘게 움직이고 있다. 남학생들은 대도구와 무대를 치우고 있고, 여학생들은 소품과 소도구 등을 정리하느라 바쁘다. 얼추 극장의 무대정리가 끝나가자 무신이 큰소리로 외친다.

"선생님 모셔 올게요!"

잠시 후에 교육자와 무신이 극장으로 들어온다. 학생들은 무대 위에 놓여 있는 큐빅에 앉아 있거나 무대 마룻바닥에 편하게 앉아 있다. 그들은 교육자에게 주의를 기울이며 다소 긴장한 듯한 표정을 짓고 있다.

"오늘 아침부터 공개 발표를 위해 준비하느라 다들 수고하셨어요."

교육자가 객석에 앉으며 학생들을 향해 말문을 연다.

"수고하셨습니다!"

학생들 또한 교육자에게 한 목소리로 화답한다. 그리고 동료들과 함께 자축하듯 박수를 치며 서로에게 수고했음을 전한다. 잠시 후 교육자가 입을 연다.

"여러분이 오늘 공개 발표한 '문학작품 인물 교류 에튜드'로써『마당 깊은 집』은 텍스트가 처음 등장한 우리의 첫 번째 작업이었습니다. 그것은 이전의 에튜드 작업과 비교해볼 때 상황, 인물, 행동 등에 대한 작가의 지시나 묘사가 등장했다는 차이점이 있죠. 그것은 제시된 상황이 더 이상 배우 자신으로부터가 아니라 다른 사람, 즉 작가로부터 태동했다는 것을 의미합니다. 이것은 이제 역할에 대한 진입이며, 아울러 배우 자신의 진정한 역할 창조 작업의 서막임을 뜻하죠.

그런데 소설 텍스트는 다른 장르의 문학작품, 즉 수필, 시, 그리고 희곡과 비교해볼 때 우리로 하여금 작가의 생각이나 세계관을 좀 더 용이하고 구체적으로 이해하게 만드는 재료입니다. 이러한 이유 때문에 소설 텍스트보다 함축적이거나 비유적, 상징적인 시나 수필, 희곡 등은 우리의 다음 과제로 적합하다고 할 수 있겠죠. 그리하여 우리는 첫 번째 텍스트로 소설을 선택했던 것입니다.

『마당 깊은 집』은 우리의 현 단계에 있어서 매우 적합한 텍스트였다고 생각합니다. 그 이유는 우선 방금 언급한 이유 때문임과 동시에 또한 이것은 우리의 시대상이고, 우리의 인물이며, 우리의 정서이기 때문입니다. 그렇지만『마당 깊은 집』을 여러분들이 처음 대했을 때는 아마도 이해하기가 분명 쉽지 않았을 거라고 생각합니다. 왜냐하면 이것은 여러분들이 말로만 들어왔던 6.25전쟁 직후의 시대상을 담고 있기 때문인데, 그것은 여러분들의 부모님, 조부모님의 시대상이기 때문이죠. 그러나 일전에도 몇 번 언급한 바 있지만, 우리의 작업이 공간과 시간, 사물, 인물, 자연을 이해하여 무대에서 배우 자신의 행동방식을 찾아 실행하는 것이라면, 이 또한 당연히 거쳐 가야할 단계이어야 합니다. 이외에도 『마당 깊은 집』을 통독하고, 정독하면서 어려운 점이 있었다면 무엇이었나요?"

교육자가 질문을 툭 던지며 학생들을 바라본다.

" . . ."

학생들이 잠시 머뭇거리자 뒤쪽에 앉아 있던 무신이 먼저 입을 뗀다.

"제 생각으론. . . 준호아버지, 정태 등의 인물들로 대변되고 있는 이데올로기의 문제와 사건들이었습니다. 책을 통해 간간이 접하긴 했지만, 지금의 저로서는 정확하게 이해하기 힘든 시대적 산물이었거든요."

"저도 무신 오빠와 비슷한 생각인데. . . 작품의 저변에는 분명 이 문제가 짙게 깔려 있는 듯해요. 그렇지만 작품을 몇 번 정독하고서 사람의 생활과 삶은 이데올로기 속에서도 다양하게 이루어져 있다는 사실을 깨달았습니다. 그래서 『마당 깊은 집』을 정독하면서 저는 인물을 좀 더 구체적으로 이해하기 위해서 여러 각도의 관찰과 관점이 필요하다는 것을 새삼 느끼게 되었습니다."

소희도 자신의 생각을 차근차근 꺼내 놓는다. 교육자가 고개를 힘차게 끄덕거리고 있다.

"저는 『마당 깊은 집』을 읽으면서 우리말의 사투리에 대해 공부를 많이 한 듯해요."

평양 댁 역할을 맡은 주희도 이야기에 동참한다.

"좀 더 구체적으로 말해줄래요?"

교육자가 주희에게 재빨리 되묻자, 그녀는 즉각 답변한다.

"『마당 깊은 집』은 평양, 경기, 경상도의 방언이 주를 이루고 있었는데, 저는 개인적으로 평양 출신 사람과 대구 출신 사람을 직접 찾아가 녹취를 하면서 그 지방의 말을 공부했어요. 우리 지방어가 참 예쁘고 정겹게 다가온 건 이번 작업에 있어서 큰 소득이라고 생각해요. 그래서 저는 앞으로 우리말 사투리에 대해 좀 더 공부해보고 싶은 생각입니다."

교육자가 고개를 끄덕거리더니 천천히 말문을 연다.

"소설『마당 깊은 집』을 통한 에튜드 작업은 분명 쉽진 않았지만 매우 흥미로운 작업이었습니다. 우선 그것은 이전의 배우 자신으로서의 작업인 '행동을 위한 요소훈련', '대상없는 행동', '1인 에튜드', '2인 에튜드', 그리고 역할로서의 작업을 위한 첫 번째 단계인 몸바꾸기, 즉 '관찰 작업'과는 또 다른 영역으로써 흥미로움을 제공하기 때문입니다.

둘째로, 텍스트의 등장입니다. 텍스트는 작가에 의해 제시된 무엇이 있다는 것인데, 그것은 작가에 의해 시간, 공간, 상황, 사건, 인물 등이 이미 주어져 있다는 사실이죠. 이것들에 대한 우리의 작업은 작가라는 사람을 이해함과 동시에 그가 제시한 모든 것들은 배우 자신에 의해 이해되어지는 과정을 필연적으로 거쳐 가야 한다는 것입니다.

셋째로, 텍스트 이면裏面의 상황에 대한 상상력의 발동입니다. 이것은 텍스트를 근거로 있음직한 상황과 사건, 말 등을 자신의 상상력을 동원하여 메워 넣는 것입니다. 결국 이러한 상상력은 이면 장면이나 이면대사, 즉 서브sub텍스트를 창조하게끔 만듭니다. 이러한 작업은 있지도 않는 무대적 상황이 자신에 의해 실재화 되어 자신을 무대에 존재하도록 만들어 주는데 일조한다는 것이죠.

넷째로, 자신으로부터 출발한 텍스트의 이해와 인물의 행동 찾기를 통하여 차후의 역할 작업으로의 의식적인 이동입니다. '문학작품 인물 교류 에튜드' 이후 우리의 작업은 희곡이라는 텍스트를 재료로 본격적으로 역할 작업을 시작하게 될 것입니다. 이때 희곡이라는 텍스트만 다를 뿐 우리의 역할 작업은 '문학작품 인물 교류 에튜드'를 통해 이미 경험한 바 있기에 역할 작업에 대한 특별한 고민 없이 다음의 단계, 즉 희곡의 인물 형상화 작업으로 진입할 수 있다는 것이죠. 이해되나요?"

"네!"

학생들은 고개를 크게 끄덕이며 큰소리로 응답한다. 교육자가 빙그레 웃으며 학생들을 죽 둘러보고 나더니 다시 말문을 연다.

"오케이, 이제 오늘 공개 발표한 〈마당 깊은 집〉에 대해 간략하게 총 평가를 해볼까요?"

"선생님, 10분만 쉬었다. . ."

현정이 손을 반쯤 들어 작은 목소리로 웅얼거린다.

"오케이, 10분만 쉬었다가 할까요?"

16

잠시 후에 교육자가 다시 들어와 자리에 앉으면 학생들은 극장의 여기저기에 흩어져 앉아서 그에게 주의를 기울인다. 교육자가 연필로 뭔가를 빼곡히 적어 놓은 자신의 프로그램을 들여다보더니 천천히 말문을 연다.

"첫 번째 공개 발표 무신의 에튜드 〈출근〉은 비교적 무난했습니다. 내가 무난했다고 말하는 것은 어떤 측면에서는 명확하지 않았다고도 할 수 있습니다. 예를 들면, 우선 무신의 전 상황이 정확하게 보이진 않았다고 말할 수 있어요. 준호아버지인 무신은 분명 출근하기 위해 도시락과 기타 물건들을 조그만 군용 가방에 챙겨 나왔을 겁니다. 그런데 그는 군사령부로 출근하는 것이 아니라 학용품이나 생필품을 팔러 나오는 것이죠. 이른 아침 마당 깊은 집에서 출근한 준호아버지는 분명 갈 데가 그리 마땅치 않았을 겁니다. 그래서 지금의 이 공원으로 등장하게 되는 것이겠죠. 그렇다면 등장하는 순간 무신은 이러한 전 상황을 자신이 가지고 등장해야 함에도 불구하고 다소 밋밋하게 등장하고 있다는 것입니다. 해서 만일 좀 더 명확하게 전 상황을 가지고 등장했더라면 이후에 준호아버지는 공원에서 무엇을 할 수 있는 지를 자신이 계획한 행동으로 좀 더 명확하게 옮겨 놓을 수도 있었을 거고요. 그렇다면 전 상황으로부터 등장이후의 행동은 유기적 행동으로 해결될 가능성이 크다고 할 수 있겠죠.

둘째로, 준호아버지인 무신의 주 사건은 아내의 편지입니다. 오늘 팔아야 할 물건들을 가방을 뒤져 다시 꼼꼼히 챙기고 난 후에 발견한 아내의 편지는 무신에게 있어서 우연한 사건임에 틀림없습니다. 하지만 만일 아내의 편지가 예견된 사건이었다면 무신은 아마 또 다른 행동을 계획하거나 실행했어야 할 겁니다. 그러나 일련의 무신의 속행동과 겉행동으로 보아 이것은 분명 우연한 사건이었습니다. 내가 여기에서 말하고 싶은 것은, 이 우연한 사건에 대한 무신의 속행동이 명확하게 보이질 않는다는 것입니다. 다시 말하면, 아내의 편지라는 사건의 크기와 정도가 무신에게 정확하게 결정되어 있질 못했다는 것이죠. 그럼에도 불구하고 이후의 무신의 행동은 비교적 정확하게 진행되고 있는 듯합니다. 그렇다면 아내의 편지와 이후에 발생한 무신의 사건은 일관된 행동을 그리 잘 확보하질 못한 것으로 결론지을 수 있겠죠."

무신은 교육자의 평가를 들으며 부지런히 자신의 노트에 무언가 적고 있다.

"두 번째 어머니 역의 소희와 성준 역인 승욱의 〈충고〉 에튜드는 수업 시간에 시연했을 때보다 모든 면에서 훨씬 강화된 듯하여 무척 흥미로웠습니다. 평상에서의 소희의 행동은 수업 시 시연 때의 행동보다는 대상, 즉 빨랫감이 매우 구체적이어서 소희로 하여금 더욱 도움을 주고 있었고, 성준 또한 길남 어머니인 소희의 말을 보다 정확하게 들음으로 인해 속행동과 말행동이 수업 때 시연보다 훨씬 강화되었다고 평가됩니다. 이러한 그들의 '지금, 여기에서' 상호행동은 오늘 공개 발표 때 그들을 결국 새로이 살아 있게끔 만들었고요."

교육자의 평가에 승욱과 소희는 손바닥을 살며시 마주친다.

"세 번째 평양 댁과 민이의 에튜드 〈등록금 1〉 또한 매우 흥미로웠습니다.

특히 주희와 기주의 믿음이 가는 탄탄한 인물 형상과 그것으로부터 말의 주고받기는 에튜드를 보는 내내 우리의 주의를 끌기에 충분했습니다. 평양 댁인 주희의 구수한 사투리 사용은 마치 평양사람의 어투를 듣는 듯했고, 민이의 어깨 처진 형상과 부스스한 머리카락은 고무줄로 동여 맨 안경 속의 반짝이는 눈알과는 명확한 대조를 이루어 자신만의 확고한 세계관을 소유한 인물임을 보여주고 있었습니다. 이러한 형상을 근거로 그들 간의 말의 교류는 정확하게 이루어져 지금 무대에 그들이 존재하고 있음을 한층 부각시키고 있었고요."

주희와 기주는 목표를 달성했다는 듯이 두 손을 꼬옥 잡는다.

"네 번째의 〈밥도둑〉 또한 재미있는 에튜드였다고 생각합니다. 길남의 어젯밤 밥 도둑질은 식모 안 씨인 수정에게 있어서 무척 당황스러운 사건이었을 것입니다. 문제는 식모 안 씨에게 이러한 길남의 밥 도둑질이 처음이었다는 사실이죠. 아마 이와 같은 길남의 행실이 그 전에도 몇 차례 있었다면 식모 안 씨의 길남 어머니에게로의 방문은 달라져야 했을 겁니다. 그렇다면 길남 어머니인 소희에게 있어서 식모 안 씨의 방문과 말들은 분명 사건이지만 그 크기와 정도 또한 달리 결정되어야 할 것이고요. 하지만 어젯밤의 사건이 처음 있는 일인지라 식모 안 씨인 수정에게 있어서 길남 어머니인 소희가 있는 방문을 두드리는 것은 무척 힘들어 보입니다. 이것은 수정의 전 상황이 정확하게 이해되고 있음을 의미하고, 그래서 이후의 선뜻 말을 못 꺼내고 있다는 것은 식모 안 씨의 사람됨을 아울러 보여주고 있었어요. 결국 식모 안 씨인 수정이 어렵게 꺼내놓은 어젯밤 길남의 밥 도둑질에 대한 이야기는 소희의 말없음과 포즈를 발생시켜 우리들로 하여금 그녀가 정확한 사건의 크기로 다루어내고 있음을 증명하고 있었다고 평가하고 싶습니다."

소희와 수정은 서로 쳐다보며 환하게 웃고 있다.

"다섯 번째와 여섯 번째의 에튜드인 〈집세〉와 〈보금당 골목에서〉는 정태와 무신, 정하와 현정의 구체적인 목표 하에 말로써 부딪히고 있다는 점에서 흥미로운 것이었습니다. 물론 주인아저씨 역할인 정태, 준호아버지인 무신, 주인아주머니인 정하 그리고 경기 댁 역인 현정의 인물 형상 또한 나무랄 데 없어 보였습니다. 이것은 수업 때의 시연보다 한층 구체적인 인물 형상화 작업을 각자 성취해내고 있음을 보여주었어요.

두 에튜드는 집세의 인상이라는 점에서는 동일한 사건이지만, 말로써 자신들의 목표를 달성하고자 하는 형태는 사뭇 달라서 무척 재미있었습니다. 남자들의 말 주고받기가 목표는 감추고 차분하게 말의 행동을 찾아 교류를 해내는 것이었다면, 여자들의 말 주고받기는 목표를 직접적으로 드러내어 거의 고함에 의해 말의 행동을 실행하고 있다는 점이 흥미로웠습니다. 다른 말로 해보자면, 남자들의 계획된 말이 파트너의 말을 사건으로 평가하고 난 후에 자신의 말행동으로 이루어져 결국 말에 의한 교류를 획득한 에튜드였다면, 여자들의 계획된 말은 파트너의 말을 사건으로 평가함과 동시에 자신의 말행동이 즉각적으로 행해진 말의 교류이었다는 점입니다.

일곱 번째 에튜드인 승욱과 문숙의 〈학원 앞에서〉는 중대한 실수를 범하고 있었어요. 시연의 초반부에서 승욱과 문숙은 인물 형상에 너무 치우쳐 파트너의 말과 행동을 '지금, 여기에서' 듣거나 보질 못하고 있었다는 것입니다. 그래서 기계적인 말의 생산과 반응이 제법 재생되고 있었죠. 다른 말로 하면, 자신들의 행동계획만 깔끔하게 무대에 옮겨놓았다고 할 수 있습니다. 또한 시연의 중반부에서 승욱과 문숙은 인물 형상에 대한 관객들의 특별한 반응으로 말미암아 계속 무언가 쓸데없는 행동을 재생해내고 있었어요. 수업시간 때의 시연에서 이들의 에튜드는 전혀 그렇지 않았죠. 수업 때 승욱과 문숙의 시연은 인물 형상을 소유한 채 교류는 명확하게 해결되었다고 생각됩니다.

일전에도 말했지만, 무대에서 자신의 일을 정확하고 명확하게 해내는 것이야말로 우리의 절대적인 일이라는 것을 명심하기 바랍니다. 오늘 대단히 유명한 평론가가 극장에 온다하더라도, 오늘 연극학교 학생들이 극장에 온다 하더라도, 우리의 무대행동은 다르지 않아야 합니다. 우리는 우리의 제시된 상황으로부터, 파트너로부터 우리의 행동이 달라져야 합니다. 부디 이 점을 명심하고 또 명심하길 바랍니다."

승욱과 문숙은 동의하듯 고개를 연신 끄덕거린다. 교육자가 다시 한 번 자신의 프로그램을 슬쩍 바라보더니 계속 평가를 이어간다.

"여덟 번째의 〈등록금 2〉 에튜드는 감동적이었습니다. 경기 댁 역할의 현정과 평양 댁의 주희가 어머니 역의 소희에게 방문하여 등록금을 건넨 것은 소희로 하여금 충분히 '눈물을 흘리다.'라는 행동을 하게끔 만드는 것이었습니다. 그것은 전쟁 통 속에서도 살아 있는 인간애를 느낄 수 있도록 만든 에튜드였다고 평가됩니다. 조금 아쉬운 점이 있었다면, 좀 더 경제적인 말을 찾아와 실행했더라면 훨씬 더한 감동을 우리들에게 선사했을 겁니다. 조금은 상황에 대한 설명이 말로 중복 선택되어 실행되었다는 것이죠. 이것은 옥에 티였지만, 계속 작업을 통해 이러한 문제는 스스로 터득되어 가리라고 생각됩니다.

끝으로, 그룹 에튜드인 〈장마〉는 텍스트에서 소재를 가져온 것이지만 자신들의 일과 파트너와의 반응, 리액션, 미장센 등이 무난하게 진행된 한편의 장면이었다고 생각합니다. 이것은 수업시간 때의 시연보다는 훨씬 긴밀도가 잘 형성되어 있어서 성과 있는 '무리 에튜드'였습니다. 아마도 서로 많은 이야기를 나눈 결과라고 생각됩니다."

교육자는 총 평가를 마친 듯 프로그램을 의자에 놓더니 학생들에게 시선을 돌린다.

"오케이, 간략하게나마 『마당 깊은 집』의 공개 발표에 대한 총평을 마칠까 합니다. 개별평가는 다음 주 개인적으로 만나 이야기 하거나 메일을 보내도록 하겠습니다."

학생들이 고개를 끄덕거린다. 교육자는 잠시 생각에 잠기는 듯하더니 이내 다시 입을 연다.

". . . 공개 발표를 마친 이 시점에서 내가 한 가지 말하고 싶은 것은, 지나간 것은 이미 지나간 것이기에 앞으로의 항해에 더욱 주의를 기울이라는 것입니다. 각 단계의 작업마다 성공과 실패는 그리 중요하지 않습니다. 정작 중요한 것은, 이러한 각 단계의 작업이 실을 꿰듯 이어져 우리의 궁극적 목적지, 즉 공연 작업에서 얼마나 훌륭히 성취될 수 있느냐 하는 것이죠.

'대상없는 행동'이라는 공개 발표에서 비교적 성공했다고 하더라도 이후의 '1인 에튜드' 공개 발표에서 흡족하지 못한 경우를 나는 종종 목격한 바 있습니다. 그렇다면 우리는 각 단계의 작업에서 성공과 실패에 연연할 것이 아니라 부분의 축적인 전체, 즉 공연에서 부분들이 유기적으로 연결되어 성과로 드러나느냐 하는 것입니다. 그렇다면 오늘 공개 발표에 대한 결과는 잊어버리고 무엇이 잘 되었고, 무엇이 잘못 되었는지 개인적으로 또는 파트너와 점검하고, 다음의 단계에 모든 주의를 가져주길 바랍니다. 오케이?"

학생들은 고개를 힘차게 끄덕인다.

"오케이! 결코 녹록치 않은 소설을 텍스트로 한 '문학작품 인물 교류 에튜드'의 과정을 너끈히 마친 여러분에게 다시 한 번 축하의 박수를 보냅니다!"

학생들은 열렬히 박수를 치며 서로에게 수고했음을 전하고 포옹하고 떠들어댄다. 교육자는 빙그레 미소 짓고 있다. 잠시 후 그가 소음을 뚫고 큰소리로 외친다.

"오케이, 오늘 저녁은 내가 쏘지!"

"와!"

학생들은 극장이 떠나갈 듯 박수를 치며 함성을 지른다.

3
부

희곡 인물을 만나다!

1

수업이 시작되자 교육자가 실기실로 들어와서 자리에 앉는다. 학생들이 그에게 주의를 기울이면 그는 그들을 한 번 쭉 바라보고 나더니 미소를 짓는다. 그리고는 질문을 툭 던진다.

"이제 우리의 작업은 무엇이죠?"

"희곡작업입니다!"

몇 명이 확신에 찬 목소리로 대답하자 교육자는 고개를 끄덕이더니 천천히 말문을 연다.

"우리가 해왔던 이전의 모든 작업은 희곡을 만나기 위한 전前 단계라고 해도 과언이 아닙니다. 그리고 마침내 우리는 희곡을 재료로 작업을 시작할 즈음에 있습니다. 나는 여러분이 오랜 시간 동안 이 작업을 위하여 전 단계들을 훌륭하게 완수해 왔다고 생각합니다."

학생들은 살짝 상기된 표정을 짓고 있다. 교육자는 말을 잠시 멈추었다가 다시 자신의 말을 계속 이어간다.

"여러분들은 입학한 다음 날부터 허구의 무대에 '있기' 위해 무대적 몸을 만들었고, 그리고 사물을 자신의 몸으로 다루는 법을 터득했으며, 그리고 난 후 자신이 제시한 상황에서 자신의 행동을 찾아 실행하는 방법과 상대배우와 교류하는 방법, 그리고 난 다음 자신의 몸을 바꾸어 행동을 찾고 실행하는 방법, 그리고 이전 작업에서 소설 텍스트에 등장하는 인물로서 행동을 찾고 교류하는 방법 등을 상당한 시간과 공을 들여 훌륭하게, 그리고 멋지게 수행해 왔다고 감히 말하고 싶습니다.

이제 우리는 또 다른 텍스트를 만나게 됩니다. 바로 희곡입니다. 희곡은 극작가에 의해 쓰인 작품이죠. 이전의 텍스트인 소설과는 분명 다른 차이점이 있어요. 그것은 무엇입니까?"

"선생님께서 예전에 말씀하신 것처럼, 소설은 우리에게 비교적 친절한 재료이지만 희곡은 그러지 못해 골치 아픈 텍스트일 것 같은데요?"

승욱이 첫 번째로 말문을 튼다.

"희곡은 상당히 많은 축약과 비유, 상징, 은유 등이 내포되어 있습니다. 그래서 세밀한 분석이 필요한데, 그것을 인물의 구체적인 행동으로 옮기는데 있어서는 결코 쉽지 않을 듯해요."

수정은 또박또박 자신의 생각을 끄집어낸다.

"희곡은 소설보다는 분량 면에서나 정보 면에서도 무척 축약적이고 집약적이라고 할 수 있습니다. 따라서 인물 형상 작업과 교류 작업에 있어서 구체성이 결여되거나 부족할 가능성이 다분히 있을 것 같습니다."

정태도 손을 들어 자신의 생각을 피력한다.

"그래서 희곡은 소설보다 제시된 상황에 대한 이해뿐만 아니라 인물 형상화 작업에 있어서도 상당한 어려움이 있을 듯해요."

주희가 정태의 말에 한마디 덧붙인다.

"지난 방학 때 그리스 비극부터 현대 희곡까지 작품들을 읽어왔는데, 단시간에 상당한 주의를 기울이지 않으면 작품 내용과 인물, 작가의 의도를 포착하기가 어려웠습니다. 그런데 소설은 비교적 여유를 가지고 읽었던 것 같습니다. 희곡읽기부터 그만큼 쉽지 않다는 것을 느꼈어요."

소희 또한 자신의 생각을 분명하게 전달한다. 교육자는 학생들의 의견을 경청하며 고개를 끄덕끄덕 거리더니 입을 연다.

"여러분들의 생각에 전적으로 동의합니다. 극작가는 우리에게 그다지 친절을 베풀지 않죠. 시간과 공간은 제멋대로 훌쩍 뛰어넘어 버리고, 인물의 성격과 행동 또한 급격한 상승과 하락을 반복하기 일쑤입니다. 이러한 환경으로 인해 인물의 성격과 행동의 일관성을 획득하기란 여간 까다롭지 않습니다.

그런데. . . 명작이라고 일컬어지는 희곡 작품은 이러한 위험에서 어느 정도 우리를 구해주고 있습니다. 그러한 작품은 인간의 삶과 행동을 이해하는데 도움을 주는 재료로써 배우를 배려하고 있는 텍스트라고 감히 말할 수 있을지도 모릅니다. 그리하여 무대에서 인물과 그들의 관계를 이해하여 행동으로 주고받기를 수행하는 일이 배우의 일이라면, 이러한 작품들은 우리를 한결 쉬운 길로 인도할 거라고 확신해요. 우리의 실제적인 일에 있어서도 그것은 우리를 무척 고민스럽게 만들지만 한편으로는 그만큼 생각하고 찾아야 할 것들이 많기에 우리를 행복하게 만들기도 하죠.

명작은 인간의 정신세계를 풍요롭게 합니다. 그것은 시대상, 당시의 인물상, 관계, 비전vision, 언어를 통해 우리의 삶을 반추하도록 하여 보다 풍성하고 나은 미래의 삶을 영위하도록 만들어 줍니다. 그렇다면 이러한 작품, 즉 명작을 이 단계에서 우리는 선택할 필요가 있는 것이겠죠!"

학생들은 고개를 크게 끄덕인다.

"그래서 우리의 현 단계 작업에서 여러분들이 처음으로 선택할 희곡작품은 동시대의 명작을 찾아서 가져오는 것입니다. 장면연극의 첫 번째 단계에 있어서 동시대의 명작을 선택해야하는 이유는 그것이 우리의 현재 역사와 비교적 가까운 곳에 있기에 명작을 보다 쉽게 이해할 수 있어서 도움이 된다는 의미이죠."

"한국작품이든 외국작품이든 상관없다는 말씀입니까?"

정하가 교육자의 설명을 끊으며 질문한다.

"그렇습니다. 어떤 나라의 작품이든 상관없습니다. 그리고 상대배우 또한 여러분들이 스스로 정하되 가능하다면 남녀가 한 쌍으로 파트너가 되었으면 합니다."

학생들은 고개를 끄덕끄덕 거린다.

"사조思潮 또한 관계없습니까?"

수정이 손을 들어 질문한다.

"처음의 장면연극은 사실주의로부터 출발하는 것이 좋습니다. 그 이유는 사실주의가 장면연극의 첫 단계에 적합하기 때문입니다. 달리 말하면 비사실주의 작품은 복잡하고 난해하여 첫 번째 장면연극의 텍스트로는 적합하지 않다는 것이겠죠. 이것은 '쉬운 것으로부터 어려운 것으로'라는 학습원칙이기도 하고요. 그리고 난 다음 우리는 체홉극, 표현주의극, 인상주의극, 고전주의극, 서사극, 부조리극, 그리고 희극 등으로 이동할 것입니다."

"선생님, 장면연극이라는 말씀은 희곡의 전막을 읽고 파트너와 상의해서 그 중 어떤 장면을 선택해오라는 것입니까?"

수정의 재차 질문에 교육자는 고개를 끄덕이며 말을 잇는다.

"오케이! 그런데 장면선택에 있어서 주의해야 할 점이 있어요. 그것은 전 상황이 분명하고, 인물들의 목표가 뚜렷하며, 명확한 행동을 찾는데 있어 도움을 줄 수 있는 장면이어야 한다는 것이죠. 간단히 말하자면, 인물의 목표로 인한 충돌이 명확하여 구체적인 행동으로 옮겨낼 수 있는 장면을 선택하라는 것입니다.

자, 이번 주까지 여러분 스스로 상대배우를 결정하고, 파트너와 함께 희곡작품들을 읽어 어떤 장면을 할 것인지 상의해서 가져오면, 나와 의논해서 어떤 작품의 어떤 장면을 할지 최종적으로 결정하도록 합시다. 오케이?"

정태가 즉각 손을 번쩍 든다.

"파트너와 상의해서 선택한 텍스트가 하나이어야만 합니까? 하고 싶은 장면이 한 작품이 아니라 몇 개가 될 수도 있을 것 같아서요!"

"파트너를 정해서 상의해보고 만일 여러분이 해보고 싶은 장면이 몇 작품이 된다면 몽땅 가져오세요. 그래서 나와 의논해서 그 중에서 한 개만 선택하도록 합시다. 오케이? 또 다른 질문 있나요?"

"‥‥‥"

"없습니다!"

무신이 큰소리로 학생들을 대표하듯 소리친다.

"오케이! 이 시간 이후 도서관에 가서 희곡을 찾아서 읽어보세요! 파트너와 어떤 작품을, 그리고 그 중에서 어느 장면을 하면 이번 과제에서 여러분들에게 도움이 될지 논의해보세요. 그럼, 다음 주 이 시간에 파트너와 선택한 희곡들을 가져오도록!"

교육자는 학생들에게 과제를 남기고 실기실을 나선다. 학생들은 마룻바닥에 앉아 파트너를 정하기 위해 대화를 나누기 시작한다. 한참 후에 그들은 각자의 파트너를 결정하고는 서둘러 도서관으로 향한다.

2

수업이 시작되면 교육자가 실기실로 들어와서 자리에 앉는다. 학생들은 각자 씬-파트너scene-partner와 함께 몇 권의 책들을 가지고 여기저기 앉아서 이야기를 나누고 있다. 실기실은 그들의 대화로 소란스럽다.

"자, 파트너별로 선택한 희곡들을 가져오세요!"

교육자가 학생들에게 큰소리로 외치자, 소희와 무신이 맨 처음으로 교육자가 앉아 있는 책상으로 다가와 의자를 놓고 마주 앉는다. 그들은 두 권의 희곡책을 책상 위에 내놓는다.

"최종적으로 입센의 『인형의 집』과 이강백의 『북어대가리』두 권을 선택했나요?"

교육자는 그들이 내놓은 두 권의 희곡집을 바라보며 묻는다. 동료 학생들은 파트너와의 이야기를 멈추고 교육자와 대화를 나누고 있는 무신과 소희에게 주의를 기울이고 있다.

"네!"

무신과 소희는 짧게 답변한다.

"이 두 권 중에서 어떤 희곡을 선택하는 것이 자네들의 첫 번째 장면연극에 도움이 될까?"

교육자가 그들을 바라보며 재차 묻자 소희는 무신을 힐끔 쳐다보더니 먼저 입을 연다.

"저희들은 며칠 동안 열권 정도의 희곡을 읽고 그 중에서 이 두 권을 골랐습니다. 저는 개인적으로『북어대가리』의 달링 역할을 해보고 싶습니다만, 무신 오빠는『인형의 집』에서 크로그스터 역을 해보고 싶다고 해요. 그래서 선생님께서 저희들에게 어떤 장면을 해보는 것이 도움이 될지 판단해주셨으면 하고요."

교육자는 고개를 끄덕이더니 무신에게 시선을 돌린다.

"무신은 왜『인형의 집』에서 크로그스터를 해보고 싶지?"

무신은 잠시 생각하는 듯하더니 이내 답변한다.

"입센의『인형의 집』은 장면연극의 첫 단계에서 반드시 거쳐 가야 할 사실주의의 교본과 같은 텍스트라고 생각했습니다. 비록 백여 년 전의 작품이긴 하지만 말입니다. '문학작품 인물 교류 에튜드'를 하면서 입센의 작품을 읽게 되었는데, 그때 다음의 텍스트로써 매우 적합한 희곡이라고 판단했습니다.

그런데. . . 저는『인형의 집』을 정독하고서 헬메르보단 크로그스터에 유달리 끌렸습니다. 그것에 대해 정확한 이유를 찾진 못했지만, 아마도 크로그스터의 절박한 심정이 저로 하여금 흥미를 유발시켰던 것 같습니다. 물론 쉽지 않은 역할 작업이라고 생각되지만 도전해보고 싶다는 생각도 아울러 들었고요."

무신이 자신의 생각을 차근차근 피력하자, 교육자는 고개를 끄덕이며 소희에게 시선을 옮긴다.

"소희는 많은 여자 역할 중에서『북어대가리』의 달링을 선택한 이유가 무엇이지?"

소희는 잠시 뜸을 들이더니 이내 입을 뗀다.

". . . 무신 오빠와 이런저런 희곡들을 읽으면서 저도 처음에는 입센과 체홉의 여자 인물들에게 흥미가 생겼습니다. 그렇지만 체홉은 솔직히 말해 어려웠어요. 우선 인물들의 형상이 뚜렷하게 그려지질 않았고, 그들의 목표와 세계관 또한 난해했거든요. 그래서 저는 체홉을 두 번째 장면연극 과제로 미루었습니다.

반면, 입센의『인형의 집』은 비교적 이해하기가 쉬운 편이었습니다. 처음에는 노라 역에 흥미가 생겼는데, 지난 여름방학 때 자율 작업에서 노라와 비슷한 역할을 해본 적이 있어서 고민이 되었습니다. 그때 무신 오빠가 저에게 노라와는 완전히 다른 인물을 해볼 것을 권했어요. 그래서 이런저런 희곡을 찾아서 읽다가 한국 작품인 이강백의『북어대가리』를 읽게 되었습니다.

그런데. . . 작품의 초반부까지는 달링 역이 저에게 별다른 흥미를 주질 못했지만 후반부에서 그녀의 대사가 저에게 해보고 싶다는 생각을 하게끔 했습니다. 그 이유는 저와는 완전히 다른 그녀의 삶이 조금은 이해되는 듯했기 때문입니다. 그래서 무신 오빠와 상의해서 결정하게 된 것입니다. 물론 상당히 어려운 작업이 될 것 같다는 생각이 들긴 하지만요."

교육자는 소희의 야무진 답변을 들으며 고개를 끄덕거린다. 그가 다시 무신을 바라본다.

"무신은『북어대가리』를 읽어 봤니?"

"네!"

그는 짧게 대답한다.

"자네는 자앙이나 기임, 트럭운전수 역할에 대해 흥미로운 점은 없었니?"

교육자가 재빨리 무신에게 되묻는다.

"아닙니다. 저 또한『북어대가리』는 흥미로운 작품이었습니다. 특히 자앙과 기임 역할은 해보고 싶다는 생각도 들었습니다."

"그렇다면 두 인물 중에서 어떤 역할이 자네의 흥미를 더 끌었거나 해보고 싶거나 도전해보고 싶었지?"

교육자가 무신의 말이 끝나자마자 다시 묻는다.

"음. . . 자앙요!"

무신은 잠시 생각하고 나서 짧게 답변한다.

"왜지?"

교육자가 다시 그에게 질문하자 그는 또 다시 잠깐 뜸을 들이더니 천천히 입을 연다.

". . . 작품을 아직까진 정독은 못했지만, 제가 현재 이해하기로 자앙은 매사에 철두철미할 정도로 꼼꼼하고 세밀한 사람인 듯합니다. 여성적인 성격도 다분히 소유하고 있는 인물인 듯하고요. 어머니 같다고 할까요? 그래서 저한테도 그런 면이 있을 지 궁금하기도 합니다."

교육자는 고개를 끄덕끄덕 거리고는 그들을 똑바로 바라본다.

"오케이! 그러면 소희와 무신의 이번 첫 번째 장면연극은 이강백의 『북어대가리』에서 자앙과 달링으로 결정하는 것이 좋을 듯한데 자네들의 생각은 어때?"

소희와 무신은 서로 쳐다보며 고개를 끄덕거린다.

"오케이! 그렇다면 자네들이 해야 할 씬scene은 텍스트를 정독해서 수업의 목표에 부합하는 장면을 직접 정해오도록 하세요!"

두 사람은 다시 서로 쳐다보고서는 고개를 힘차게 끄덕인다.

"네! 알겠습니다."

그들의 목소리는 활기차다. 동료 학생들이 여기저기서 수군대기 시작한다. 교육자가 학생들에게 시선을 돌린다.

"10분만 쉬었다 할까요?"

3

10분 휴식 후 교육자가 실기실로 다시 들어와 책상에 앉으며 소리친다.

"다음 팀 오세요!"

정태와 현정은 희곡 책 몇 권을 책상에 내려놓으며 교육자와 마주보고 앉는다.

"자네들이 선택한 희곡은 무엇이지?"

교육자가 정태와 현정을 바라보고서 그들이 내려놓은 희곡집을 보고 있다.

"저희들은 체홉의 희곡들을 골라왔습니다. 〈바냐삼촌〉에서 아스트로프와 옐레나 역을 첫 번째로 선택했고, 두 번째는 〈갈매기〉에서 트레플레프와 니나, 그리고 세 번째는 〈세 자매〉에서 베르쉬닌과 마샤 역할을 택했습니다."

정태가 또박또박한 발음으로 말하자 교육자는 잠시 생각에 잠긴다. 학생들은 그에게 주의를 기울이고 있다. 잠시 후 그가 입을 뗀다.

"자네들이 안톤 체홉을 선택한 이유는 무엇이지?"

정태가 현정에게 대답하라고 눈짓을 보낸다.

"정태와 대충 10여 권의 희곡을 도서관에서 찾아 읽으며 무엇을 선택할지 제법 많은 이야기를 나누었어요. 결국 둘 다 체홉을 최종적으로 결정했는데. . . 사실 막막해요. 물론 아직까지 텍스트를 정확하게 정독하진 않았습니다만, 그들의 상황이 구체적으로 이해가 되질 않는 것 같아요. 그리고 그들의 대화 또한 모호하고요. 아울러 인물 형상도 정확하게 그려지질 않아요. 그렇지만 그들의 관계에 뭔가 묘한 매력이 있어 끌리기도 해요. 그래서 조금은 힘이 들겠지만 선생님의 도움으로 한 번 해보자고 정태와 얘기했어요."

현정은 애절한 눈빛으로 교육자를 바라본다. 교육자가 고개를 끄덕거리더니 말문을 연다.

"처음의 장면연극으로 안톤 체홉의 작품, 특히 4대 장막극은 분명 녹록치 않은 선택입니다. 자, 다들 들어보세요!"

교육자가 학생들에게 고개를 돌리자, 몇 명의 학생들은 파트너와 얘기하던 것을 멈추고 그에게 시선을 돌린다.

"우리가 장면연극의 첫 단계, 즉 사실주의 희곡을 선택하는데 있어서 안톤 체홉의 장막극은 분명 쉽지 않은 텍스트입니다. 그 이유는 다음과 같은 몇 가지 점 때문입니다.

우선 희곡에서 제시된 상황과 그들 간의 관계가 전면으로 드러나지 않을 뿐만 아니라 매우 복잡하다는 것입니다. 그래서 이것들은 깊은 이해를 필요로 하기에 만일 우리가 그들의 행동과 말에 피상적으로 접근한다면 속이 없는 껍데기가 될 가능성이 높다는 것이죠.

또한 우리가 그들의 목표를 제대로 이해하지 못한다면 쓸데없는 말이나 행동이 될 가능성이 농후합니다. 이 말은 그들의 목표가 그들의 말이나 행동과 비례하지 않기 때문입니다. 그래서 그것의 형태는 흡사 말 많은 부조리극을 보는 듯합니다. 그러므로 자칫 잘못하면 의미 없는 수다스런 장면이 될 가능성이 다분히 있을 겁니다.

게다가 체홉의 장막극에는 말줄임표와 '사이', '포즈' 등이 무수히 등장하는데, 이 또한 속행동, 겉행동으로 옮겨내는데 있어서 여간 까다롭지 않습니다. 즉 이것들은 단순히 '말없음'이 아니라는 의미이죠.

따라서 체홉의 장막극은 우리의 목표인 인물을 자신으로서 이해하여 상호행동으로 옮겨내는데 있어서 깊은 이해와 복잡한 경로를 필요로 하기에 처음의 장면연극 텍스트로는 어려운 재료라고 나는 말하고 있는 것입니다. 그렇지만 언젠가는 부딪히고 해결해야 할 텍스트이기도 하죠. 다만 우리의 첫 장면연극으로는 힘에 부칠 수도 있다는 것입니다.

이런 이유들로 인해 체홉의 장막극인 사실주의 희곡은 다음의 단계이자, 과제로 남겨 놓는 것이 좋을 것 같습니다. 이해되나요?"

여기저기서 학생들은 웅성거리기 시작한다.

"선생님, 저희도 체홉의 장막극을 가져왔는데, 어떡하죠?"

문숙이 손을 번쩍 들고 큰소리로 외친다.

"체홉의 장막극은 두 번째나 세 번째 장면연극에서 해결해보도록 하는 게 좋을 듯한데. 그래서 처음의 장면연극에서 어느 정도 성과를 얻고 난 후 다음 단계에서 우리가 필히 거쳐야 할 텍스트로 선택하는 것이 나을 듯해요."

교육자가 문숙과 나란히 앉아 있는 주희를 번갈아 바라보며 답변한다.

"선생님, 저희는 체홉의 단편소설을 희곡으로 각색한 작품을 가지고 왔는데, 괜찮을까요?"

이번에는 기주와 수정이 손을 번쩍 들며 큰소리로 외친다.

"체홉의 장막극과 단편소설을 희곡으로 각색한 것은 또 다른 재료라고 생각됩니다. 정태와 현정과 이야기를 마무리 짓고 자네들이 가져온 작품을 보고 논의하도록 해봅시다."

정태가 교육자에게 바짝 다가가며 재빨리 말한다.

"그럼, 저희들이 어떤 작품을 해보는 것이 도움이 될 지 선생님께서 직접 추천해주시면 안 될까요?"

문숙과 주희도 그들의 대화에 주의를 기울인다. 교육자가 빙그레 웃더니 입을 뗀다.

"파트너와 작품을 찾고, 고르고, 읽어 보는 것은 아마 자네들에게 많은 공부가 될 거야. 물론 자네들의 1년간 수업과정을 지켜본 결과에 의해 자네들이 어떤 작품을 했으면 좋겠다고 내가 직접 추천할 수도 있지만, 그건 썩 좋은 방법이라고 생각하지 않거든. 왜냐하면 현 단계에서 자네들 스스로 많은 희곡들을 읽어보고 자신과 어울리는 혹은 해보고 싶은, 그리고 도전해보고 싶은 작품을 선택해서 나와 상의하는 것이 훨씬 현명하고 좋은 일이라고 생각하기 때문이지.

이해되니? 현정, 정태!"

". . . 네!"

현정과 정태는 마지못해 동의하는 듯한 목소리다. 동료 학생들은 고개를 끄덕이며 파트너와 소곤대기 시작한다. 교육자가 미소를 지으며 현정과 정태에게 말한다.

"오케이, 다음 시간까지 시간을 줄 테니, 체홉을 제외한 사실주의 작품 중에서 자네들이 직접 텍스트를 골라 가져와 보세요. 그래서 다시 나와 논의해서 결정하도록 하지!"

현정과 정태는 동의의 뜻으로 고개를 끄덕인다.

"자, 다음 팀 볼까요?"

이번에는 정하와 승욱이 교육자가 앉아 있는 책상으로 다가와 앉는다.

"자네들은 어떤 희곡들을 골라왔지?"

"저희들은 7~8개의 희곡을 읽어보고 이 두 권을 가져왔습니다."

승욱이 교육자를 바라보며 책을 내민다.

"음. . . 유진 오닐의 『느릅나무 밑의 욕망』과 고리끼의 『밑바닥에서』라. . .!"

교육자가 끝말을 흐리자 정하와 승욱은 그에게 주의를 바짝 기울인다.

"첫 장면연극으로 저희들한테 너무 어려울까요?"

정하가 교육자에게 걱정스러운 듯 묻는다.

"이 두 작품을 다 읽어 봤나요?"

교육자는 정하의 물음에 대한 답은 미룬 채 그들에게 불쑥 질문한다.

"네!"

두 사람이 동시에 대답하자 교육자가 그들에게 재차 되묻는다.

"어떤 인물과 어느 장면을 할지는 의논했니?"

"『느릅나무 밑의 욕망』은 에비와 에번의 첫 만남 장면을 생각하고 있고, 『밑바닥에서』는 바실리사가 뻬뻴을 유혹하는 장면을 해볼까 합니다."

정하가 승욱을 힐끔 쳐다보며 대답하고서 교육자에게 재빨리 주의를 기울인다. 교육자는 잠시 생각하는 듯하더니 이내 입을 연다.

"에비를 하든, 바실리사를 하든 정하의 역할은 에번과 뻬뻴을 유혹하는 장면이군. 그리고 에번을 하든 뻬뻴을 하든 승욱의 역할은 그 반대의 경우이고. . . 정하가 에비나 바실리사를 선택한 이유는 무엇이지?"

교육자가 정하를 바라보며 묻자, 그녀는 허리를 곧추 세우며 답변한다.

"사실. . . 이런저런 희곡을 읽다가 강렬한 장면과 인물을 선택하는 것이 저한테 도움이 되지 않을까 생각했습니다. 그래서. . ."

"강렬한 장면과 인물이라는 건 어떤 의미이지?"

교육자가 정하의 말을 가로채며 되묻는다.

"그건. . . 감정이나 행동에 있어서. . ."

정하가 말꼬리를 흐리자 승욱이 정하를 지원하듯 재빨리 답변에 나선다.

"제가 생각하기엔. . . 인물 간의 갈등이 첨예하게 드러나 부딪히는 것이라고 생각합니다. 그렇다면 행동으로 옮겨내는데 있어서 좀 더 격정적으로 표현할 수 있지 않을까 생각하고요."

교육자는 승욱의 답변을 들으며 잠시 생각에 잠긴다. 두 사람은 주의를 기울여 교육자를 쳐다보고 있다. 동료들도 그들의 대화에 주의를 기울이고 있다. 이윽고 교육자가 느릿느릿 입을 연다.

". . . 장면을 선택하는데 있어서 갈등의 요소는 빠질 수 없는 부분이겠지. 그래서 희곡의 도입부나 상황설명만을 위한 장면선택은 당연히 여러분에게 흥미롭지도 못할 거고 말이야. 그렇다면 자네들은 이것을 우리의 현 단계에서 도움이 되지 않는 장면이라고 판단할 만하지.

하지만 인물 간의 갈등이 첨예하게 드러난다는 것은 조금 다른 각도로 생각해볼 문제야. 왜냐하면 상대배우와의 목표 충돌에 의해 자신의 목표달성을 위한 장면이라면, 그 어떤 부분이라 하더라도 갈등은 분명 존재할 것이고, 목표의 크기와 정도에 따라 첨예하냐, 그렇지 않느냐는 분별되기 때문이지. 그렇다면 눈에 보이는 갈등이 중요한 것이 아니라, 자신의 목표와 상대배우의 목표가 충돌하느냐 하는 문제라고 결론지을 수 있다는 것이지."

몇 명의 학생들은 교육자의 설명을 들으며 눈을 감고 생각에 잠겨 있다. 무신과 소희는 그들의 노트에 빠르게 뭔가를 적어 내려간다. 교육자는 잠시 말을 끊더니 이내 다시 말을 이어간다.

". . . 격정적으로 표현할 수 있는 장면이라는 것 또한 달리 생각해볼 필요가 있어. 우선 '격정적'이란 말은 감정을 우선시한다는 의미인데, 누차 언급한 것처럼 감정보다는 행동을 찾아 실행할 수 있느냐에 따라 장면을 선택하는 것이 훨씬 나을 거야. 아울러 '표현'이라는 말 또한 드러냄을 강조한다는 의미인데, 이것보다는 지금의 단계에 있어서는 오히려 숨김을 찾는 편이 훨씬 도움이 될 거야. 그래서 이것이 어떻게 정확하게 행동으로 실행되느냐 하는 것이 훨씬 중요하지. 내가 감정보다는 행동을, 드러냄보다는 숨김이라는 단어를 언급하는 이유는 수업이 진행됨에 따라 차차 이야기할 것이지만. . . 하나의 예를 들어볼까?"

정하와 승욱은 눈을 말똥말똥 굴리며 집중해서 경청하고 있다. 다른 학생들 또한 주의를 기울여 그들의 대화에 동참하고 있다.

"만일 정하가 에비를 하든 바실리사를 하든 에번이나 뻬뻴을 유혹해야 한다면, 눈꼬리를 올리거나, 치마를 살짝 들어 올리거나, 엉덩이를 살랑살랑 흔들거나, 말을 꼬거나 등을 통해 자신의 목표를 달성할 법하지. 하지만 이러한 행동은 '유혹'을 표현하려는 전형적인 행동양식이라고 할 수 있어. 어쩌면 이것은 수백년 전부터 행해진 '유혹'이라는 무대적 행동의 표본이라고 말할 수 있거든. 자네들한텐 이러한 판에 박힌 행동이 재미있진 않겠지?

대신 이렇게 생각해보지. '나는 이 사람을 왜 유혹해야 하지? 그렇다면 나는 무엇을 할 수 있지?' 등을 말이야. 즉 자신의 상황으로부터 출발한 목표의 크기와 정도를 결정하여 인물의 행동 임직한 것들을 구체적으로 찾아본다면, 이것은 완전히 다른 문제가 되거든."

학생들은 고개를 끄덕끄덕 거리며 교육자의 설명에 계속 주의를 기울이고 있다. 몇 명의 학생들은 노트에 메모를 하고 있고, 현정과 정태는 고개를 끄덕이며 대화를 나누기 시작한다. 교육자가 정하를 바라보며 다시 묻는다.

"오케이, 이러한 이유를 제외한다면, 정하가 에비와 바실리사를 선택한 또 다른 이유가 있을까?"

정하는 잠시 생각하더니 천천히 입을 연다.

"사실. . . 에튜드와 자율 작업을 통해 에비와 바실리사와 같은 유사한 상황이나 강렬한 목표를 가진 인물을 해본 적이 없었거든요. 그래서 만만치 않은 인물 형상과 인물의 행동 찾기임에도 불구하고 도전해보고 싶다는 생각이 들었어요. 그리고 에비나 바실리사와 같은 인물이라면 어떤 여자배우라도 욕심이 날 법하고요."

교육자가 고개를 세차게 끄덕인다.

"오케이! 그 말에는 동의할 수 있을 것 같군! 승욱은 에번과 뻬뻴에 대해 어떤 면이 흥미로웠지?"

교육자가 이번에는 승욱을 향해 질문을 던지자 그도 잠시 생각하다가 입을 연다.

". . . 저 또한 이런 인물의 여자를 어떻게 상대해야 할지 막막합니다만, 솔직히 공부가 된다면 과감히 부딪쳐 보고 싶다는 생각입니다."

교육자는 승욱의 의지가 한껏 담긴 답변에도 세차게 고개를 끄덕거린다.

"오케이! 자네의 그 말에도 동의할 수 있을 것 같군! 분명 쉽지 않은 작업이겠지만 자네들의 의지와 도전을 높이 사지. 그렇다면 두 작품 중 어떤 작품을 할지 그리고 어떤 장면을 할지는 자네들이 고민해서 선택해보도록! 그렇지만 내가 방금 언급한 사항들은 필히 염두에 두길 바랍니다. '드러냄'이 아니라 '숨김'을, 그리고 '감정'이 아니라 '행동'으로서의 목표 달성 말이야."

"네!"

정하와 승욱은 큰소리로 동시에 대답하고서는 서로 결의를 다지는 듯한 눈길을 주고받는다. 교육자가 빙그레 미소를 짓는다. 그는 다른 학생들에게 시선을 옮긴다.

"자, 다음 팀 오세요!"

주희와 문숙이 희곡집을 몇 권 들고 교육자 앞으로 다가간다.

4

수업이 시작되자, 교육자가 실기실로 들어와 자리에 앉는다. 책상 위에 놓여 있는 수업용 공책에는 다음과 같은 발표순서가 적혀 있다.

1. 안톤 체홉 〈베로츠카〉 . . . 베로츠카(이수정)/오그네프(손기주)
2. 아서 밀러 〈다리 위에서 바라본 풍경〉 . . . 캐더린(권주희)/베아트리스(윤문숙)
3. 이강백 〈북어대가리〉 . . . 자앙(감무신)/딸링(이소희)
4. 헨릭 입센 〈인형의 집〉 . . . 노라(김현정)/헬메르(박정태)
5. 유진 오닐 〈느릅나무 밑의 욕망〉 . . . 에비(이정하)/에번(양승욱)

교육자는 학생들이 작성해 놓은 발표 순서를 살펴보고 난 후에 그들을 향해 고개를 돌린다.

"노트에 적혀 있는 작품들은 여러분이 가져온 희곡 중에서 최종적으로 선택된 것들입니다. 이제 우리는 첫 번째 장면연극으로 체홉, 밀러, 이강백, 입센, 오닐의 희곡 작품들을 결정했습니다. 우리가 선택한 것들은 작가의 대표적인 사실주의 작품들로 장면연극의 첫 번째 단계에 있어서 매우 유용한 재료들이라고 생각합니다. 또한 이것들은 현 단계에서 여러분이 목표를 성취할 수 있는 적합한 텍스트이기도 하고요."

교육자는 다시 노트를 한 번 휙 보고서는 말을 이어간다.

"무엇보다도 우선 우리가 결정한 희곡 작품의 장면은 희곡의 일부분에 해당하는 것이지만, 우리는 장면을 독립된 하나의 작품으로 취급해야 한다는 사실을 유념해야 합니다. 다시 말하면, 장면 연극은 희곡 작품 전체를 정독하여 상황과 인물에 대한 정보를 수집해야 하는 것이지만, 선택된 장면은 결국 하나의 독립적인 작품이 되어야 한다는 의미입니다. 그러므로 장면, 즉 씬scene은 하나의 완결된 작품으로 취급하여 인물의 행동을 찾아 상대배우와 교류를 해야만 합니다. 이것은 장면 연극 작업을 위하여 첫 번째로 고려되어야 하는 항목이죠."

몇 명의 학생들은 고개를 힘차게 끄덕거리고 있고, 몇 명의 학생들은 자신의 노트에 바지런히 메모를 하고 있다. 교육자가 다시 자신의 말을 이어간다.

"이제 여러분의 실제적인 과제에 대해 이야기하도록 해볼까요? 첫째, 작품의 시대적, 공간적 배경과 작가에 대한 조사, 그리고 작가가 탄생시킨 인물의 이력서를 구체적으로 작성해보길 바랍니다. 작가에 대한 조사와 연구는 작가의 시대적 삶에 대한 관점임과 동시에 그의 작품을 이해하기 위한 필수 단계라고 할 수 있어요. 그리고 작가가 탄생시킨 인물의 이력서라고 함은 텍스트를 기초로 한 인물에 대한 사실적인 기록 혹은 배우 자신의 상상력에 의한 기록, 즉 인물의 생년월일, 출생지, 외모, 신체적 특징, 여성/남성관, 가족관계, 취미, 성향, 세계관 등에 관한 것으로 배우가 필히 숙지해야만 하는 인물에 대한 기본적인 정보에 해당하는 것이겠죠.

둘째, 여러분이 선택한 장면을 몇 개의 단락으로 나누어 각 단락마다 인물의 전 상황, 목표, 행동계획 등에 대해 구체적으로 기록해보길 바랍니다. 특히 각 단락마다 인물의 목표를 한 문장으로 기록해보세요. 문장은 목표에 어울리는 '~하기를 원한다', '~를 위하여 ~하기 바란다' 등으로 적어보세요. 그러고 난 후 파트너와 논의하여 각자의 목표를 공유해보도록 하고요. 그런데 단락 나누기를 할 때는 너무 세부적으로 나누지 말고 3~5개 정도의 단락이면 족합니다. 차후에 각 단락을 작은 단위로 나눌지라도 우선은 크게 나누길 바랍니다.

셋째, 인물의 형상화를 위해 관찰을 시작하세요. 관찰한 사람이나 동물 등의 신체기관과 행동을 자신의 몸에 갖다 붙이는 작업을 시작해보라는 것입니다. 이전의 관찰 작업을 기억하면서 말입니다. 이것은 결국 파트너와의 장면연습을 통해 인물의 행동 템포와 리듬으로 직결되어야 할 것이고요.

넷째, 이것은 대단히 중요한 것인데, 파트너와 연습할 때 텍스트를 암기하는 방식은 지양하길 바랍니다. 만일 파트너와의 연습이 대사의 암기 형태로 진행된다면, 파트너와 굳이 연습을 할 필요가 없습니다. 파트너와 각자의 인물에 대해, 인물의 목표에 대해, 인물의 가능성 있는 행동에 대해 이야기를 지속적으로 나누는 것이 훨씬 도움이 될 것이라는 거죠. 그렇다면 대사의 암기가 중요한 것이 아니라 대사에 대한 이해가 중요합니다. 결국 기계적인 외움이나 암기가 아닌 이해로부터 출발하여 대사의 숙지를 통해 말할 법한 단어나 문장만 되면 오케이라는 뜻입니다.

하나의 방법을 제시하자면, 자신의 대사를 암기하는 것이 아니라 오히려 상대방의 대사를 보고 이해하여 자신이 할 법한 말을 찾아보세요. 예를 들면, 자신의 대사는 종이나 손으로 가리고 상대방의 대사를 보고 자신의 말을 찾다보면, 이것은 파트너의 말을 듣게 되는 형태가 되어 자신의 말은 파트너의 말을 듣고 자신의 생각에 의한 말행동으로 드러날 가능성이 농후하겠죠.

다섯째, 위의 과제를 전제로 다음 시간에 첫 단락 전, 즉 등장하기 전의 전 상황을 가지고 '1인 에튜드'나 '2인 에튜드'를 보여주길 바랍니다. 물론 '침묵 에튜드'도 가능합니다. 단, 시연의 처음인 다음 시간에는 가능한 말은 자제하고 인물의 행동을 모색하여 보여주길 바랍니다. 그러나 말이 필요하다면 하되, 상황의 설명이나 쓸데없는 말로 인해 수다나 말의 홍수가 되질 않길 바랍니다. 오케이?"

교육자가 제시한 제법 많은 과제에 대해 학생들은 고개를 연신 끄덕거리며 자신들의 노트에 부지런히 적고 있다.

"질문 있나요?"

무신이 자신의 노트에서 눈을 떼며 소리친다.

"선생님, 파트너와 상의해 장면을 단락으로 나눌 때 어떤 기준이 있을까요?"

"좋은 질문입니다! 단락은 사건 발생, 분위기 변화, 인물의 등장 혹은 퇴장, 대화의 전환, 공간이나 시간의 변화 등을 파악하여 나눌 수 있을 겁니다."

무신과 동료들은 고개를 끄덕이며 재빠르게 메모한다. 정태가 손을 번쩍 들며 질문한다.

"단락의 목표를 문장으로 기록할 때 자신과 파트너의 목표가 다를 수 있을 것 같은데요?"

"당연합니다. 그래서 자신의 목표와 상대방의 목표가 다르거나 반反하기에 충돌이 발생하는 것입니다. 이때 자신과 파트너는 무엇을 할 수 있을 지 행동계획을 수립하고, 그것에 대한 논의를 해야 할 겁니다."

정태는 고개를 끄덕거리며 생각에 잠겨 있고, 동료들은 자신들의 노트에 계속 뭔가를 긁적이고 있다.

"선생님, 굳이 3~5개의 단락으로 나누어야 하나요?"

주희가 메모를 멈추고서 질문한다.

"그것은 절대적이진 않습니다만, 너무 세부적으로 단락을 잘게 쪼개지는 말라는 의미입니다. 6개나 7개가 되어도 무방합니다. 그러나 단락을 너무 세부적으로 나누어 그 숫자가 많아지면 유기적이고 일관된 행동의 템포와 리듬을 구축하는데 오히려 방해가 됩니다. 차후에 언급하겠지만 간단하게나마 예를 들어 봅시다.

'아파트 현관에서 3층 집으로 간다'라고 가정했을 때, 3층 집을 올라가기 위해 50여개의 계단이 각각 행동의 단위가 된다면 아마 오늘 내로는 집에 들어가기 힘들지도 모릅니다. 또한 '학교로 가기 위해 우선 집에서 버스정류장으로 간다'라고 가정했을 때, 학교로 가기 전 집에서 버스정류장까지의 행동의 단위는 아마 수백 개, 수천 개로 나눌 수도 있겠죠. 그런데 집에서 나와 버스정류장으로 가기 위한 단위를 몇 개로 축약시켜 보다 큰 단위로 나눈다면, '나는 집에서 버스정류장으로 간다'에 대한 행동을 집약적이고 유기적으로 해낼 수 있게 될 겁니다.”

학생들은 고개를 끄덕끄덕 거리며 계속 메모를 하고 있다.

“또 다른 질문 있나요?”

“파트너와 만나 연습을 하지 않아도 된다는 것은 어떤 의미입니까, 선생님?”

수정이 자신의 노트에서 펜을 내려놓으며 소리친다.

“그것은 파트너와 만나 대사를 외우고 약속된 행동선에 따라 연습하다보면 정작 중요한 것을 놓칠 가능성이 있다는 의미입니다. 즉흥성 말입니다. 즉흥은 '살아 있음'을 대전제로 하고 있어요. 이것을 확보하려면 '지금, 여기에서' 듣고, 보고, 말하고, 행동하는 것이어야 합니다. 연습을 하지 말라는 것이 절대적이진 않습니다만, 정작 중요한 것은 무대에서 살아 있는 행동, 바로 즉흥성이기에 나는 이 말을 언급했던 겁니다. 오케이, 수정?”

수정은 고개를 끄덕거린다. 교육자가 수정의 질문에 답변을 끝내고 난 뒤 학생들을 한 바퀴 휙 둘러본다. 그는 질문이 더 이상 없음을 확인하고 난 뒤 다시 입을 연다.

“오케이, 다음 시간에 자신이 현재까지 이해하고 있는 인물로서 1인 에튜드나 2인 에튜드를 보여주길 바랍니다. 그리고 단락나누기를 하고 난 뒤 목표를 문장화시켜 기록하고, 무대그림을 약식으로 그려 첨부해서 제출해주길 바랍니다. 아울러 다음 시간에 각자의 인물에 어울리는 대체 의상을 가져와 보세요."

"네!"

학생들은 큰소리로 화답한다. 교육자가 시계를 쳐다본다.

"오늘은 공연 오디션이 있는 날이라. . . 수업은 여기까지만 하고, 다음 시간에 보충하도록 합시다."

"공연제목은 뭡니까, 선생님?"

"극장은요? 선생님!"

"배우들은 누구인가요?"

교육자가 가방을 챙기며 학생들의 질문에 답한다.

"오늘은 가을에 대학로에서 공연할 작품에 대한 배우 오디션이 있는 날입니다. 작품은 이태리의 희극작가 까를로 골도니의 〈여관집 여주인〉이고요."

그가 실기실을 서둘러 나가자 학생들이 큰소리로 외친다.

"선생님, 수고하세요!"

교육자는 실기실을 나서며 학생들에게 손을 높이 흔든다.

5

교육자가 실기실로 들어와서 자리에 앉으면 무대는 이미 세팅되어 있다. 가림막으로 외벽을 만들었고, 외벽 세 면에는 아라비아 숫자가 크게 적힌 종이박스가 수북이 쌓여 있다. 오른쪽과 왼쪽 구석에는 간이침대가 세로로, 가로로 놓여 있고, 왼쪽 침대 앞쪽에는 주방용 탁자가 세로로 길게 늘어져 있으며, 그 위에는 식기세트와 주방용 물품들이 가지런히 정돈되어 있다. 무대 정중앙에는 나무 칠이 벗겨진 네모난 작은 탁자가 위치해 있고, 그 위로 백열등이 천정으로부터 내려와 대롱대롱 매달려 있다. 탁자 위에는 공책과 종이, 문구류 등이 제자리를 확실하게 차지하고 있다.

"자앙과 기임의 창고인가요?"

교육자가 무대를 한 번 휙 둘러보고는 소리친다.

"네!"

가림막 뒤에서 무신의 우렁찬 목소리가 들린다.

"준비되면 보여주세요!"

교육자가 막 뒤의 무신을 향해 다시 외친다. 잠시 후 무신은 짧은 반팔 러닝과 군청색의 낡은 바지를 입고 등장한다. 그의 손에는 공책이 한 권 들려져 있고, 또 다른 손에는 몽땅 연필을 들고 공책에다 무언가를 열심히 적고 있다.

이윽고 자앙 역의 무신은 주방용 탁자로 가서 물을 한 잔 따라 마신다. 그리고는 무대 중앙의 탁자로 가서 앉아 공책을 꼼꼼히 들여다보더니 무언가 쓰기 시작한다. 이내 그는 일어서서 무대 뒤쪽에 쌓여 있는 상자의 개수와 상자에 적힌 숫자를 공책과 대조하며 체크한다. 그러더니 탁자에 공책을 조심스럽게 놓고 다시 앉는다. 그는 생각에 잠긴다. 잠시 후 자앙은 천천히 일어나서 오른쪽 간이침대 쪽으로 가더니 그 밑에서 다리미와 군용 모포를 꺼낸다. 그는 군용모포를 힘차게 털어 탁자 위에 펼쳐 놓고 왼쪽 침대 위에 늘어진 옷가지들을 가져 와서 탁자 위에 갖다 놓는다. 그리고는 옷가지 속을 뒤져 손수건을 꺼낸다. 손수건을 몇 번 털어 군용 모포에 펼치더니 정성스럽게 다리기 시작한다. 잠시 후 그는 일을 멈추고 출입구 쪽으로 고개를 돌린다. 자앙으로 분한 무신은 다리미를 탁자 위에 세워 두고 출입구 쪽으로 천천히 걸어간다. 그리고는 밖을 한참 쳐다보고 있다. 그는 다시 다리미 쪽으로 다가온다. 탁자 앞에 한동안 가만히 서 있던 무신은 천천히 다리미를 들고 손수건을 다시 다리기 시작한다.

"여기까지입니다."

무신이 시연을 끝내고 교육자를 바라본다.

"수고했어요! 달링도 준비되었나요?"

교육자가 가림막을 향해 큰소리로 외치자 소희가 "예!" 하고 큰소리로 화답한다.

"미스 달링의 1인 에튜드인가요?"

교육자가 다시 막 뒤로 소리를 보낸다.

"아뇨! 무신 오빠와 2인 에튜드를 준비했습니다."

소희가 막 뒤에서 큰소리로 외친다.

"오케이, 준비되면 보여주세요!"

무신은 다리미질을 계속 하고 있다. 잠시 후에 노크소리가 들리자 자앙 역의 무신이 뒤돌아본다. 달링 역의 소희가 등장한다. 그녀는 짧은 반바지 차림이고 셔츠는 배꼽 근처에서 두 갈래로 묶여 있다. 머리는 한 갈래로 묶었고, 화장은 조금 과할 정도로 진하다.

달링은 자앙에게 한 손을 들어 가볍게 인사한다. 그러자 무신은 고개를 잽싸게 돌리더니 다리미질을 계속 한다. 소희는 문가에서 그를 지켜보다가 왼쪽 간이침대 쪽으로 힙을 살랑살랑 흔들며 가더니 다리를 꼬고 앉는다. 그녀는 여전히 다리미질을 하고 있는 그를 빤히 쳐다보고 있다. 잠시 후 그녀는 무신 쪽으로 다가가 그의 뒤에 선다. 그러자 무신은 방향을 바꿔 다리미질을 계속한다. 달링 역의 소희도 자리를 바꿔 다시 그의 뒤에 선다. 이제 자앙 역의 무신은 다리미질을 멈추고 우두커니 서 있다. 소희는 재미있다는 듯 미소를 짓고 있다. 그리고는 그에게서 다리미를 빼앗아 세워놓고 손수건을 개기 시작한다. 이 모습을 지켜보던 무신이 뒤돌아서서 간이침대 쪽으로 가려고 하자 소희가 빠르게 그의 앞을 가로막는다. 무신은 그녀 옆으로 비켜서서 문 쪽으로 가려고 한다. 소희가 다시 그를 막아선다. 무신은 멍하게 서 있다. 소희는 묘한 미소를 짓고서 그의 손을 잡아 오른쪽 간이침대 쪽으로 간다. 그를 침대에 밀친다. 그녀가 그의 옆에 앉으려하자 무신은 벌떡 일어선다. 잠시 동안 서 있던 무신은 빠른 걸음으로 문 밖으로 걸어 나간다. 소희는 자양이 나간 문을 바라보다가 다리를 꼬고는 침대에 벌러덩 드러눕는다. 그녀는 깔깔거리며 웃기 시작한다.

"여기까지입니다!"

소희는 벌떡 일어나더니 쑥스러운 듯 머리카락을 연방 쓸어 넘긴다.

"수고했어요!"

무신이 들어와 소희 옆에 나란히 앉는다. 몇 명의 동료들이 그들에게 엄지손가락을 들어 보이고는 교육자에게 시선을 돌린다.

"자신들의 전 상황과 목표, 그리고 행동계획에 대해 우리에게 말해줄 수 있나요?"

교육자가 무신과 무릎덮개를 덮고 있는 소희를 향해 답변을 요구한다. 무신이 소희를 힐끗 쳐다보더니 먼저 입을 뗀다.

"저의 전 상황에 의한 목표는 텍스트에 묘사되어 있는 것처럼 어제 들여온 상자를 정리하고 점검하는 것입니다. 그러고 난 후 저의 목표는 기임의 옷과 손수건 등을 다리는 것이었습니다. 그런데 달링의 방문과 접근은 저의 목표에 방해물이며 결국 저의 목표는 수정되어 창고로부터 나가는 것이 되었습니다.

그리고 2인 에튜드에서 행동계획은 '다리미 다리기', '노크소리에 뒤돌아보고 다시 다리미질하기', '뒤에 서 있는 달링으로부터 위치를 바꿔 다시 다리미질하기', '침대로 가기', '문 밖으로 나가기' 등입니다. 이러한 저의 행동계획은 대부분 달링의 행동으로부터 발생하는 반응임과 동시에 목표이기도 합니다."

무신이 또박또박 자신의 생각을 교육자에게 전달하자 동료들은 고개를 힘차게 끄덕거린다. 교육자가 소희 쪽으로 고개를 돌린다.

"저희들이 준비한 2인 에튜드는 텍스트에는 나오지 않는 상황이었지만 상상력을 발동시켜 충분히 가능한 상황으로 가져왔던 것이었어요. 이를테면 저는 이미 몇 차례 창고를 방문했었는데, 오늘만큼은 자앙을 유혹하려고 작정하고 왔어요. 그것이 저의 목표였고, 그에 따른 화장, 옷 입기 등이 저의 전 상황이었습니다.

그리고 난 후 자앙이 있는 창고로 찾아온 저는 그가 다림질을 하고 있음을 목격했어요. 그런데 그가 저한테 주의를 주지 않아 제가 직접 다가갈 수밖에 없었고요. 그래서 그의 다리미질을 멈추게 하는 것이 저의 첫 번째 목표였고, 그가 저를 피해서 창고로부터 나가려는 행동은 그를 못나가게 막는 것으로 저의 목표를 바꾸게 만들었고요. 그런데 유혹이라는 목표달성을 위해 그를 간이침대로 끌고 갔지만 그가 황급히 일어서서 나가버렸습니다. 목표는 실패했지만 그의 행동과 표정을 생각하니 웃음이 저절로 나왔어요."

소희 또한 자신의 생각을 또박또박 전달한다. 교육자와 학생들은 소희의 답변에 고개를 연신 끄덕거리고 있다. 이윽고 교육자가 무신과 소희를 번갈아 바라보더니 질문을 던진다.

"오케이, 자네들이 인물의 형상화를 위해 한 일은 무엇인지 말해주겠니?"

무신이 소희를 쳐다보자, 그녀는 먼저 얘기하라는 제스처를 보낸다.

". . . 현재는 창고지기가 없어진 직종이라 우선 저는 인터넷을 뒤져 창고지기에 대해 조사를 했습니다. 그리고 텍스트를 몇 번 읽으며 자앙이라는 인물의 형상을 고민하다가 매사에 꼼꼼하고 여성적인 저의 친구 중 한 사람을 떠올렸고, 그의 행동거지 하나하나를 기억해서 할 수 있는 일들을 해보았습니다. 이를테면 친구의 형상을 가지고 이불개기, 밥상 차리기, 청소하기 등을 실제로 해보고 나서 저와는 상당히 다른 행동의 템포와 리듬을 인식하게 되었습니다."

"저는 주말에 무신 오빠와 함께 서울 근교에 있는 다방을 검색하여 방문했었습니다. 몇 군데를 둘러보다가 '향수 다방'이라는 곳에서 커피와 차를 배달하는 아가씨를 만나게 되었는데, 제가 생각하고 있는 달링 역과 비슷한 형상의 아가

씨여서 조심스럽게 관찰을 시작했어요. 그녀의 옷, 신발, 걸음걸이, 그녀가 사용하는 단어와 억양, 앉아 있는 자세, 특히 그녀의 눈은 저를 무척 흥미롭게 만들었습니다. 그리고 난 뒤에 학교 의상실을 뒤져 적합한 옷과 신발을 입고 신었더니 달링으로서의 몸을 바꾸는데 일조한 듯하고요."

소희와 무신이 자신들의 인물 형상화 작업 과정에 대해 차근차근 설명하자 동료들은 고개를 끄덕 거린다. 교육자도 고개를 끄덕이며 미소를 띠고 있다.

"오케이, 수고하셨어요."

그가 학생들에게 시선을 돌리며 묻는다.

"각자 인물을 위한 대체의상은 가지고 왔나요?"

"네!"

학생들이 큰소리로 응답한다.

"10분 휴식 후에 각자 준비한 인물의 의상으로 갈아입으세요."

학생들은 교육자의 지시가 떨어지자마자 바쁘게 움직이기 시작한다.

6

휴식 후 교육자가 다시 들어와 자리에 앉으면 학생들은 이미 각자의 역할에 어울리는 대체 의상을 입고 있다. 그들은 이리저리 걷고 있거나, 파트너와 이런저런 얘기를 나누고 있다.

"수정과 기주는 베로츠카와 오그네프의 대체 의상을 입은 채 걸어보기도 하고 앉아도 볼까요? 그리고 어떤 대상을 가지고 행동도 해보고요. 그리고 난 다음 목표를 가지고 어떤 행동도 해보세요."

수정은 푸르스름한 긴 치마와 회색 블라우스를 입고 그 위에 불그스름한 숄을 걸치고 있다. 기주는 브라운색 양복바지와 자주색 셔츠 위에 회색 망토를 걸치고 있다. 그리고 한 손에는 생채기가 있는 나무지팡이를 들고 있다. 교육자의 과제가 떨어지자 그들은 마룻바닥에 앉아 있다가 벌떡 일어나더니 인물의 형상으로 천천히 걷기 시작한다.

수정은 가벼운 발걸음으로 사뿐사뿐 걷다가 벤치에 엉덩이를 살며시 걸치고 앉는다. 그리고는 고개를 위쪽으로 들어 무언가 쳐다보며 미소 짓는다. 기주는 정확한 보폭을 유지하고 약간은 힘없는 듯한 걸음걸이를 선보이다가 책상에 걸터앉는다. 그리고 바닥에 놓여 있는 그의 여행 가방을 책상에 올려놓고 한참 동안 생각에 잠긴다. 그러더니 갑자기 벌떡 일어나 창가로 다가간다. 한참 동안 창밖을 내다보던 그는 빠른 걸음으로 이리저리 걷기 시작한다. 동료들은 수정과 기주의 행동을 유심히 쳐다보고 있다.

교육자가 고개를 끄덕이더니 주희와 문숙을 향해 지시한다.

"주희와 문숙도 캐더린과 베아트리스의 형상을 가지고 걸어볼까요? 그리고 어떤 목표를 가진 행동도 해보고요!"

문숙은 의상실에서 준비한 듯한 흰색의 긴 원피스 치마를 입고 있다. 그녀는 허리를 곧추세우고 차분한 발걸음으로 사뿐사뿐 이리저리 걷기 시작한다. 그리고는 핸드백을 가져와서 뒤지더니 거울 쪽으로 다가가 화장을 정성스럽게 하기 시작한다. 〈다리 위에서 바라본 풍경〉의 캐더린 역할인 주희는 빨간색 원피스를 입고 허리를 강조하기 위해 검은색 얇은 벨트를 하고 있다. 그녀는 거울 앞에 서서 몸 매무새를 이리저리 훑어보고는 신발장으로 가서 신발을 꺼내 신는다. 그녀는 마음에 들지 않는지 신발을 벗고 다른 신발을 신는다. 동료들은 고개를 끄덕끄덕 거리며 그들의 행동에 주의를 기울이고 있다.

"현정과 정태도 노라와 헬메르의 역할로서 걸어보고 무언가를 해보세요. 정하와 승욱도 에비와 에번으로 걷거나 앉아보고, 또한 목표를 가진 어떤 행동을 해보세요."

교육자가 이번에는 현정, 정태, 정하, 승욱에게 과제를 지시한다. 노라 역의 현정은 초록색 블라우스와 군청색 긴 치마를 입었다. 그리고 머리에는 챙이 넓은 모자를 쓰고 한 손에는 양산을 들고 있다. 그녀는 테이블에 앉아 지나가는 행인을 쳐다보는 듯한 시선을 보내고 있다. 헬메르 역의 정태는 하얀 와이셔츠에 옅은 초록색 조끼를 걸치고 있고, 바지는 남색 양복으로 깔끔하게 차려 입고 책상에 앉아 서류를 뒤적이고 있다. 잠시 후에 그는 자리에서 일어나 한 쪽 손을 양복바지 호주머니에 깊이 찔러 넣고서 이리저리 걸어 다니기 시작한다.

〈느릅나무 밑의 욕망〉에서 에비 역할의 정하는 파란색 허름한 블라우스와 회색 치마를 입고 발목까지 올라온 반 부츠를 신고 있다. 머리카락은 굵은 웨이브를 하고 조금 짙은 화장을 한 채 둥근 탁자에 앉아 와인을 한 모금씩 마시고 있다. 그러더니 다리를 꼬고 턱을 팔에 괴고서 무언가 골똘히 생각하는 듯한 포즈를 취한다. 에번 역의 승욱은 허름한 작업복 차림으로 소매를 팔뚝까지 걷어 올린 채 긴 빗자루로 바닥을 열심히 쓸고 있다. 그러더니 갑자기 빗자루를 던지고 테이블에 걸터앉아 상의 호주머니에서 담배를 꺼내 불을 붙인다. 승욱은 담배를 뻑뻑 피우기 시작한다.

교육자는 팔꿈치를 책상에 괴고 학생들의 형상과 행동거지를 유심히 지켜보고 있다.

"자앙과 달링도 현재까지 이해한 인물의 형상을 가지고 무대에서 무언가를 해볼까요?"

교육자가 이번에는 무신과 소희에게 과제를 지시한다. 무신은 상자를 쌓기 시작하고, 소희는 의자에 앉아 껌을 짝짝 씹고서 다리를 까닥까닥 거리며 머리카락을 연방 쓸어 넘긴다.

무대 위에는 등장인물로 분한 10명의 학생들이 자신들의 인물 형상을 유지한 채 걷거나 앉아 있고, 그러다가 자신들의 인물 형상으로써 어떤 대상을 가지고 행동을 하고 있다. 교육자는 한참 동안 그들을 진지하게 지켜보고 있다. 잠시 후에 교육자가 또 다른 과제를 학생들에게 툭 던진다.

"이젠 현재까지 이해하고 있는 자신의 인물로서 말을 해볼까요?"

". . ."

잠시 침묵이 흐른다. 이윽고 학생들은 여기저기서 낮은 소리로 혹은 큰소리로 말을 하기 시작한다. 캐더린 역의 주희는 가벼운 발걸음으로 춤을 추며 노래를 부르고, 달링 역의 소희는 텍스트의 한 구절인 듯한 대사를 큰소리로 외친다. 에비 역의 정하 또한 둥근 테이블에 앉아 한 손에는 와인 잔을 들고 낮은 소리로 속삭이고 있다. 학생들의 즉흥 과제를 꼼꼼히 지켜보던 있던 교육자가 고개를 끄덕거리고 있다.

"오케이, 수고했어요!"

학생들은 자신으로 되돌아와 편한 자세로 앉거나 서 있다.

"인물의 형상은 사람, 동물 등을 관찰하여 그들의 신체부위를 자신의 신체기관에 붙여 변형해보도록 하고, 아울러 소리의 톤, 억양, 리듬, 말버릇 등도 변형된 몸을 통해 수행해보세요. 이러한 인물 형상화 작업은 장면연극 작업 내내 주의를 기울여 점진적으로 해결해야 할 과제입니다."

교육자는 잠시 생각에 잠기더니 다시 말을 이어간다.

"오케이, 다음 시간부터 본격적으로 장면연극으로 들어가 볼까요? 여러분들이 나눈 단락 중 1단락까지만 보여주세요! 그런데 1단락까지 해결되지 않았다면, 1단락 내에서 파트너와 논의하여 해결된 데까지만 보여줘도 무방합니다. 만일 수업 시 시연을 통해 1단락이 해결되었다고 판단되면, 나는 여러분에게 다음 과제를 제시할 겁니다.

다시 한 번 말하지만, 각자가 인물의 형상을 유지한 채 전 상황, 목표, 행동계획을 파트너와 논의해서 자신의 목표를 파트너를 통해 달성할 수 있는지 속행동, 겉행동, 말행동으로 보여주길 바랍니다. 오케이?"

"오케이!"

남학생들이 거의 동시에 큰소리로 화답하자 교육자가 씩 웃으며 자리에서 일어난다.

7

교육자가 실기실로 들어와 앉으면 책상 위에 놓여 있는 수업용 공책에는 다음과 같은 순서가 촘촘히 적혀 있다.

1. A. 체홉 〈베로츠카〉 총 5단락 중 1단락의 2/3
   . . . 베로츠카(이수정)/오그네프(손기주)
2. 이강백 〈북어대가리〉 총 2단락 중 1단락
   . . . 자앙(감무신)/달링(이소희)
3. A. 밀러 〈다리 위에서 바라본 풍경〉 총 3단락 중 1단락
   . . . 캐더린(권주희)/베아트리스(윤문숙)
4. U. 오닐 〈느릅나무 밑의 욕망〉 총 3단락 중 1단락의 1/2
   . . . 에비(이정하)/에번(양승욱)
5. H. 입센 〈인형의 집〉 총 3단락 중 1단락
   . . . 노라(김현정)/헬메르(박정태)

무대 정중앙 뒤쪽에는 등받이 없는 낡은 벤치가 하나 덩그러니 놓여 있고, 무대 왼쪽과 오른쪽은 가림막으로 등퇴장로를 만들어 놓았다. 종아리까지 내려오는 푸르스름한 치마를 입고, 붉은색 스웨터에 붉은색 목도리를 두른 베로츠카 역할의 수정은 가림막 근처에서 왔다 갔다 하고 있다.

"준비되면 시작하겠습니다."

수정은 가림막 뒤를 보면서 외친다.

"네, 준비되면 시작하세요!"

교육자가 활기차게 화답한다. 베로츠카 역의 수정은 옷매무새를 만진다. 그리고 목도리를 풀어 다시 매고 나서 막 뒤로 고개를 쭉 빼고 쳐다본다. 그녀는 누구를 기다리는 듯하다. 이제 그녀는 벤치로 가서 살포시 앉는다. 귀뚜라미 소리가 은은하게 들린다. 수정은 잠시 무언가 생각하다가 고개를 흔든다. 그녀는 고개를 위로 들고서 무언가를 쳐다보더니 엷은 미소를 짓고 있다.

이때 낡은 회색 망토차림에 챙 넓은 모자를 쓰고 오그네프 역의 기주가 등장한다. 그는 그녀를 향해 소리 지르려다 멈추고서 그냥 바라보며 서 있다. 그의 얼굴에는 미소가 번진다. 오그네프는 한 손에 커다란 책과 노트 꾸러미를 들고 있으며, 다른 손에는 거칠게 생긴 나무지팡이를 들고 있다. 그는 여전히 밤하늘을 쳐다보고 있는 베로츠카를 바라보며 말없이 서 있다. 이윽고 그가 그녀를 큰 소리로 부른다.

"베라 가브릴로브나!"

베로츠카 역의 수정은 소리에 놀라 자리에서 벌떡 일어선다. 오그네프 역의 기주는 그녀에게 다가가더니 책과 노트 꾸러미를 바닥에 내려놓는다.

"찾고 또 찾았어요. 인사하려고요. . . 안녕히 계세요, 난 떠나요!"

그가 오른 손을 쏙 내밀자 그녀는 잠시 머뭇거리다가 그의 손을 잡고서는 천천히 입을 뗀다.

"벌써요? 아직 열한 시밖에 되지 않았는데요."

오그네프는 즉각 고개를 가로저으며 대답한다.

"아니에요, 가야 합니다! 5베르스타나 가야하고, 아직 짐도 더 챙겨야 됩니다. 더욱이 내일은 일찍 일어나야 하니까요."

베로츠카는 묵묵히 그의 말을 들으며 서 있다. 그들 간에 잠깐 동안 어색한 침묵이 흐른다. 수정이 벤치에 앉자 기주는 무대 앞으로 걸어 나와 밤하늘을 쳐다보고서는 얼굴에 미소를 담는다. 베로츠카 역의 수정은 벤치에 앉아 그의 뒷모습을 쳐다보고 있다. 갑자기 오그네프가 베로츠카 쪽으로 다가오더니 벤치에 앉는다. 그는 그녀를 바라보며 나지막이 입을 연다.

"이제 진짜 가봐야 합니다. 모든 걸 감사드려요. 어머니에게 보내는 편지마다 당신에 관해 썼었죠. 모든 사람들이 당신 아버지와 같다면 이곳은 지상이 아니라 천국일 겁니다. 당신 집안사람들은 모두 훌륭해요! 소박하고 인정 많고, 진실된 분들이죠."

그의 말을 묵묵히 듣고 있던 베로츠카가 천천히 말문을 연다.

"이제 어디로 가세요, 이반 알렉세이치?"

오그네프는 즉시 답한다.

"오룔에 계시는 어머니에게요. 2주 정도 어머니와 함께 있을 겁니다. 그 이후에는 페테르로 일하러 가야죠."

그녀는 그의 말이 끝나기가 무섭게 "그 다음에는요?"라고 되묻는다. 그는 잠시 생각한다. 그리고 천천히 낮은 목소리로 대답한다.

"겨울엔 내내 일을 할 테고, 봄에는 어딘가 지방으로 다시 자료를 수집하러 가겠죠."

그들 간에 다시 어색한 침묵이 흐른다. 이윽고 그가 결심한 듯 벌떡 일어선다. 베로츠카는 고개를 숙이고 있다. 오그네프가 그녀에게 아쉬운 듯 말한다.

"그럼 행복하세요. 더는 못 만나겠죠."

그는 몸을 숙여 그녀의 손에 키스한다. 그리고는 옷매무새를 고치고 책 꾸러미를 들더니 가기 위해 돌아선다. 저만치 가는 그의 뒤를 향해 베로츠카는 고개를 숙인 채 큰소리로 외친다.

"이곳에, 잊으신 건 없으세요?"

그는 뒤돌아서며 중얼거리듯 대답한다.

"아마도, 없는 것 같은데요."

그가 무언가를 찾는 듯 두리번거리자 그녀는 벌떡 일어선다. 그녀는 여전히 고개를 숙인 채 전보다 더 큰소리로 외친다.

"앉아요. 떠나기 전에, 작별 인사를 할 때, 보통 모두가 앉잖아요."

베로츠카의 이 말에 오그네프는 얼어붙은 듯 서 있다. 잠시 후 그는 천천히 그녀 쪽으로 다가온다. 그리고 책 꾸러미를 발밑에 내려놓고 천천히 벤치에 앉는다. 오그네프 역의 기주는 손을 무릎에 살며시 포개 놓는다.

"여기까지 준비했습니다."

기주는 그의 손을 자연스럽게 내려놓으며 교육자에게 시연이 끝났음을 알린다.

"수고했어요!"

학생들의 눈은 교육자를 향해 있고, 수정과 기주 또한 교육자의 평가에 주의를 기울인다. 교육자가 노트를 바라보더니 그들을 향해 질문한다.

"장면을 총 몇 단락으로 나누었죠?"

"총 5단락으로 나누었습니다. 그리고 1단락은 다시 3개의 단위로 나누었고, 오늘 1단락 중 저희들이 보여준 것은 2단위까지만 해결해서 보여줬습니다."

기주가 또박또박 답변하자 교육자는 고개를 가볍게 끄덕이며 수정에게 시선을 돌린다.

"베로츠카의 전 상황과 목표에 대해 우리에게 간단히 말해주세요."

"오그네프가 지금 떠난다는 것을 알고 늦은 밤 길목에서 그를 기다리는 것이 저의 전 상황이에요. 그가 이제 어디로 가는지 저는 듣고 싶고, 그리고 난 후에 그에게 저의 심정을 고백하는 것이 저의 목표이고요."

수정의 차분한 답변에 교육자는 고개를 끄덕이며 동의하는 듯하다.

"오그네프의 전 상황과 목표는요?"

교육자가 기주에게 시선을 옮긴다.

"작별인사를 하려고 베로츠카를 찾아 돌아다녔는데 그녀를 찾지 못했습니다. 그래서 그녀의 부모님과 작별인사만 나누고 짐을 챙겨 집으로 돌아가는 것이 저의 전 상황이었고, 그리고 이 자리에서 베로츠카를 우연히 만나 떠남에 대한 아쉬움과 그동안의 고마움 등을 그녀에게 전달하는 것이 저의 목표입니다."

기주 또한 교육자의 질문에 차분하게 대답한다. 교육자가 고개를 끄덕이더니 학생들을 향해 천천히 입을 연다.

"오케이! 우선 그들의 시연에서 발생한 침묵에 대해 먼저 이야기해볼까요? 기주와 수정의 시연에서 '말없음'은 그들의 목표가 다름을 암시하는 공기 atmopsphere이며, 그것은 곧 어떤 더 큰 충돌을 예상케 해주고 있습니다. 즉 오그네프의 말이나 행동에 대한 베로츠카의 침묵은 자신의 목표를 아직 끄집어내지 않고 숨기고 있음을 반증하고 있으며, 거기에 대한 오그네프의 어색한 침묵은 자신의 목표를 손쉽게 달성하지 못했음을 입증하고 있는 것이라고 할 수 있겠죠. 이때 그들 간의 속은 활발히 움직이고 있어서 보는 우리들로 하여금 그 다음 그들의 행동이 무엇일지 주의를 가지기에 충분하고요."

학생들은 고개를 연신 끄덕거리며 교육자의 설명에 주의를 기울이고 있다. 그는 잠시 말을 끊고 뭔가 생각하는 듯하더니 이내 다시 말을 이어간다.

". . . 그들의 시연에서 특히 흥미로웠던 것은, 행동계획이 파트너에게 영향을 정확히 주어야 할 때 명확하게 분절하여 제대로 자극을 주고 있다는 사실입니다. 즉 오그네프의 책 꾸러미를 챙기고 나가는 행동, 베로츠카에게 돌아서서 그녀에게 다가가는 행동과 이후의 건네는 말, 그리고 베로츠카가 떠나는 오그네프를 보고 자리에서 벌떡 일어나서 소리를 외치는 행동 등이 그것이었습니다.

아울러 그들의 언어도 상대방에게 명확히 영향체로 작동하고 있다는 측면에서 말이 행동화되고 있다고 평가됩니다. 즉 그들의 말은 상대방의 행동으로부터 영향을 받아 다시 파트너에게 말로써 영향을 주고 있다는 것이죠. 파트너 또한 상대배우의 말을 정확히 듣고 어떤 행동을 발생시키고 있어요. 그렇다면 이것 또한 상대배우의 말이 자신으로 하여금 겉행동이든 속행동이든 말행동이든 행동을 유발하고 있음을 증명하고 있고요.

이처럼 그들의 행동계획은 '지금, 이곳에서' 명확하게 상대방에게 살아 있는 자극체로 진행되고 있었습니다. 한마디로 말해서, 그들의 교류는 '지금, 여기에서' 대상을 정확히 다루어내고 있다는 것이죠. 이러한 연유로 나는 그들의 시연이 매우 흥미로웠고 재미있는 시연이었다고 말하고 싶습니다."

수정과 기주는 살짝 상기된 표정을 짓고 있다. 교육자가 다시 말문을 연다.

"그리고. . . 베로츠카의 두 번에 걸친 '고개를 숙이고서 말하다'는 그들의 시연 중 단연코 흥미로운 수정의 행동 찾기였으며, 아울러 그 두 번의 실행은 목표의 상승으로 인해 말의 템포와 리듬이 목표의 크기에 매우 적합한 말행동이었다고 평가하고 싶어요."

수정은 배시시 미소를 머금고 있다. 교육자가 기주와 수정을 똑바로 바라보며 또박또박 말한다.

"다음 시간에 두 사람은 해결되는 부분까지, 그것이 5단락까지라면 몽땅 보여줘 보세요."

"장면을 끝까지 다 준비해서 보여주는 말씀입니까?"

기주와 수정이 눈을 동그랗게 뜨며 거의 동시에 질문하자 교육자는 고개를 크게 끄덕거린다. 그들은 서로 쳐다보고 나더니 큰소리로 소리친다.

"네!"

교육자가 빙그레 웃으며 다른 학생들에게 고개를 돌린다.

"자, 다음 팀의 무대전환을 위해 10분간 휴식할까요?"

교육자가 자리를 뜨자 수정과 기주는 텍스트를 들고 그를 뒤따라 나간다.

8

무대 중앙에는 나무로 만든 작은 사각 탁자와 낡은 등받이 의자가 놓여 있다. 탁자 위에는 서류들이 가지런히 놓여 있고 그 옆에 주전자, 컵이 작은 쟁반에 담겨 있다. 중앙 뒤쪽으로 출입구가 보이고, 양쪽 옆으로 번호가 크게 찍힌 박스 상자들이 높다랗게 쌓여 있다. 양쪽 상자 앞에 자앙과 기임의 침대로 보이는 접이식 침대가 나란히 놓여 있다. 달링 역의 소희는 술에 잔뜩 취해 꼬꾸라져 있는 기임 역의 승욱 발밑에 서 있다.

교육자가 들어와 자리에 앉자 짧은 치마와 풀어 헤친 블라우스를 배꼽 근처에서 질끈 맨 차림의 달링 역의 소희가 혀 꼬인 소리로 외친다.

"시작하겠습니다."

동료들이 소리 내어 웃는다. 자앙 역의 무신은 자신의 침대에 앉아 빨래를 개고 있다.

"준비되면 시작하세요!"

교육자도 웃으며 화답한다. 잠시 호흡을 고른 뒤 달링 역의 소희는 상체를 흔들거리며 꼬꾸라져 있는 기임의 신발과 양말을 벗기고는 담요로 기임을 덮어 준다. 그녀는 자신의 할 일을 다 하고 침대에 앉아 다리를 쭉 뻗는다. 그리고 자앙을 쳐다보며 한마디 툭 내뱉는다.

"무슨 남자가 그래요?"

달링의 목소리는 여전히 혀가 꼬인 목소리다. 자앙은 하던 일을 멈추고 그녀를 쳐다보며 되묻는다.

"네?"

"술 몇 병 마시고는 이 사람 정신이 나가버렸어요!"

그녀는 재빨리 답하고 자앙 쪽으로 성큼성큼 걸어간다. 그러더니 그에게 손을 쭉 뻗는다.

"나, 미스 달링이에요. 미, 스, 달, 링!"

달링은 또박또박 말하려고 한다. 자앙은 엉거주춤 일어서며 그녀의 손을 조심스럽게 잡는다.

"아, 그러세요. . . 말씀은 들었죠."

그의 목소리는 기어들어가는 듯하다. 그리고 황급히 자리를 뜬다. 달링 역의 소희가 씩 웃으며 자앙의 침대에 털썩 주저앉는다. 그녀는 다리를 꼬며 큰소리로 외친다.

"미스 달링이 무슨 뜻인지 아세요?"

무신이 뒤돌아선다.

"사랑스런 여자다, 그런 뜻이에요!"

그녀는 무릎에 팔꿈치를 괴고 다리를 까딱 거리며 자앙을 빤히 쳐다보고 있다. 그러더니 갑자기 침대에 홀러덩 드러눕는다. 자앙은 기임 쪽으로 급히 이동한다. 그녀는 누워서 소리친다.

"찬 물 한 잔 주시겠어요?"

자앙은 잠시 멈춰 서더니 이내 탁자로 가서 주전자를 집어 든다. 이제 달링은 콧노래를 부르기 시작한다.

"여기 있습니다."

자앙은 누워있는 달링을 쳐다보지 못하며 물 잔을 내민다. 여전히 기어들어가는 듯한 목소리다. 그녀는 벌떡 일어나 앉으며 물 잔을 받아 벌컥벌컥 마신다. 자앙은 탁자 앞에 서서 서류를 뒤적이며 중얼거린다.

"오늘은 술집 대신 음식점으로 가라고 했는데. . ."

달링은 자앙의 말을 재빨리 가로챈다.

"그게 어디 사람 마음대로 되나요. 저 남자는요, 창고 속에서 사는 건 싫증이 났대요. 하루 종일 상자 따위나 들여오고 내보내자니 지겨워 죽겠다면서."

그녀의 목소리는 느리고 허물거리는 듯하지만 꽤 또박또박하다. 달링은 갑자기 말을 끊고서는 자앙 쪽으로 천천히 다가간다.

"하지만 당신은 그렇지 않다면서요? 언제나 성실하고 정확해서, 단 하나의 상자도 틀리지 않는다죠?"

달링은 서류를 들고 있는 자앙의 뒤에서 나지막하면서도 유혹하듯 속삭인다. 무신이 급히 상자 쪽으로 자리를 옮기자 달링은 자앙을 추격하듯 재빠르게 움직여 그의 앞에 선다. 그녀의 눈은 자앙을 뚫어져라 보고 있다. 그리고는 손을 쭉 뻗으며 스타카토 식으로 말한다.

"나, 미스 달링이에요. 미, 스, 달, 링!"

무신은 급히 돌아서서 상자더미가 쌓여 있는 곳으로 빠르게 걸어간다.

"아참, 말했었나?"

그녀는 미소를 짓고 나서 팔을 뒷짐 지고서는 중얼거린다. 자앙은 그녀를 보지 않고서 서류를 가지러 탁자 쪽으로 발걸음을 옮긴다. 그러더니 여전히 그녀를 보지 않은 채 중얼댄다.

"이 늦은 밤에. . . 데려다 드릴까요?"

달링은 다시 재빨리 자앙 앞으로 다가온다. 그리고는 활기찬 목소리로 되묻는다.

"우리 집이 어딘지 아세요?"

"아뇨, 하지만 가르쳐주시면. . ."

자앙은 서류를 들고 상자 쪽으로 가며 대답을 흐린다.

"걱정 마세요. 조금 있으면 술이 깰 거예요."

달링역의 소희가 비틀거리며 의자를 잡으려 하자, 자앙 역의 무신은 서류를 재빨리 사각 탁자위에 놓고서 의자를 잡는다.

"그럼 잠깐 앉으시죠."

그의 말투는 친절하다. 그녀가 그를 빤히 쳐다보며 엷은 미소를 띤다. 자앙은 고개를 떨어뜨린다. 달링은 살짝 소리 내어 웃으며 의자에 털썩 앉는다.

"고마워요."

그녀는 의자에 앉아 창고 안을 휘익 둘러본다. 자앙은 달링으로부터 두어 걸음 뒤로 물러선다. 그리고 낮은 소리로 말한다.

"전등을 켤까요? 전등을 켜면 환해집니다."

달링은 고개를 세차게 흔든다.

"물 한 잔 더 주시겠어요?"

그녀는 물 잔을 어깨 높이로 들더니 흔들어댄다. 자앙이 물 잔을 잡기 위해 그녀에게 다가오다가 달링의 풀어 헤쳐진 상의 때문에 고개를 돌려 물 잔을 잡으려한다. 그러자 달링은 물 잔을 자신의 가슴으로 천천히 끌어당긴다. 자앙이 물 잔을 잡기 위해 달링을 쳐다보다가 이내 고개를 돌린다. 달링은 물 잔을 탁자 위에 놓으며 빠른 동작으로 탁자 위에 걸터앉는다. 그리고는 천천히 다리를 꼰다. 자앙은 놀라며 두어 걸음 물러선다. 달링은 자앙을 빤히 쳐다보며 자신의 허벅지를 손바닥으로 천천히 쓸어 올린다. 자앙은 잠시 주시하는 듯하다가 이내 침대 쪽으로 홱 돌아선다.

"여기까지 준비했습니다."

소희는 쑥스러운 듯 재빨리 의자에 앉더니 머리카락을 연방 쓸어 넘기며 시연이 끝났음을 알린다.

"수고했어요!"

교육자의 말에 무신도 소희 옆 의자에 앉는다.

"승욱은 자나요?"

교육자가 기임의 침대 쪽을 바라본다. 기임 역을 도와준 승욱은 간이침대에서 벌떡 일어나 머리를 벅벅 긁으며 침대 밖으로 나온다. 학생들이 큰소리로 웃어댄다. 교육자도 빙그레 웃으며 무신과 소희 쪽으로 시선을 돌린다.

"여러분이 선택한 장면은 총 몇 단락인가요?"

"총 2단락이고, 1단락을 다시 3단위로 나누었습니다. 저희들이 오늘 시연한 것은 1단락이었습니다."

무신이 먼저 교육자의 질문에 또박또박 답한다.

"자앙의 일대기에 대해 간단하게 말해줄 수 있을까? 무신!"

교육자가 그에게 질문을 던지자 무신은 잠시 생각하는 듯하다가 천천히 말문을 연다.

"음. . . 저는 어릴 때 고아원에서 자랐고, 청년이 되어서는 고아원에서 독립해 안 해본 일이 없습니다. 그러다가 우연히 알게 된 트럭운전수 중 맘씨 좋은 아저씨를 만나 지금의 창고에서 일하게 되었는데, 그 아저씨가 다른 창고로 옮기는 바람에 이곳을 맡게 되어 근 20여 년 동안 여기에서 일하고 있습니다."

무신의 답변에 교육자와 학생들은 고개를 연방 끄덕거리고 있다.

"달링의 역사는요?"

교육자가 소희에게 방향을 틀어 질문한다. 소희는 아직까지 쑥스러운 듯 머리카락을 연신 쓰다듬고 있다. 이윽고 그녀는 호흡을 고르더니 입을 연다.

". . . 저는 뜨내기 트럭운전수인 아버지를 따라 어릴 적부터 이곳저곳을 돌아다니며 생활했어요. 그래서 중학교를 중퇴하고 안 해본 일이 없을 정도로 여러 가지 일을 했습니다. 지금의 다방에서는 3년 전부터 다방아가씨로 일하고 있으며, 커피나 차를 배달하다가 가끔씩 돈이 되는 손님을 만나면 연애도 하고요."

소희의 답변에 동료들은 고개를 끄덕거린다. 교육자가 그들의 답변을 듣고 난 후에 입을 뗀다.

"인물 형상화 작업은 지난 번 1인 에튜드를 보여줬을 때보다 한층 공고히 구축되고 있는 것 같습니다."

그러고 나서 교육자는 학생들을 향해 시선을 옮기더니 이내 말을 이어간다.

"일전에 소희는 달링이라는 다방아가씨를 창조하기 위해 서울 근교 다방을 돌아다니며 관찰했었다고 했죠? 그때 소희는 어느 다방아가씨를 관찰하고서는 달링이라는 인물을 창조하는데 도움을 받았다고 했습니다. 소희는 아마 그 아가씨의 행동거지, 말투, 습관적인 동작, 그녀만의 행동리듬 등을 관찰했을 겁니다."

교육자가 다시 시선을 소희에게 옮기며 질문을 던진다.

"자네가 관찰한 다방아가씨의 신체적 센터center는 어느 부위였다고 생각하지?"

". . ."

소희는 잠시 생각에 빠져 있다. 이윽고 그녀는 입을 연다.

"눈과 가슴. . . 그리고 힙이었던 것 같아요."

"그 중에서 달링에게 있어서 가장 중요한 신체부위가 있다면?"

". . ."

소희는 다시 생각에 잠기는 듯하더니 이내 답변한다.

"가슴인 것 같아요."

교육자가 고개를 끄덕인다. 학생들은 그들의 대화에 주의를 기울이고 있다. 교육자의 눈길이 학생들에게로 향한다.

"어떤 모델을 관찰 대상으로 정하고 난 뒤 자신의 몸에 갖다 붙일 때 신체적 센터를 찾는 것은 매우 중요합니다. 일례로, 지식인들의 신체적 센터는 대체로 머리라고 할 수 있어요. 그래서 머리를 중심으로 신체가 움직이고 있는 걸 볼 수 있죠. 운동선수들 중 역도선수는 대부분 가슴에 그들의 신체적 센터가 있습니다. 그래서 그들은 평소에도 가슴을 앞으로 내밀고 있죠. 또한 몸매에 자신이 있는 여자들은 일반적으로 가슴이나, 힙, 다리에 그들의 센터가 자리 잡고 있어요. 해서 그녀들은 유달리 이러한 신체기관들을 앞장세우고 행동하죠. 이 말은 신체적 센터에 의해 행동의 형태와 템포-리듬이 형성되고 있음을 의미합니다.

그리하여 그들의 신체적 센터로 말미암아 어떤 성향의 인물인지 우리에게 여실히 드러나기 마련이죠. 이해되나요?"

"네!"

학생들은 고개를 끄덕이며 큰소리로 동의의 뜻을 전한다. 정하와 승욱은 노트에 뭔가 빠르게 긁적이고 있다. 교육자가 소희에게 다시 고개를 돌린다.

"소희는 이런 점을 고려하여 다방아가씨인 달링의 신체적 센터를 찾아 행동의 템포와 리듬을 모색해보세요. 오케이?"

소희는 대답대신 고개를 끄덕인다.

"창고지기인 무신 또한 마찬가지고요!"

교육자가 무신에게도 과제를 제시하고서는 학생들에게 시선을 돌리더니 자신의 말을 계속 이어간다.

"무신과 소희의 시연에서 무엇보다도 흥미로우면서 성과라고 말할 수 있는 것은, 바로 둘 간의 명확한 교류였습니다. 이 말은 주고받기 과정이 상대배우로부터 출발하여 매우 명확하게 보고 들어 자신의 행동으로 실행되고 있었고, 그러고 난 후에 다시 파트너에게 영향을 올바르게 주고 있다는 의미입니다. 그래서 오늘 시연한 무신과 소희의 1단락은 제법 인물 형상화를 소유한 채 교류 작업으로써의 전형을 보는 듯하다고 평가할 수 있습니다. 그것은 곧 '자신의 행동은 파트너의 행동으로부터 출발한다.'라는 원칙을 선명하게 보여주고 있었습니다. 동의하나요?"

"네!"

학생들의 큰소리에 교육자는 고개를 끄덕이고서 다시 자신의 말을 잇는다.

"또한 그들의 시연에서 자신의 말 또한 상대배우의 분위기, 몸짓, 말 등으로 말미암아 생성되고 있어서 결국 정확한 자신의 말행동으로 작동하고 있는 것 같습니다.

아울러 그들의 시연에서 내가 말하고 싶은 것은, 무대에서의 포지션, 이동선, 자세, 태도 등도 연출이라는 특별한 역할이나 기능이 없음에도 불구하고 배우인 그들에 의해 자연스럽게 찾아진 것들이었다는 사실입니다. 예를 들어, 달링이 자앙에게 다가가는 것은 그로 하여금 이 자리를 뜨게끔 만들고 싶지만, 달링의 전면에서의 가로막음이 자앙에게는 이러지도 저러지도 못하는 행동을 만들고 있었죠. 또한 이것은 달링에게는 분명하고도 구체적인 목표가 있는 것이어서 자앙의 면전에 서게끔 만들고 있었다는 것입니다. 이러한 서로 다른 목표의 충돌은 우리로 하여금 주의를 지속적으로 갖도록 만들고 있었고요. 따라서 그들의 이러한 목표의 크기와 충돌에 의해 생산된 위치와 이동선 등은 연출가에 의해서가 아니라 배우 자신들에 의해 자연스럽게 획득되었다고 나는 말하고 있는 것입니다.

그런 의미에서 오늘 이들의 시연은 그것을 여실히 증명하고 있었다고 할 수 있습니다."

학생들은 고개를 끄덕이며 교육자에게 동의를 표하고 있고, 몇 명의 학생들은 자신들의 노트에 무언가 적고 있다. 교육자가 조금 상기된 소희와 무신을 번갈아 바라본다.

"한 가지만 더 물어보고 다음 팀으로 넘어가 볼까요? 자네들의 행동플랜이 오늘 시연 때와는 어떤 차이점이 있었지?"

"큰 차이는 없었지만, 시연 때 자연스럽게 수정되거나 보완된 부분은 더러 있었던 것 같아요, 저에게는요."

소희가 살짝 웃으며 대답한다.

"예를 들면요?"

교육자의 즉각적인 질문에 소희는 잠시 생각하더니 답변한다.

"예를 들어. . . '하지만 당신은 그렇지 않다면서요?'라고 말하는 부분에서 저희들의 행동계획에 따르면 자앙에게 직접적으로 이 말로 영향을 주기 위해 그의 전면까지 가는 것이었는데, 막상 시연 때는 걸어가면서 이 대사를 했어요. 이때 이미 저와 무신 오빠는 어떤 공기를 주고받고 있다는 것을 감지했던 것 같아요. 그래서 대여섯 걸음을 자앙에게 옮기면서 이미 저한테는 이 말을 할 수 있는 힘이 생겨 대사를 하기 시작했습니다. 이때 제가 분명히 느낀 것은, 저의 이러한 위치에서 터져 나온 말은 자앙에게 자극이 되고 있다는 것이었어요. 그것은 무신 오빠가 저의 이 말로 인해 속행동을 시작했음을 의미하고요."

소희가 야무지게 답변하고서 무신을 쳐다보자 그는 대답대신 고개를 힘차게 소희에게 끄덕인다. 교육자도 고개를 끄덕거리며 빙그레 웃고 있다. 그리고는 말문을 연다.

"나 또한 소희가 무신 쪽으로 걸어갈 때, 이 침묵의 순간에도 눈을 떼지 못할 정도의 주의력을 가졌던 것 같습니다. 무언의 힘, 즉 목표의 크기 말입니다.

오케이! 두 사람 또한 다음 시연 때 장면의 끝까지 보여줄 수 있다면 해보세요! 오늘 수업은 여기까지 할까요?"

교육자가 시계를 쳐다보며 급히 자리에서 일어선다. 학생들은 한동안 실기실에 남아서 파트너끼리 이야기를 나누고 있다.

9

수업이 시작되자, 교육자가 실기실로 들어와서 자리에 앉으면 책상 위에 놓여 있는 수업용 노트에는 다음과 같은 순서가 차례대로 적혀 있다.

1. A. 밀러 〈다리 위에서 바라 본 풍경〉 2단락/총3단락
   . . . 캐더린(주희)/베아트리스(문숙)
2. U. 오닐 〈느릅나무 밑의 욕망〉 2단락/총3단락
   . . . 에비(정하)/에번(승욱)

3. A. 체홉 〈베로츠카〉 3단락/총5단락

　　.　.　.　베로츠카(수정)/오그네프(기주)

무대는 가림막으로 세 면을 막아 외벽의 형태를 갖추고 있고, 중앙 뒤쪽으로 출입구가 있다. 무대 오른쪽에 둥근 테이블과 의자 몇 개가 놓여 있고, 무대 왼쪽엔 스탠드 옷걸이가 세워져 있다.

캐더린 역할의 주희가 울긋불긋한 원피스 차림에 머리를 한쪽으로 묶고 우두커니 서 있다. 베아트리스 역할의 문숙은 발목 근처까지 내려오는 긴치마에 흰 색 블라우스를 입고 테이블에 앉아 손을 이마에 대고 있다.

"준비되면 시작할게요!"

주희가 집중한 채 나지막이 중얼거린다.

"네!"

교육자가 짧게 응답하면, 여전히 베아트리스 역의 문숙은 손을 이마에 대고 있다. 잠시 후 그녀는 조용한 목소리로 입을 뗀다.

"캐이티!"

캐더린 역의 주희는 여전히 멈춰 서 있는 자세로 베아트리스를 바라본다. 베아트리스는 천천히 고개를 들어 캐더린을 쳐다본다. 그리고는 캐더린을 향해 말을 툭 던진다.

"어떻게 할 셈이냐?"

캐더린은 고개를 떨군다. 잠시 후 그녀는 기어들어가는 듯한 목소리로 대답한다.

"모르겠어요."

베아트리스는 즉시 되받아친다.

"모른다고 하지마라. 넌 이제 어린애가 아니야."

베아트리스 역의 문숙은 캐더린 역의 주희를 잠시 바라보다가 다시 조용히 묻는다. 하지만 그녀의 목소리는 단호하다.

"어떻게 할 셈이니?"

캐더린은 천천히 테이블 근처의 의자에 앉는다. 갑자기 그녀는 울먹이며 소리친다.

"아저씨가 제 말을 들으려 하지 않아요."

"도대체 이해할 수가 없구나. 그 사람이 너의 아버지냐?"

베아트리스가 즉각 큰소리로 외친다. 그녀는 벌떡 자리에서 일어나 걷기 시작한다. 그러다가 캐더린을 바라보고서 다시 큰소리로 외친다.

"어떻게 돼 가는 건지 알 수가 없어."

그들 사이에 침묵이 흐른다. 캐더린이 자리를 박차고 일어서더니 흐느끼며 큰소리로 외친다.

"어떻게 할 거냐구요? 아저씨 면전에서 돌아설까요?"

베아트리스는 그녀를 쳐다보고만 있다. 다시 그들 간에 침묵이 흐른다. 잠시 후에 베아트리스는 캐더린 곁으로 다가간다.

"얘야, 넌 결혼하고 싶은 거니, 안하고 싶은 거니?"

베아트리스의 목소리는 아까와는 달리 부드럽다. 캐더린 역의 주희가 베아트리스 역의 문숙을 바라본다. 캐더린의 목소리는 떨린다.

"모르겠어요, 이모. 아저씨가 그렇게 심하게 반대를 하시니까 자신이 없어요."

베아트리스는 캐더린의 말을 듣고서는 천천히 힘없이 자리에 앉는다. 잠시 후 문숙은 교육자에게 고개를 돌린다.

"여기까지 준비했습니다."

"오케이, 수고했어요!"

주희도 문숙 옆에 앉아서 교육자에게 주의를 기울인다. 학생들은 교육자에게 시선을 옮긴다.

"자네들은 장면을 총 몇 단락으로 나누었지? 그리고 간단하게 캐더린의 전 상황에 대해 말해주겠니?"

교육자가 주희를 바라보며 질문한다.

"저희들은 장면을 총 3단락으로 나누었습니다. 저의 전 상황은 로돌포와 타임광장을 거닐며 데이트를 한 후 집으로 돌아오는 길에 집 앞에서 아저씨인 에디를 만났습니다. 그런데 아저씨는 로돌포가 시민권을 얻기 위해 저를 이용하고 있다고 말하며 화를 냈어요. 저는 로돌포가 저를 사랑하고 있다고 항변하고서는 집으로 뛰어 들어왔고요."

주희가 교육자의 질문에 대해 또박또박 답변한다. 교육자가 고개를 끄덕거린다.

"베아트리스의 목표는 무엇이죠?"

교육자가 문숙에게 시선을 옮기며 묻는다.

"캐더린이 이태리에서 온 로돌포와 결혼을 하고 싶은지 알아보는 것입니다. 물론 로돌포가 불법체류자이기에 캐더린을 그와 결혼시키기는 것이 썩 내키지는 않습니다만. 그런데 사실 그건 저에게 있어서 그리 중요한 일이 아닙니다. 왜냐하면 남편 에디와 캐더린의 관계가 단순한 조카와 이모부 이상이라는 걸 느끼고 있기 때문이에요."

문숙이 비교적 차분한 목소리로 답변하자 교육자는 고개를 끄덕인다. 학생들도 고개를 끄덕거리고 있다.

"캐더린 역의 주희는 베아트리스가 지금 말한 사실에 대해 어떻게 생각하나요? 물론 이후의 단락에서 둘 간의 갈등이 좀 더 분명하게 드러나겠지만 말입니다."

교육자가 재빨리 주희를 바라보며 질문을 던진다.

"전 로돌포를 사랑해요. 그리고 어릴 때부터 아저씨는 아버지처럼 저의 든든한 버팀목이었어요. 그런데 이렇게까지 아저씨와 저의 관계를 내모는 이모인 베아트리스가 이해가 되질 않아요."

주희가 단호하게 대답한다. 교육자는 그녀의 답변에 동의하듯 고개를 끄덕거린다.

"오케이! 이러한 사실들이 자네들의 전 상황이고, 이것은 곧 자네들의 목표와 충돌을 예견하게끔 하는 것이겠죠. 방금 보여준 캐더린과 베아트리스의 시연은 별 나무랄 데가 없어 보입니다. 그런데 몇 가지 중요한 점은 이야기하고 넘어가야 할 듯합니다."

교육자가 잠시 생각에 잠긴다. 학생들은 교육자에게 주의를 기울이고 있다. 이윽고 그가 천천히 말문을 연다.

"우선. . . 주희와 문숙의 행동플랜은 몇 군데에서는 아주 잘 준비되어 있어서 '오늘, 지금, 여기에서' 생성되질 못하고 있다는 점입니다. 다시 말하면, 반응과 재반응이 '지금, 여기에서' 이루어지는 것이 아니라, 이미 이것은 그들 간에 약속되어 있어서 'well-made(잘 만들어짐)'의 형태를 띠고 있다는 것입니다. 이것에 대해서는 '2인 에튜드'에서 잠깐 언급한 바 있는데 기억하나요?"

몇 명의 학생들은 눈을 말똥말똥 굴리고 있고, 또 다른 몇 명의 학생들은 고개를 세차게 끄덕거린다.

"오케이, 그들의 시연을 통해 좀 더 구체적으로 이야기해볼까요? 그 첫 번째 증거로, 베아트리스의 '어떻게 할 셈이냐?'라는 말은 캐더린을 쳐다보니 나오는 '답답함', '갑갑함'의 말행동이어야 하며, 이러한 말이 캐더린으로 하여금 고개를 떨구게끔 만드는 힘으로 작용해야 하는데 방금 시연에서는 명확하게 그러질 못하고 있었습니다. 이러한 현상은 시연의 중반부에서도 다시 발생하고 있고요. 그렇다면 이것은 주희와 문숙의 행동플랜에 다름없는 것이라고 할 수 있어요. 결국 상대배우로부터 생성되지 못한 이러한 행동은 무대라는 허구에다 또 다른 거짓을 탄생시킬 가능성이 높죠."

문숙과 주희는 자신들의 노트에 뭔가 빠르게 적어 내려가고 있다. 교육자는 다시 잠시 생각하는 듯하더니 이내 말을 꺼낸다.

"또 하나 얘기해야 할 것은, 그들 간의 대사에서 말의 깊이가 느껴지질 않는다는 것을 지적해야 할 듯합니다. 즉 목에서만 생성되는 앵앵거리는 소리로 일관되고 있다는 것입니다.

말의 깊이는 생각과 비례합니다. 그렇다면 시연에서 주희와 문숙의 대사는 생각의 말이 아니라 단순히 말의 주고받기, 즉 대사의 암기로 이루어져 있다고 할 수 있어요. 만일 인물의 상황을 자신의 상황으로 이해하여 파트너의 말을 자신의 귀를 통해 듣는다면, 자신이 내뱉는 말은 행동의 언어로 작용하여 울림의 소리가 달라질 겁니다.

그런데 대사의 단순한 외움은 목을 통해서만 소리가 생성되어 모기가 앵앵거리는 듯한 소리로 전락해 버리고 맙니다. 발성은 호흡을 통해 이루어지지만 호흡은 생각에 따라 그 깊이가 달라집니다. 발성의 기술적인 문제는 호흡의 운용을 통해 부단히 연습하거나 훈련되어야 하지만, 말의 깊이는 파트너의 말과 행동에 의해 자신의 생각으로 전달되어야만 합니다. 달리 말하면, 대상의 크기와 정도를 '지금, 여기에서' 자신으로서 '듣고 보고' 생각해야만 이것은 가능하다는 말이죠."

몇 명의 학생들은 고개를 끄덕거리고 있고, 또 다른 학생들은 생각에 잠겨 있다. 교육자는 계속해서 자신의 말을 이어간다.

"그럼에도 불구하고. . . 문숙과 주희의 시연에 있어서 침묵의 발생만큼은 목표의 충돌에 의해 탄생한 분위기나 공기를 형성하는 언어로 작동되고 있었다고 평가됩니다. 즉 그들의 시연에서 침묵은 말없는 행동으로 해결되고 있는 듯하다는 겁니다."

문숙과 주희는 연신 고개를 끄덕이며 자신들의 노트에 뭔가 부지런히 적고 있다. 무신과 정태는 눈을 감고 고개를 끄덕거리며 생각에 잠겨 있다. 교육자가 문숙과 주희를 바라보며 말을 건넨다.

"이런 점을 유념하여 문숙과 주희는 다음 단락을 준비해서 보여주길 바랍니다."

그들이 동의의 뜻으로 고개를 끄덕이자, 교육자가 학생들에게 시선을 돌린다.

"2주 후에 첫 번째 장면연극을 공개 발표할 예정입니다. 장면연극의 첫 공개 발표가 끝나면 우리는 바로 두 번째 장면연극을 준비해야만 합니다. 두 번째 장면연극은 A. 체홉의 4대 장막극을 텍스트로 선택할 것이고요. 구체적인 이야기는 첫 번째 장면연극 공개 발표가 끝난 후에 다시 언급하도록 하겠습니다."

교육자가 자리에서 일어나면 문숙과 주희는 오늘 시연한 자신들의 장면에 대해 이야기를 나누기 시작한다. 다른 학생들도 자신의 파트너와 대화를 나눈다.

10

공개 발표 날, 배우과 선후배와 연기, 화술, 움직임, 무용, 연극이론 교육자, 연극/영화 연출과 학생 등으로 학교 극장은 붐빈다. 담임 연기교육자가 공개 발표 프로그램을 손에 들고 무대로 나간다.

"마침내 우리는 오늘 공개 발표에서 희곡의 인물을 만납니다. 이것은 우리의 본격적인 역할 작업을 위한 첫 공개 발표라는 의미이기도 합니다. 이 단계는 희곡 작가에 의해 창조되어진 인물을 배우의 창조 작업으로 바꾸는 일입니다. 이제 우리는 우리의 목적지인 공연에 도달할 즈음에 와 있는 것 같습니다. 텍스트가 희곡이라는 사실이 그것을 증명하고 있습니다.

우리는 전前 단계에서 역할 작업을 위해 인물, 동물, 사물 관찰을 통해 자신의 몸을 바꾸어 행동을 실행했던 '관찰 작업', 이러한 몸의 변형을 토대로 소설이라는 텍스트를 재료로 '인물 형상화 에튜드', 즉 '문학작품 인물 교류 에튜드' 등을 거쳐 왔습니다. 그리고 난 후 오늘 우리의 작업 목표는 희곡이라는 텍스트를 가지고 인물 형상화를 통한 교류로써 인물간의 상호행동 모색과 실행이라고 할 수 있습니다.

오늘 공개 발표가 끝나면 우리는 두 번째 희곡 장면연극을 선택하여 두어 달 후에 두 번째 장면연극 공개 발표를 할 것입니다. 체홉의 장막극이 우리의 두 번째 장면연극을 위한 텍스트가 될 것입니다.

오늘 공개 발표의 차례는 프로그램에 적혀 있는 바와 같습니다.

1. A. 체홉 〈베로츠카〉　　　　　. . . 베로츠카(이수정)/오그네프(손기주)
2. U. 오닐 〈느릅나무 밑의 욕망〉　. . . 에비(이정하)/에번(양승욱)
3. 이강백 〈북어대가리〉　　　　　. . . 자앙(감무신)/달링(이소희)
4. H. 입센 〈인형의 집〉　　　　　. . . 노라(김현정)/헬메르(박정태)
5. A. 밀러 〈다리 위에서 바라본 풍경〉. . . 캐더린(권주희)/베아트리스(윤문숙)

자, 그러면 장면연극 공개 발표를 시작하도록 하겠습니다. 학생들은 준비되었나요?"

"네!"

무대 가림막 뒤에서 학생들은 큰소리로 외친다.

약 90분 정도의 공개 발표를 마치고 난 후 학생들은 소품과 소도구, 의상 등을 일사분란하게 정리하고 있다. 잠시 후에 반대표인 무신이 동료들에게 소리친다.

"대충 정리되었지?"

학생들은 마무리를 하며 일제히 "오케이!"라고 외친다.

"그럼, 선생님 모시러 간다!"

잠시 후에 무신이 먼저 들어오고 교육자가 뒤따라 들어온다. 학생들은 무대 마룻바닥이나 의자에 편하게 앉아 있다. 교육자가 책상에 걸터앉아 학생들을 한

번 휙 둘러보더니 말문을 연다.

"발표 전에도 말했다시피, 여러분은 드디어 희곡이라는 텍스트를 가지고 오늘 공개 발표를 했습니다. 한 사람의 진실 된 배우를 탄생시키기 위한 우리의 작업 단계 중 장면연극은 거의 끝부분에 해당합니다. 우리는 오랜 시간동안 '자신'과 '사람, 동물, 사물'을 거쳐 '(소설)작가가 창조한 인물' 그리고 '(희곡)작가가 탄생시킨 등장인물'을 차례차례 만났습니다.

이제 조만간 우리가 만나야 할 사람이 한 사람 더 있습니다. 그것은 바로 관객입니다. 어쩌면 우리는 관객을 만나기 위해 이처럼 많은 사람들을 만나야 했는지도 모릅니다. 그런데 우리는 차후에 만나야만 하는 관객을 두려워하거나 무시할 필요도 없고 혹은 영합할 필요도 없는 대상으로 만나야 합니다. 아울러 우리는 그들을 가르칠 필요도 없습니다. 우리는 무대에서 우리의 일을 통해 그들을 감화시킬 뿐입니다. 우리의 궁극적 대상인 관객에 대해서는 또 다시 언급할 때가 있을 겁니다. 차치하고, 오늘 공개 발표에 대해 간단한 평가를 해볼까요?"

학생들은 눈동자를 똘망똘망 굴리며 그에게 주의를 기울인다.

"오늘 여러분의 장면연극 첫 번째 공개 발표는 전체적으로 나무랄 데 없이 잘 진행되었다고 생각합니다. 특히 〈베로츠카〉와 〈인형의 집〉은 어떤 멘트도 필요 없을 만큼 아주 좋았습니다. 베로츠카 역의 수정, 오그네프 역의 기주, 노라 역의 현정, 헬메르 역의 정태는 관찰 작업을 통한 신체의 변형에도 매우 훌륭했다고 생각됩니다. 그리하여 베로츠카 역의 수정은 수줍음 많은 시골처녀이면서 당찬 순수함을 가진 여자로 둔갑했고, 오그네프 역의 기주는 고지식한 지식인과 같은 인상을 주기에 충분했습니다. 현정의 노라 또한 순진한 여성에서 자신의 정체성을 찾아가는 신여성으로의 변신을 설득력 있게 탄생시켰고, 정태의 헬메르는 권위적이며 자기합리화를 끊임없이 추구하는 남성을 일관되게 창조하고 있었습니다. 따라서 그들은 인물의 외형과 행동의 템포와 리듬을 잘 포착하여 특별한 인물상을 창조했다고 생각합니다."

수정과 기주, 현정, 정태는 서로에게 엄지손가락을 치켜세우며 기뻐한다. 교육자는 빙그레 웃으며 자신의 말을 계속 이어간다.

"〈북어대가리〉와 〈다리 위에서 바라 본 풍경〉은 후반부에서 사건의 크기만큼 목표가 뚜렷하질 않아 인물간의 충돌이 매우 명확하지 못했다고 생각합니다. 해서 좀 더 정확한 행동 찾기를 했다면 시연은 달라질 수도 있었을 거라고 생각됩니다. 그럼에도 불구하고 인물 형상화는 그들의 관찰과 상상력으로 굳건한 형태로 창조된 듯합니다. 특히 〈북어대가리〉에서 달링과 자앙의 인물 형상은 충분히 믿을 수 있는 근거를 확보하고 있었다고 평가되며, 그리고 소희의 대담하면서도 용감하게 인물로의 몸 변신은 고개를 강하게 끄덕이게 만들었습니다."

몇몇 학생들은 고개를 끄덕이고 있고, 무신과 소희, 주희와 문숙은 자신들의 노트에 뭔가를 적고 있다. 교육자는 잠시 말을 멈추고 프로그램을 슬쩍 보고나더니 이내 다시 평가를 계속한다.

"〈느릅나무 밑의 욕망〉에서 에비 역의 정하는 양자인 에번을 유혹하여 자신의 목표를 이루고자 하는 여성입니다. 그렇다면 그녀의 눈, 걸음걸이, 소리 등은 에번을 명확하게 흔들어 놓을 수 있는 행동 찾기와 실행이어야 함에도 불구하고 오늘 시연에서는 비교적 덜 적극적이었습니다. 만일 그러한 여성으로서 에번에게 영향을 명확하게 주었다면 에번의 행동 또한 분명 달라졌을 거라고 생각됩니다. 예를 들면, 에번 역의 승욱의 소리침은 에비로부터 생성되는 것이어야 했는데, 만일 에비가 보다 명확하고 적극적으로 에번의 상체와 얼굴을 어루만지면서 그에게 귓속말을 정확히 해냈다면, 아마 에번의 소리 지름은 달라졌을 거라고 판단됩니다. 그렇다면 이제 승욱의 소리 지름은 정하로부터 토스toss된 말행동으로써 온전히 그가 해내어야만 하는 몫이겠죠.

에번인 승욱한테 있어서 샤우팅이 적합한 말행동 찾기라면, 과연 승욱은 이것을 시연 때 해결할 수 있는지 사실 나는 무척 궁금했습니다. 지난 수업 시간에도 언급한 것처럼, 오늘 공개 발표에서 그것이 어떻게 해결되는지 나는 보고 싶었던 것입니다. 그렇지만 아쉽게도 공개 발표 때도 그것은 명확하게 해결되지는 못한 듯합니다. 수업 시간에도 언급했던 것처럼, 자신과 파트너가 적합하게 행동을 찾아서 그것을 명확하게 파트너에게 자극과 영향으로 주어야 한다는 것이죠. 그렇지 못하다면 파트너와의 교류는 덜컹거리기 마련입니다. '나는 파트너로부터 존재하며, 파트너는 나로부터 존재한다.'라는 사실을 다시 한 번 명심하길 바랍니다."

승욱과 정하는 고개를 끄덕이며 자신들의 노트에 부지런히 뭔가를 긁적이고 있다. 교육자는 공개 발표에 대한 간단한 평가를 일단락 한 듯한 표정을 지으며 미소를 띠고 있다. 잠시 후에 그는 다시 자신의 말을 이어간다.

"그렇지만 오늘 공개 발표한 여러분의 첫 번째 장면연극에 대해서는 대체로 만족합니다. 그래서 나는 희곡의 인물로서 교류 작업이라는 첫 번째 과정을 비교적 충실히 수행한 여러분에게 '수고했습니다!'라고 말하고 싶습니다. 오케이! . . . 자, 다음 시간의 과제입니다."

학생들이 일제히 여기저기서 볼멘 목소리로 함성을 지른다. 교육자는 빙그레 웃으며 학생들의 고함소리에는 아랑곳하지 않고 자신의 말을 계속 잇는다.

"이제 안톤 체홉으로 넘어가 볼까요? 그런데. . . 두 번째 장면연극 작업에 있어서 텍스트 선택과 참여 배우는 내가 직접 하도록 하겠습니다."

학생들이 웅성거리기 시작한다. 그들은 이내 교육자에게 주의를 기울인다.

"〈갈매기〉는 문숙과 정태, 〈벚꽃동산〉은 주희와 기주, 〈세 자매〉는 수정과 무신, 〈바냐삼촌〉은 소희, 승욱, 현정, 정하가 해보세요!"

학생들이 다시 웅성댄다. 승욱이 재빨리 손을 번쩍 들어 질문한다.

"선생님, 그러면 장면과 등장인물은 저희 스스로 선택하라는 말씀이십니까?"

교육자가 고개를 힘차게 끄덕거리자 학생들은 또 다시 웅성거리기 시작한다. 교육자가 그들의 웅성거림을 깬다.

"다음 시간에 여러분들은 파트너별로 인물과 장면을 선택해서 나와 상의할 수 있도록 해주세요! 오케이?"

학생들은 대답대신 고개를 끄덕거린다. 교육자가 실기실을 나서기도 전에 그들은 재빨리 파트너별로 모여 이야기를 나누기 시작한다.

11

수업이 시작되면 여느 때와 다름없이 정시에 교육자가 실기실로 들어온다. 학생들은 여전히 파트너와 함께 체홉의 장막극에 대해 계속 대화를 나누고 있다. 실기실은 시끌벅적하다.

"문숙과 정태는 〈갈매기〉 중 어느 장면과 어떤 인물을 선택했지?"

교육자가 자리에 앉으며 아직까지 토론에 열중하고 있는 학생들을 향해 소리친다. 학생들은 재빨리 교육자에게 주의를 옮긴다. 문숙과 정태는 교육자 쪽으로 방향을 튼다. 정태가 체홉 희곡집을 들어 보이며 답변한다.

"저희들은 〈갈매기〉를 읽고 몇 개의 장면을 골랐습니다. 그런데 문숙이 하고 싶은 부분과 제가 도전해보고 싶은 장면 중에서 무엇을 해야 할지 아직 합의를 보질 못했습니다. 그래서 만일 선생님께서 선택해주신다면 저희들은 기꺼이 따르기로 결정했습니다."

정태가 문숙을 힐끔 쳐다보자 그녀는 고개를 빠르게 끄덕거린다.

"자네들이 선택한 장면은 어떤 부분이지?"

교육자가 정태와 문숙을 번갈아 바라보며 묻는다.

"첫 번째는 2막의 니나와 뜨리고린 장면이고, 두 번째는 3막 중 트레플레프와 아르까지나 부분입니다. 그리고 세 번째는 역시 3막 중에서 뜨리고린과 아르까지나 장면이고요. 끝으로 4막에서 니나와 트레플레프 장면입니다."

정태가 희곡을 들춰가며 교육자에게 조근조근 답한다. 교육자는 고개를 끄덕이며 잠시 생각에 잠긴다. 다른 학생들은 그들의 대화에 주의를 기울이고 있다. 이윽고 그가 천천히 입을 연다.

"내 생각으론 어느 부분, 어떤 인물을 하든 문숙과 정태에게는 좋은 공부가 되겠지만, 그동안 수업의 성과를 고려해볼 때 문숙의 아르까지나와 정태의 뜨리고린이 좋을 것 같은데? 문숙의 생각은 어떤가요?"

교육자가 문숙을 바라본다. 그녀는 잠시 머뭇거리더니 입을 뗀다.

". . . 처음에 작품을 읽고 든 생각은 지난 번 장면연극 〈다리 위에서 바라본 풍경〉에서 베아트리스를 했기에 처음에는 젊은 처녀 역인 니나에게 관심이 끌렸어요. 그런데 다시 작품을 정독하고 난 후, 아르까지나 역도 무척 매력적이라고 생각되어 해보고 싶다는 생각이 들었습니다. 그 이유는 아르까지나가 연령 면에서는 베아트리스와 비슷해보였지만, 베아트리스와는 완전히 다른 인물이라고 이해했기 때문입니다. 그래서 정태와 의논해보았는데, 정태는 지난 번 장면연극, 〈인형의 집〉에서 헬메르 역을 했기에 이번에는 완전히 다른 역사를 가진 인물인 트레플레프를 해보고 싶다고 했습니다. 몇 차례 이야기를 더 나누었지만 결국 결정을 못했고요. 그래서 선생님께 자문을 구해보자고 결론을 내렸어요."

교육자가 정태에게 시선을 돌린다.

"정태의 생각은?"

"문숙의 말 그대로입니다. . . . 처음에는 이미 사회적 성공과 지위를 확보하고 있는 헬메르나 뜨리고린보다는 작가로서의 성공을 열망하는 젊은 작가인 트레플레프에게 매력을 느꼈습니다. 그렇지만 작품을 두어 번 읽어보고서 아르까지나와 긴밀하게 연관되어 있는 뜨리고린 역할 또한 흥미로웠던 것도 사실입니다."

정태가 자신의 생각을 차분하게 피력하자 교육자는 고개를 끄덕이더니 입을 뗀다.

"오케이, 정태의 말처럼 〈인형의 집〉에서 헬메르는 비록 사회적 성공으로 부를 획득했지만 아내인 노라와의 관계에 있어서 일방적인 남성이자 남편인 반면, 뜨리고린은 아르까지나의 후원과 원조로 소설가로서의 명성과 부를 거머쥔 사람이라는 점에서 헬메르와는 무척 다른 환경을 가지고 있는 인물이라고 할 수 있지. 이러한 인물의 환경만 보더라도 자신에게는 인물에 대한 흥미로움의 출발이 매우 다를 것이라고 생각되는데!"

교육자의 설명에 정태는 고개를 끄덕이며 동의의 뜻을 표한다. 교육자는 계속 말을 이어간다.

"체홉의 〈갈매기〉에서 자네들이 니나와 트레플레프를 하든 아르까지나와 뜨리고린의 역할을 선택하든 이 둘은 모두 좋은 공부거리라고 생각해요. 해서 어떤 인물을 선택하든 자네들이 하고자 하는 의지를 가지고 성실하게 해낸다면 그것이 가장 중요할 것 같은데."

교육자가 미소를 띠며 그들을 번갈아 쳐다본다. 문숙과 정태는 서로 쳐다보더니 고개를 끄덕인다. 그리고는 정태가 교육자에게 말을 건넨다.

"그렇다면 저희들끼리 다시 논의해보고 결정해도 될까요?"

교육자는 동의의 뜻으로 고개를 힘껏 끄덕거린다. 이제 교육자는 주희와 기주에게 시선을 옮긴다. 다른 학생들도 그들에게 주의를 돌린다.

"주희와 기주는 〈벚꽃동산〉에서 어떤 장면과 인물을 선택했나요?"

교육자가 멀찍이 떨어져 있는 그들에게 가까이 오라는 듯한 손짓을 한다. 그들은 교육자 앞으로 다가와 자리 잡는다.

"저희들은 〈벚꽃동산〉 3막 중에서 류보비 안드레예브나 라네프스카야와 표트르 세르게예비치 트로피모프의 장면을 골랐습니다."

주희가 러시아 사람의 긴 이름을 또박또박 발음하자 동료들이 함성을 지른다. 교육자는 미소를 짓고는 잠시 생각에 잠긴다. 이내 그는 그들을 바라보며 시원스런 목소리로 대답한다.

"오케이! 해봅시다! 주희와 기주에게는 분명 좋은 공부가 될 것 같군."

주희와 기주는 마주보며 큰소리로 파이팅을 외친다. 교육자가 수정과 무신에게 고개를 돌리자 그들은 잽싸게 교육자 쪽으로 다가와 앉는다.

"수정과 무신은 〈세 자매〉에서 어떤 부분을 선택했지?"

"저희들은 〈세 자매〉에서 2막의 마샤와 베르쉬닌 장면을 선택했어요."

수정은 책을 뒤적여 펼쳐 보인다. 교육자가 즉각 묻는다.

"모르겠어요, 모르겠어요 라는 마샤 대사 부분부터 말이지?"

"네!"

수정은 환하게 웃으며 고개를 활기차게 끄덕거린다.

"쉽지 않은 인물과 장면을 선택했네! 무신의 생각도 수정과 같니?"

교육자는 무신을 향해 질문을 던진다.

"네, 저도 베르쉬닌이라는 인물과 수정이 말한 장면이 무척 흥미로웠습니다."

무신의 답변을 듣고 난 뒤에 교육자는 잠시 생각하더니 그들을 향해 힘차게 말한다.

"오케이, 그렇다면 수정과 무신은 2막에서 마샤와 베르쉬닌이 산책 후 등장하는 장면부터 해볼까요?"

수정과 무신은 손바닥을 마주친다. 교육자는 〈바냐삼촌〉 팀에게 고개를 돌린다.

"〈바냐삼촌〉은 어떻게 결정했지?"

소희, 승욱, 현정, 정하는 기다렸다는 듯 교육자 쪽으로 몰려든다.

"저희들은 두 팀으로 나누었습니다. 저와 승욱은 3막의 옐레나와 아스트로프 부분, 현정과 정하는 2막의 소냐와 옐레나 장면으로 결정했습니다."

소희가 대표 격으로 간단하게 답변하며 교육자를 신중하게 바라본다. 세 학생도 말똥말똥 눈동자를 굴리며 주의를 기울이고 있다. 교육자가 고개를 끄덕거리더니 그들에게 질문을 던진다.

"음. . . 이전 장면연극에서 소희는 〈북어대가리〉의 달링 역, 승욱은 〈느릅나무 밑의 욕망〉에서 에번 역, 그리고 현정은 〈인형의 집〉에서 노라, 정하는 〈느릅나무 밑의 욕망〉에서 에비를 했지?"

"네!"

네 명은 동시에 고개를 끄덕이며 큰소리로 화답한다. 교육자는 잠시 생각에 잠기는 듯하다가 이내 '오케이! 가봅시다!'라고 활기찬 목소리로 외친다. 그들은 활짝 웃으며 파트너끼리 파이팅을 외치며 손바닥을 부딪친다. 교육자가 빙그레 미소를 짓는다. 잠시 후 그는 학생들에게 고개를 돌린다.

"이제 우리의 두 번째 장면연극, 즉 체홉의 4대 장막극에서 작품과 인물, 그리고 파트너가 결정되었습니다. 첫 번째 장면연극 작업 때처럼 인물의 일대기, 단락나누기, 각 단락마다 목표를 문장화하기, 파트너와 논의하여 행동플랜 작성하기 등을 구체적으로 해보길 바랍니다. 또한 작품을 정독하여 작가와 작품 그리고 인물분석을 위해 참고자료들을 조사하며 공부하기 바랍니다. 하지만 그것은 우리에게는 어디까지나 참고자료일 뿐입니다. 우리는 그것들을 통해 결국 인물 형상화와 인물의 행동을 모색하고 실행해내는 배우여야 하기 때문이죠.

시간이 부족한 관계로 인물의 형상화를 위한 1인 에튜드와 2인 에튜드는 팀마다 각자 연습하도록 하고 다음 시간부터는 바로 단락별로 시연을 보여주는 것으로 할게요. 오케이?"

"네!"

학생들은 큰소리로 화답한다. 교육자가 실기실을 나서자 그들은 파트너끼리 모여 여기저기서 대화를 나누기 시작한다.

12

교육자가 실기실로 들어와 자리에 앉으면 책상 위에 놓여 있는 수업용 노트에는 오늘 발표할 순서가 빼곡히 적혀 있다.

1. 〈바냐삼촌〉 1단락/총3단락 . . . 옐레나(이소희)/아스트로프(양승욱)
2. 〈갈매기〉 1단락/총5단락 . . . 아르까지나(윤문숙)/뜨리고린(박정태)
3. 〈벚꽃동산〉 1단락/총3단락 . . . 라네프스카야(권주희)/트로피모프(손기주)
4. 〈바냐삼촌〉 1단락/총3단락 . . . 소냐(김현정)/옐레나(이정하)
5. 〈세 자매〉 1단락/총3단락 . . . 마샤(이수정)/베르쉬닌(감무신)

무대는 가림막으로 세 면을 막아 외벽으로 만들어 놓았고, 무대 오른쪽으로 등퇴장로가 설치되어 있다. 무대 중앙에는 긴 탁자와 등받이 의자가 몇 개 놓여 있다. 무대 왼편에 둥근 테이블과 의자 두 개, 테이블 위에 주전자, 찻잔이 쟁반 위에 가지런히 위치해 있다. 그리고 왼쪽 벽면에는 타원형의 거울이 걸려 있다. 옐레나로 분한 소희는 목까지 덮인 긴 하얀색의 원피스를 입고 서성이고 있다.

"준비되면 시작하겠습니다."

소희는 집중한 채 중얼거린다.

"오케이, 준비되면 시작하세요!"

교육자는 노트를 바라보며 나지막이 말한다. 옐레나 역의 소희는 잠시 서성이다가 거울 쪽으로 가서 자신의 얼굴을 한참 바라보고 있다. 이윽고 그녀는 다시 서성거린다. 그리고 문 쪽으로 다가간다. 문 밖을 잠시 쳐다보던 그녀는 빠른 걸음으로 다시 거울 쪽으로 다가간다. 그리고는 옷매무새를 고친다. 그때 아스트로프로 분한 승욱이 등장한다. 그는 넥타이를 맨 말쑥한 차림이며 왼손에 그림통을 들고 있다. 승욱은 문가에 서서 그녀를 바라보고 서 있다.

"안녕하세요!"

아스트로프 역의 승욱이 말을 건네자, 옐레나 역의 소희는 깜짝 놀라며 뒤돌아선다. 아스트로프는 그녀에게 미소를 짓고는 빠른 걸음으로 다가가 손을 쑥 내민다.

"제 그림을 보고 싶어 하신다구요?"

옐레나는 아스트로프의 손을 가볍게 잡고 난 뒤 살며시 빼낸다.

"어제 작품을 보여주신다고 약속하셨잖아요. . . 시간 있으세요?"

"오, 물론입니다."

아스트로프는 즉각 대답한다. 그리고는 그림통 속의 도면을 꺼내 탁자 위에 펼치고서 핀으로 고정시키기 시작한다. 승욱이 그녀에게 묻는다.

"고향이 어디세요?"

"뻬쩨르부르그요."

옐레나는 그를 도우며 단답형으로 응답한다.

"그러면 학교는요?"

아스트로프가 재차 묻자, 옐레나는 담담하게 대답한다.

"음악원을 나왔죠."

아스트로프는 하던 일을 멈추고 그녀를 지그시 바라본다.

"그럼, 이것에 흥미를 느끼지 못할 겁니다."

옐레나는 도면을 흥미로운 듯 바라보며 대꾸한다.

"왜요? 사실, 전 시골을 잘 모르지만 많은 걸 읽었어요."

그러자 아스트로프는 미소를 지으며 천천히 입을 연다.

"여기 이 집에는 내 전용 탁자가 있어요. . . 이반 뻬트로비치 방에요. 너무 피곤해 머리가 둔해질 정도가 되면, 모든 것을 내던지고 이리로 달려와, 한 두 시간 이걸로 기분을 풀죠. . . 이반 뻬뜨로비치와 소냐 알렉산드로브나는 주판을

튕기고, 난 그들 옆에 있는 제 탁자에 앉아 서툴게 그림을 그리면 아늑하고 평온해지죠, 귀뚜라미도 울고요. 하지만 이런 즐거움을 자주 누리지는 못하고 한 달에 한 번 정도 그러죠. . . (도면을 가리키며) 자, 여기를 보세요."

승욱은 머리를 긁적이며 시연을 끝낸다.

"여기까지만 준비했습니다."

교육자가 고개를 끄덕이더니 그들을 바라본다.

"수고했어요! 소희와 승욱의 의상은 학교 의상실에서 구했나요?"

"네."

그들이 짧게 대답하자 교육자는 고개를 가볍게 끄덕이고서 재차 질문을 던진다.

"〈바냐삼촌〉을 처음부터 끝까지 정독했나요?"

그들은 '네!'라고 확신에 찬 목소리로 즉각 응답한다.

"오케이, 그렇다면 옐레나와 아스트로프의 관계에 대해 우리에게 간단하게 얘기해주세요."

교육자의 말이 떨어지자마자 학생들의 시선이 소희에게 향한다. 소희가 즉시 입을 연다.

"옐레나는 오래 전부터 아스트로프를 알고 있었습니다. 그리고 그의 행동거지를 면밀히 주시하며 흠모하고 동경하고 있습니다. 그 이유는 그가 다른 러시아 남자와는 다른 세계관을 가지고 있어서인데, 그건 자신의 현재 일을 소중하게 여김과 동시에 미래를 생각하는 사람이기 때문입니다."

교육자가 고개를 끄덕이며 승욱을 바라본다.

"아스트로프는요?"

"저 또한 옐레나를 오래전부터 지켜봐왔고, 그녀의 아름다움에 흠뻑 빠져 있습니다. 그렇지만 일을 하지 않는 그녀를 보고 있으면 혐오스럽기도 합니다."

교육자는 아스트로프 역할인 승욱의 답변에도 고개를 끄덕이더니 다시 소희에게 시선을 돌린다.

"현재까지 이해하고 있는 옐레나의 하루 일과에 대해 간단히 얘기해주세요."

소희는 잠시 머뭇거리다가 대답한다.

". . . 그녀의 하루일과에 대해서는 아직까지 구체적으로 생각해보진 않았습니다만. . . 그녀는 뚜렷하게 하는 일없이 차 마시고, 산책하고, 다른 사람과 이야기 나누고, 식사하고, 책 읽고, 치장하고 등일 것 같아요."

"아스트로프는요?"

교육자가 고개를 끄덕이며 승욱을 향해 묻는다. 승욱도 잠시 생각하다가 입을 연다.

". . . 저 또한 아직 구체적으로 생각해보진 않았습니다만. . . 그렇지만 지금 생각해보면 진료를 하거나, 자신이 심어 놓은 묘목들을 보러 가거나. . . 음. . . 가끔씩 술을 마시거나, 주치의로서 옐레나의 남편인 세레브랴꼬프를 찾아보거나, 그리고. . . 지도를 그리거나 할 것 같습니다."

승욱은 아스트로프의 하루일과를 생각하며 띄엄띄엄 말을 잇는다.

"오케이, 시연의 시작부분에서 옐레나의 전 상황으로 인한 그녀의 해야 할 일들에 대해서는 소희가 보여준 것에 동의합니다. 그런데 아스트로프의 전 상황과 이 공간으로 와야 하는 정당성에 대해서는 다소 의문이 가는데?"

교육자가 승욱을 쳐다본다.

"소냐가 저한테 와서 새 엄마인 옐레나가 전에부터 말해왔던 도면을 보여주었으면 한다고 해서 방문하게 되었는데요."

승욱은 질문에 마치 준비된 답변지를 읽듯 또박또박 대꾸한다. 교육자가 고개를 가로로 흔들며 말한다.

"아니, 그건 피상적인 이유에 불과해요. 자네의 말처럼 아스트로프가 옐레나의 아름다움에 흠뻑 빠져 있다면, 도면은 수단이나 핑계에 지나지 않을 것이며 정작 그에게 중요한 것은 다른 데 있지 않을까요? 그래서 아무도 없는 이곳에 옐레나와 단 둘이 있다면 아스트로프의 목표는 무엇이 될 수 있을까요? 어쩌면 이 여자가 자신을 이리로 부른 진짜 이유가 궁금하지 않을까요?

그렇다면 자네의 첫 대사, '안녕하세요!'는 지금처럼 단순한 인사가 아닐 것이고, 그리고 만일 옐레나가 자신을 여기로 부른 진짜 이유를 알아내는 것이 자네의 목표라면, 자네의 첫 번째 행동계획은 이 여자를 살피는 것으로 자리 잡아야 할 지도 모르죠.

그리고 난 후에 '악수를 청하다.'라는 행동은 옐레나의 '어제 작품을 보여주신다고 약속하셨잖아요. . .'라는 대사 뒤의 '말없음'과 직결되는 어떤 행동으로 작동하여, 소희로 하여금 그냥 '손을 빼다'라는 단순한 움직임으로 수행할 수 없게 만들지도 몰라요. 그렇다면 아스트로프가 자신의 목표를 달성하기 위한 '악수'의 행동을 좀 더 적극적으로 해냈다면, 옐레나의 '손을 빼다'라는 행동은 보다 적합한 무대적 행동으로 변했을 가능성이 있겠죠.

다시 말하면, 자신의 목표를 수행하기 위한 적극적이고 구체적인 행동이 미약했거나 없었기에 상대배우와의 목표가 서로 정확하게 충돌하지 않았다고 할 수 있어요. 그래서 이제 아스트로프의 전략을 위한 전술은 다시 '도면을 보여주다.'로 급선회하게 되는 것일 테고요. 왜냐하면 도면을 보여주고, 설명하는 것이 그녀와의 편리한 의사소통이기 때문이죠."

교육자는 말을 끊고서 잠시 생각에 잠긴다. 소희와 승욱은 자신의 노트에 무언가를 열심히 적고 있다. 다른 학생들 또한 노트에 뭔가 빠르게 적기 시작한다. 이윽고 교육자가 다시 말을 이어간다.

"그리고. . . 아스트로프 역의 승욱은 옐레나인 소희의 '음악원을 졸업했다'라는 말을 처음으로 알게 된 사실인지 그렇지 않은지를 스스로 결정했어야 해요.

만일 이 자리에서 그녀의 뻬쩨르부르그 음악원 졸업 사실을 알았다면, 자네에겐 사건으로써 평가의 시간이 필요함에도 불구하고 그러지 못하고 있어요. 그래서 이후의 '이것에 흥미를 느끼지 못하실 겁니다'라는 대사가 아무런 의미를 갖지 못하는 기호에 다름없는 말이 되어버렸죠. 그렇다면 이 대사는 말행동으로써의 자격상실이라고 할 수 있을 거고요.

그러나 자네가 이 사실을 이미 알고 있었다면 자네의 대사는 또 다른 행동으로써의 말이 되었을 겁니다. 그리고 난 후 엘레나의 대사, '왜요? 사실, 전 시골을 잘 모르지만 많은 걸 읽었어요'라는 대사는 아마 이 대화에서 지기 싫어하는 말이거나 자기 방어일 수도 있을 테고 말입니다."

교육자가 학생들을 향해 시선을 돌린다.

"말이란 이처럼 명확하고도 정확한 순서를 가지고 있습니다. 그것은 곧 대상인 상대배우로부터 생성되는 것이라고 할 수 있어요. 특히 체홉의 인물들에게는 이러한 경로가 무척 중요하게 작동되죠. 왜냐하면 그들은 자신들의 목표를 잘 숨겨 놓아 속행동을 철저히 하기 때문입니다. 그리하여 이러한 형태는 그들의 목표를 드러내는 것이 아니라, 오히려 숨기는 것으로 나타납니다.

누차 말한 것처럼, 자신이 내뱉는 말은 파트너의 모든 것, 즉 말, 행동, 분위기 등을 자신이 이해하지 못하거나 올바로 받아들이지 못한다면, 말은 아직까진 글이라고 밖에 할 수 없죠. 이것 또한 체홉의 인물들에게는 더욱 구체적으로 작동됩니다. 해서 체홉의 말은 난해하고 복잡한 경로를 가지고 있다고 말하죠. 이해되나요?"

학생들은 고개를 세차게 끄덕인다. 교육자는 다시 소희와 승욱 쪽으로 고개를 돌린다.

"자네들의 시연에서 몇 가지만 더 언급하도록 해봅시다. . . 우선 아스트로프의 장문의 대사 중에는 세 번의 '말없음', 즉 '. . .'이 등장하는데, 이것들은 몽땅 행동으로 바꾸어야만 해요. 방금 말했지만, 자신의 행동은 상대배우로부터 탄생하는 것이기에 자네들이 방금 보여준 '. . .'은 지극히 단순한 글자 그대로의 '말 없음'이 되어버렸다고 할 수 있습니다. 즉 구체적인 대상이 없어서 상태에 빠져버린 꼴이 되어버렸어요.

그리고 아스트로프 독백의 시작부터 옐레나는 무엇을 할 수 있을 지를 선택하고 결정하여 행동으로 실행해야 함에도 불구하고 소희는 그저 '듣고'만 있었어요. 그것을 우리는 '재반응reaction의 부재'라고 부르는데, 이것 또한 상태의 연장선이라고 할 수 있죠. 무대는 항상, 끊임없이 행동으로 수행해야 하는 공간이어야 해요. 그렇다면 행동을 찾아 좀 더 적극적으로 교류를 해보도록 하세요!"

승욱과 소희는 다소 상기된 표정을 지으며 깊은 생각에 빠져 있다. 현정은 눈을 껌뻑거리며 하품하기 시작한다. 교육자가 빙그레 웃으며 시계를 쳐다본다.

"오케이, 잠시만 쉬었다가 계속하도록 할까요?"

"네!!"

학생들의 목소리는 우렁차다. 교육자가 실기실을 나서자, 승욱과 소희는 피아노 의자에 앉아 자신들의 시연에 대하여 대화를 나누기 시작한다.

13

교육자가 실기실로 들어와 자리에 앉으면 학생들은 여기저기 흩어져 편한 자세로 아무렇게나 앉아 있다. 책상 위에 놓여 있는 수업용 노트에는 다음과 같은 순서가 쓰여 있다.

1. 〈세 자매〉 2단락/총3단락 . . . 마샤(수정)/베르쉬닌(무신)
2. 〈벚꽃동산〉 2단락/총3단락 . . . 라네프스카야(주희)/트로피모프(기주)
3. 〈갈매기〉 3단락/총5단락 . . . 아르까지나(문숙)/뜨리고린(정태)

4. 〈바냐삼촌〉 1단락/총3단락 . . . 소냐(현정)/옐레나(정하)
5. 〈바냐삼촌〉 3단락/총3단락 . . . 옐레나(소희)/아스트로프(승욱)

현정은 세수를 하고 온 듯한 얼굴이고, 주희와 기주는 필기류를 갖추고 마치 전투태세를 완료한 듯한 자세이다. 다른 학생들 또한 눈을 똘망똘망 굴리고 있다. 교육자가 노트를 한 번 보고서는 학생들을 향해 미소를 띠더니 천천히 말문을 연다.

"지난 시간에 보여준 소희와 승욱의 〈바냐삼촌〉의 시연에 대해 조금 더 이야기해보고 〈세 자매〉를 볼까요?"

교육자가 소희와 승욱에게 눈길을 돌린다.

"자네들이 현재까지 이해하고 있는 옐레나와 아스트로프라는 인물에 대해 간단히 말해주겠니?"

소희가 승욱을 힐끔 쳐다보더니 먼저 입을 뗀다.

"현재까지 저는 옐레나에 대해 이렇게 이해하고 있어요. 그녀는 지주계급의 딸로 태어나 당시 최고의 음악학교인 뻬쩨르부르그 음악원을 졸업하고, 지금은 나이 든 교수인 세레브랴코프와 결혼했습니다. 그녀의 아름다움은 교수의 부인으로 손색이 없었고, 지금은 교수부인으로서 부와 명예를 누리고 있어요. 그런데 결혼생활은 그녀에게 따분하고 무료함을 제공할 뿐입니다. 그녀가 할 수 있는 일은 남편의 건강을 돌보는 일을 제외하곤 기껏해야 피아노를 치거나 책을 보거나 산책을 하는 정도입니다."

소희는 자신의 노트를 들춰가며 답변한다. 교육자는 고개를 끄덕이더니 그녀에게 재차 질문한다.

"그렇다면. . . 옐레나에게 있어서 삶의 목표는 무엇이라고 생각하나요?"

소희는 잠시 생각에 잠긴다. 그녀는 고개를 갸우뚱거리더니 천천히 입을 뗀다.

". . . 음, 그걸 정확히 모르겠어요. 그녀가 무엇을 위해 사는지. . . 그런데 굳이 그녀의 삶의 목표를 꼽으라면 자신의 행복과 가족의 사랑이라고 할 수 있을 것 같습니다만. . ."

소희가 말꼬리를 흐리자 파트너인 승욱이 끼어든다.

"저는. . . 현재까지 아스트로프를 이런 사람으로 이해하고 있습니다. 명문대학교의 의과대학을 졸업하고 자신의 의술이 필요한 곳을 찾아 돌아다니며 환자들을 돌보는 특이한 인물이라고 생각합니다. 동시에 미래의 세계에 대한 동경과 천년 후를 생각하며 산에 한 그루 나무를 심는 기이한 인물이기도 하고요. 또한 그의 미적 기준에 의하면 아름다운 여자에게는 무조건 끌리는 별난 사람이라고 이해하고 있습니다."

승욱은 자신이 현재까지 이해하고 있는 아스트로프에 대한 생각을 차근차근 늘어놓는다. 교육자는 그들의 답변을 다 듣고서 잠시 생각하더니 말문을 연다.

". . . 체홉의 등장인물들은 노동이라는 측면에서 보자면 크게 두 부류로 나눌 수 있어요. 하나는 생산적인 일을 하는 사람이고, 또 다른 하나는 비생산적인 일을 하는 사람이죠. 그래서 체홉의 인물들은 생산적인 일을 하든 비생산적인 일을 하든 '노동'이라는 단어로부터 자유롭지 못한 사람들이라고 할 수 있습니다. 일례로 바냐나 아스트로프의 관점에서 보자면 옐레나의 비생산적인 일도 그렇고, 또한 대단원에서 바냐의 끝 대사, '일을 해야지, 일을!'이라는 말도 그것을 여실히 증명하고 있습니다. 이러한 노동에 대한 체홉의 인물들의 대사는 그의 장막극에서 키워드로 자리 잡고 있어요. 그렇다면 당연히 아스트로프에게 있어서 옐레나는 아름다움 그 자체이지만, 일을 하지 않고 빈둥빈둥 거리기에 혐오의 대상이기도 하겠죠. 이러한 연유로 일, 즉 노동이라는 단어는 인물들의 세계관을 형성하고 있는 중요한 단서라고 할 수 있을 겁니다."

교육자는 잠시 말을 끊더니 다시 자신의 말을 이어간다.

". . . 이것은 사회주의 국가에서 인간생활의 최고의 미덕은 '노동'임을 의미한다고 할 수 있습니다. 그들은 노동이야말로 인간을 인간답게 하는 것이며, 인간의 가치는 노동을 통해 발휘된다고 보는 것이죠. 즉 인간은 일을 하기 위해 태어났다고 할 수 있습니다. 그들의 관점에서 보자면 말입니다. 그런 의미에서 보자면, 옐레나는 분명 바냐와 아스트로프에게 있어서 혐오스러운 존재임에 틀림없습니다. 그러나 아스트로프의 '아름다움은 어쩔 수가 없어!'라는 말은 일을 하지 않는 그녀이지만 너무나도 아름답기에 자신의 육체가 끌리는 아이러니한 관계로써의 여자이기도 합니다.

이처럼 그들의 관점에서 보면 옐레나의 일은 생산을 위한 노동이 아니라 자신을 위한 소일거리에 불과할 겁니다. 즉 비생산적인 일인 것이죠. 그런데 어쩌면 그녀는 일을 안 하는 것이 아니라 못하는 것일 수도 있어요. 달리 말하면, 몰라서 못하는 경우일 수도 있다는 거죠. 아무튼 그녀는 생산적이지 않고, 소모적인 일만 하는 여성입니다. 아마 우리 주변에서도 그러한 여성은 어렵지 않게 찾아 볼 수 있을 겁니다. 그리하여 그녀에게 있어서 매사에 적극적이고, 생산적이고, 전 인류애적인 일을 하고 있는 아스트로프는 당연히 동경과 호기심의 대상일 것입니다. 왜냐하면 그녀 주위의 남자들은 일은 하지만 지저분하고, 고리타분하며, 아울러 그녀의 관점에서 본다면 매력적인 일이 아니기 때문에 더욱 그러합니다.

한편 늙은 교수이자 그녀의 남편인 세랴브랴코프에게는 이러한 옐레나가 무척 부담이며 불안한 존재일 수밖에 없을 겁니다. 왜냐하면 젊은 옐레나의 아름다움 때문이죠."

교육자는 말을 끊고서 승욱을 한번 바라보더니 말을 계속 잇는다.

"그리고. . . 승욱이 언급한 것처럼 아스트로프는 기인과 같은 인물임에 틀림없습니다. 그것은 텍스트 곳곳에서 드러나는데, 예를 들면 의사로서의 풍족한 삶을 내팽겨 치고 시골 마을에서 환자를 돌보는 것, 천년 후를 내다보며 산에 묘목을 심거나 시대별로 마을의 지도에다 동물이나 식물, 숲의 분포도를 그리는 것, 아프리카를 동경하는 것, 사물과 인간의 본질을 보려고 하는 것 등이 그러합니다. 하지만 그는 행동하지 못하는 '잉여인간'이기도 하죠. 이것은 당시 러시아 문학작품에서 공통적으로 등장하는 동시대 지식인의 전형이라고 할 수 있는데, 즉 이상과 현실이라는 샌드위치 속의 잼 같은 인물 말입니다.

그렇다면 이러한 사고와 형상을 가지고 있는 두 사람이라면 우리에겐 분명 흥미로운 관계가 아닐까요? 옐레나에게 있어서 아스트로프는 항상 주의와 관심의 대상이며, 아스트로프에게 있어서 옐레나 또한 마찬가지입니다. 질적인 차이는 있지만 말입니다. 해서 이러한 관계라면 그 둘의 만남은 분명 어떤 전류의 흐름, 오묘한 공기나 분위기 등이 드러날 것이 틀림없을 겁니다. 따라서 이 둘의 관계에서 발생하는 속행동에 따른 분위기와 공기를 형성하는 것이 우선되어야 한다는 것이죠. 내 말에 따라 오고 있나요?"

학생들은 교육자의 설명에 눈을 똘망똘망 굴리며 고개를 끄덕끄덕 거린다. 교육자는 빙그레 웃으며 계속 자신의 말을 이어간다.

"하지만 정작 중요한 것은. . . 이러한 공기와 전류는 드러내는 것이 아니라 오히려 숨기고 있어야 한다는 것입니다. 그 이유는 그들은 자신의 목표를 결코 드러내는 법이 없기 때문이죠. 이때 그들에게서 발생하는 말은 공허하기 그지없습니다. 그렇다면 그들이 엄청 긴 말을 구사함에도 불구하고 그들의 말은 목표를 철저히 숨긴 말이기에 실상 목표 밖에서 배회하고 있는 쓸데없는 말과 다름없는 것이겠죠. 따라서 그들 간에 발생하는 '포즈'나 '. . .', '침묵'은 어쩌면 당연히 뒤따라야 하는 결과물이고요.

그러나 우리에게 있어서 이러한 '침묵'이나 '. . .'은 속행동이나 겉행동 혹은 말행동으로 대체되어야 합니다. 그래서 나는 여러분에게 체홉의 '말없음'을 단순한 침묵이 아닌 행동으로 모색하여 실행해보라고 누누이 조언하고 있는 것입니다.”

무신과 소희는 노트에 무언가 바지런히 적고 있다. 구석에 앉아 있는 현정은 눈을 껌벅거리기 시작한다. 교육자는 잠시 말을 끊고 학생들을 바라본다.

“10분만 쉬었다가 계속 해볼까요?”

학생들은 실기실이 떠나갈 듯 “네!” 라고 소리친다. 휴식 후 이 날 수업은 보강으로 밤늦게까지 진행된다.

14

여느 때와 다름없이 정시에 수업이 시작되면 실기실로 교육자가 들어온다. 그는 자리에 앉아 수업용 노트를 들여다본다. 노트에는 다음과 같은 순서가 적혀 있다.

1. 〈갈매기〉 5단락/총5단락   . . . 아르까지나(문숙)/뜨리고린(정태)
2. 〈바냐삼촌〉 3단락/총3단락   . . . 소냐(현정)/옐레나(정하)
3. 〈세 자매〉 3단락/총3단락   . . . 마샤(수정)/베르쉬닌(무신)

“준비되었으면 시작해볼까요?”

교육자가 고개를 들고서 소리친다. 무대 오른쪽에 등퇴장로가 만들어져 있고, 중앙의 긴 탁자 위에 울긋불긋한 테이블보가 씌워져 있다. 무대 왼쪽 앞에는 작은 등받이 의자 하나가 놓여 있다. 그리고 무대 오른쪽 전면에는 화장대가 보이고, 그 앞에 등받이 없는 의자가 위치해 있다.

아르까지나로 분한 문숙은 바이올렛 색깔의 긴 원피스 치마를 입고 귀에는 작고 동그란 진주 귀걸이, 손목에는 금색 팔찌를 차고 있다. 그녀는 탁자에 앉아 팔꿈치를 괴고 이마에 손을 올리고 있다. 문숙은 주의를 집중한 채 작은 소리로 말한다.

"준비되면 시작하겠습니다."

교육자가 고개를 끄덕이며 그녀를 유심히 바라본다. 잠시 후 양복차림의 뜨리고린으로 분한 정태가 책갈피를 열심히 뒤적이며 급하게 등장한다. 그는 왼쪽 앞에 놓여 있는 등받이 의자에 거의 자동적으로 앉는다. 그리고는 다리를 꼬고 책을 한 손으로 들고서 낮은 목소리로 중얼거린다.

"121페이지, 11, 12줄이라. . . (손가락으로 찾는다.) 여기 있군. . . (자세를 고쳐 앉는다. 그리고 읽는다.) 언제라도 내 생명이 필요하면, 와서 가져가세요."

아르까지나로 분한 문숙은 화장대 의자에 앉아 뜨리고린을 보지 않은 채 화장을 고치고 있다. 그녀는 시계를 보며 무심한 듯 말을 툭 내던진다.

"곧 마차가 준비될 거야."

뜨리고린으로 분한 정태는 그녀의 말을 듣지 않고 여전히 중얼거린다.

"언제라도 내 생명이 필요하면, 와서 가져가세요."

아르까지나 역의 문숙도 뜨리고린 역의 정태를 쳐다보지 않고 화장품을 조그만 백에 집어넣으며 말한다.

"당신, 짐은 다 챙겼지?"

뜨리고린도 아르까지나의 말을 주의 깊게 듣지 않고 계속 중얼거린다.

"그래, 그래. . . (책을 닫는다.) 이 순수한 영혼의 고백이, 왜 내겐 슬프게 들리고 내 마음을 이렇듯 아프게 조이는 거지?. . . (다시 책을 열고 천천히 닫으며) 언제라도 내 생명이 필요하면, 와서 가져가세요."

잠시 후 그는 아르까지나 쪽으로 고개를 천천히 돌린다. 그리고 그녀를 물끄러미 바라본다. 아르까지나는 여전히 화장품과 소품 등을 챙기고 있다. 뜨리고린은 낮고 강한 어조로 그녀에게 말한다.

"하루만 더 있다 갑시다!"

문숙은 하던 일을 멈추고 정태를 보지 않은 채 고개만 가로 젓는다. 그가 일어서서 그녀 쪽으로 걸어가더니 멈춰 선다. 그리고 그녀에게 무언가 결심한 듯 말한다.

"더 있다 가!"

문숙이 그에게 시선을 돌리더니 천천히 일어선다. 그리고는 그를 빤히 쳐다본다. 이내 그녀는 그에게 다가가 얼굴을 부드럽게 어루만진다.

"이곳에 당신을 붙잡는 것이 뭔지 난 알아. 제발 정신 차려. 당신은 도취된거야. 정신 차려."

그녀는 그에게서 돌아서서 테이블 위에 놓여 있는 챙이 넓은 모자를 가지러 간다. 그러자 뜨리고린은 그 자리에 서서 힘 있는 목소리로 단호하게 외친다.

"당신도 냉정하고, 현명하고 신중해져, 제발. 그리고 이 모든 걸 진실한 친구로서 바라봐."

그가 그녀 앞에 선다. 그리고 그녀를 바라보며 살며시 손을 잡는다.

"당신은 희생할 수 있어. . . (손을 꼭 잡으며) 친구가 되어 줘, 나를 놔 줘."

그의 목소리는 진심어린 애걸조이다. 아르까지나 역의 문숙은 그의 손을 거칠게 뿌리치며 소리친다.

"그렇게 마음이 끌리는 거야?"

뜨리고린 역의 정태도 즉시 맞받아서 소리친다.

"그녀에게 무작정 끌리고 있어! 어쩌면 이게 바로 나한테 필요한 것일지도 몰라."

그녀는 크게 콧방귀를 뀌더니 외친다.

"시골소녀와의 사랑이?"

갑자기 그녀는 뜨리고린의 얼굴을 다시 어루만진다. 그리고는 속삭이듯 말한다.

"오, 당신은 정말 자신을 잘 몰라!"

정태가 뒷걸음치며 물러선다. 그는 고개를 객석으로 돌리며 천천히 말한다.

"때론 사람들은 걸어가면서 잠을 자는데. . . (그녀를 바라본다.) 바로 지금 내가 당신과 이야기하지만, 마치 잠자며, 꿈속에서 그녀를 보고 있는 것 같아. . . (그녀를 똑바로 바라본다.)"

그는 그녀에게 다가가서 손을 부드럽게 잡는다.

"달콤하고 묘한 꿈이 나를 사로잡고 있어. . . (그녀의 손을 꽉 잡으며) 나를 놔줘. . . (잡고 있는 손을 살짝 흔든다.)"

그녀는 그의 눈을 한참 응시한다.

"아냐, 아냐. . . (고개를 흔들며) 난 평범한 여자야. 나한테 그렇게 말하면 안 돼. . . (고개를 세차게 흔든다.)"

그녀는 재빨리 그의 품에 안겨 울먹이며 속삭인다.

"날 괴롭히지 마, 보리스. . . (그의 품에 파고든다.) 무서워. . . (그를 더욱 꽉 껴안는다.)"

그들 간에 잠시 침묵이 흐른다. 뜨리고린은 아르까지나의 포옹을 수동적으로 받아들이더니 천천히 힘을 주어 그녀를 떼어낸다. 그리고 의자에 그녀를 조심스럽게 앉힌다. 그는 천천히 무릎을 꿇고서 그녀를 똑바로 바라본다. 그리고 또박또박 말한다.

"만일 당신이 원한다면, 당신은 특별한 여자가 될 수 있어. 환상의 세계를 향한 젊고, 매혹적이고, 시적인 사랑, 이것만이 세상에서 행복을 줄 수 있어! 이런 사랑을 난 아직 경험하지 못했어. . . (그녀를 애절하게 바라본다.)"

순간 그는 재빠르게 일어서며 외친다.

"젊었을 때는 시간이 없었지. . . (이리저리 걷는다.) 편집실 문턱을 드나들며 가난과 싸워야 했으니까. . . (그녀 쪽으로 몸을 돌린다.) 마침내, 이제 이런 사랑이 찾아와서 손짓하고 있어. . . (그녀에게 다가와 다시 무릎을 꿇는다.) 그걸 피해야 할 이유가 뭐지?"

아르까지나 역의 문숙은 벌떡 일어서서 그를 향해 필사적으로 고함친다.

"미쳤어!"

뜨리고린 역의 정태가 반사적으로 그녀의 어깨를 잡더니 고함지른다.

"그러니, 날 놔 줘!"

문숙은 그를 뿌리치고서는 울먹인다. 그러더니 말을 띄엄띄엄 잇는다.

"오늘, 당신들 모두 나를 괴롭히려고 작정한 것 같아!"

그녀가 그의 어깨 위에 머리를 파묻는다. 그는 움직이지 않는다. 그의 손이 천천히 그녀의 머리에 닿는다. 그리고는 중얼거린다.

"이해를 못해, 이해를 하려고 하질 않아. . ."

"여기까지입니다."

정태가 멋쩍게 돌아서서 교육자에게 시연이 끝났음을 조용히 알린다. 문숙도 얼른 눈물을 훔치고 배시시 웃고 있다. 동료 학생들은 상기된 채 깊은 한숨을 내쉬더니 교육자 쪽으로 시선을 천천히 옮긴다.

"수고했어요!"

교육자의 목소리가 밝다. 그의 표정도 조금 상기되어 있다. 이내 교육자가 문숙과 정태를 향해 엄지손가락을 치켜들자, 동료 학생들이 그들에게 박수를 치며 환호한다. 문숙과 정태는 서로 꼭 껴안으며 토닥거린다. 잠시 후 교육자가 느릿느릿 말문을 연다.

". . . 지난 시간 시연했을 때 지적한 문제점들을 거의 해결한 것 같아요! 오늘 정태와 문숙의 시연은 멋지고, 감동적이고, 잠시도 눈을 떼지 못할 정도의 훌륭한 시연이었습니다."

교육자의 평가에 대한 첫 언급이 끝나자마자 동료 학생들은 고개를 연방 끄덕거리며 그들에게 환호성을 보낸다. 문숙은 쑥스러운 듯 머리카락을 연방 쓸어넘기고 있고, 정태는 어깨를 움츠리며 머쓱해 한다.

"오케이, 잠깐 열기를 식혔다가 문숙과 정태의 시연에 대해 구체적으로 하나씩 이야기해보도록 합시다!"

교육자가 자리에서 일어서자 동료들은 문숙과 정태 주위로 몰려들어 포옹하고 어깨를 두드리며 격려한다.

15

휴식 후 교육자가 들어와 자리에 앉으면 문숙과 정태는 맨 앞줄 바닥에 앉아 귀를 기울이고 있고, 나머지 학생들도 의자에 앉거나 마룻바닥에 편하게 앉아 눈망울을 똘망똘망 굴리고 있다. 교육자가 미소를 띠며 천천히 말문을 연다.

". . . 방금 보여준 문숙과 정태의 아르까지나와 뜨리고린은 멋진 시연이었습니다. 동의하나요?"

학생들은 고개를 세차게 끄덕거린다.

"오케이, 그렇다면 이제 그들의 시연에 대해 좀 더 구체적으로 얘기해봅시다. 우선, 문숙과 정태는 작가가 제시해 놓은 행동지시문 외에도 자신들의 이해와 분석을 통해 이면행동을 훌륭하게 찾아 실행했다는 사실을 언급해야 할 듯합니다. 다시 말하면, 그들이 찾아온 행동들은 정당성 있고, 구체적이며, 적확한 행동 찾기였습니다. 그들이 찾아온 행동을 순서별로 나열해보면 이렇습니다.

1. 아르까지나는 팔꿈치를 **괴고** 이마에 손을 **올리고 있다.**
2. 뜨리고린은 책을 **뒤적이며 들어온다.**
3. 그는 작은 등받이 의자에 **앉는다.**
4. 그는 책을 무릎에 **내려놓는다.**

5. 그녀는 **화장을 고친다.** 시계를 **본다.**

6. 그녀는 화장품을 백에 **넣는다.**

7. 그는 그녀 쪽으로 천천히 고개를 **돌린다.**

8. 그녀는 여전히 화장품과 소품을 **챙긴다.**

9. 그는 그녀 앞에 **선다.**

10. 그녀는 그를 빤히 **쳐다보고,** 그의 얼굴을 **만진다.**

11. 그녀는 챙이 넓은 모자가 놓여 있는 테이블로 **간다.**

12. 그는 그녀에게 **다가간다.** 그리고 그녀의 손을 **잡는다.**

13. 그녀는 그의 손을 세게 **뿌리친다. 소리친다.**

14. 그도 **소리친다.**

15. 그녀는 크게 콧방귀를 **뀐다.** 그의 얼굴을 다시 **어루만진다. 속삭인다.**

16. 그는 뒷걸음치며 **물러선다.** 고개를 객석으로 **돌리며** 천천히 **말한다.**

17. 그는 그녀를 **바라본다.** 그녀에게 **다가가** 다시 손을 **잡는다. 꽉 잡는다.**

18. 그녀는 그의 눈을 한참 **응시한다.**

19. 그녀는 그의 품에 **안긴다. 속삭인다.**

20. 그는 그녀를 천천히 힘을 주어 **떼어낸다.** 그녀를 의자에 **앉힌다.**

21. 그는 무릎을 **꿇는다.** 그녀를 똑바로 **쳐다보며** 또박또박 **말한다.**

22. 그는 재빨리 **일어선다.** 이리저리 **걷는다.** 그녀 쪽으로 몸을 **돌린다.**

23. 그는 그녀에게 **다가와** 다시 무릎을 **꿇는다.**

24. 그녀는 **외친다.**

25. 그는 그녀의 어깨를 잡고 소리친다.

26. 그녀는 그를 **뿌리치고** 말을 띄엄띄엄 **잇는다.**

27. 그녀는 그의 어깨 위에 머리를 **파묻는다.**

28. 그는 **움직이지 않는다.** 그의 손이 천천히 그녀의 머리에 **닿는다.** 중얼거
    린다.

지금 나열한 행동들은 문숙과 정태가 연습을 통해 찾아온 행동플랜이자 그

들이 시연에서 실행한 인물들의 행동들이었습니다. 이것은 작가인 체홉이 제시한 행동이 아니라 문숙과 정태가 찾은 행동계획이었다고 감히 말할 수 있어요. 이러한 그들의 행동계획은 문숙과 정태가 인물들이 '무엇을 할 수 있을까?'에 대한 고민과 이해의 결과이었고, 아울러 그들은 이제 인물이 '어떻게 할 수 있을까?'에 대한 해결 또한 모색해 온 듯합니다. 예를 들면, 정태가 문숙의 '손을 잡다'는 뜨리고린이 '무엇을 할 수 있을까?'에 대한 정태 자신이 찾고 실행한 행동계획과 실행이었으며, '손을 꼭 잡다'는 '어떻게?'에 대한 정태 자신이 찾았고 실행한 행동이었죠. 이러한 행동의 양태들은 시연을 통해 '천천히, 빠히, 세게, 크게, 뒷걸음치며, 꽉, 한참, 힘을 주어, 똑바로, 또박또박, 재빨리, 이리저리, 띄엄띄엄' 등으로 나타났어요. 이처럼 그들의 시연은 감정을 철저히 배제한 행동동사들의 플랜이자 순서에 의해 진행되었으며, 마침내 감정은 자연스럽게, 필연적으로 뒤따라 획득된 부수물과 같은 것이었다고 나는 장담하고 싶습니다.

한편, 이러한 행동계획들은 그들이 시연 할 때 각각 독립된 행동단위이면서 동시에 몇 개는 하나의 행동단위로 묶이기도 했습니다. 그런데 무엇보다도 중요한 것은, 각각의 행동단위 사이사이들은 끊이지 않으면서 무엇들로 가득 차 있었다는 사실 또한 말하고 싶습니다. 이 말은 문숙과 정태가 지속적으로 그 간극을 무엇으로 메꿔 놓고 있었다고 말해야 옳습니다. 이것을 나는 그들이 대상을 끈질기게 가지고 있었다고 평가해야겠죠. 나는 이것이야말로 배우가 해야 하고, 할 수 있는 영역이자 의무라고 생각합니다. 내 말에 따라오고 있나요?"

몇 명의 학생들은 노트에 메모를 하면서 고개를 끄덕거리고 있고, 또 다른 학생들은 생각에 잠겨 고개를 끄덕이고 있다. 교육자가 잠시 말을 끊더니 이내 말을 이어간다.

"아울러. . . 그들이 모색한 행동들의 실행 또한 '지금, 여기에서' 과감하고도 대담하게 이루어졌다는 사실을 언급해야 합니다. 그것은 마치 어린아이의 행동과 유사하다고 할 수 있는데, 배우 또한 어린아이들의 순진성과 순수성으로 말미암은 과감하고도 대담한 행동들을 무대에서 거침없고 솔직하게 행할 필요가 있어요. 설사 그것이 조금은 부족한 이해의 결과로써의 행동이라고 할지라도 말입니다. 그것은 결국 감정이 아니라 행동으로 드러나야 합니다.

감정이라는 놈은 우리를 무대에서 객관적이지 못하게 만들어 결국 자신을 제어하지 못하는 어떤 세계로 인도합니다. 하지만 방금 문숙과 정태가 보여준 아르까지나와 뜨리고린 장면에 대한 시연은 철저히 계획된 행동중심이었기에, 허구의 무대에서 대상에 따라 자신을 끊임없이 컨트롤하고 있는 문숙과 정태를 우리는 만나게 되었다고 할 수 있어요. 만일 이러하다면, 추상적이고 모호한 감정의 덩어리로써의 어떤 것은 2선으로 물러날 것입니다. 그리하여 이제 그들의 시연에서 '단호하게', '울먹이며' 등은 더 이상 양태나 감정이 아니라, 파트너로부터 생성된 자신의 행동과 합류하게 되었고요."

교육자가 학생들을 한 바퀴 둘러보고 나더니 자신의 말을 계속 이어 나간다.

". . . 또한 문숙과 정태의 시연을 통해 내가 말하고 싶은 것은, 그들이 아주 중요한 어떤 요소를 우리들에게 명확히 보여줬다는 점인데, 그것은 매우 중요한 순간에 행동을 정확하게 분절시켜 우리로 하여금 주의의 끈을 한층 더 강화시켰다는 것입니다. 이것은 파트너와의 명확한 교류의 최정점이었습니다. 나는 그들의 이러한 수행을 높이 평가하고 싶습니다. 왜냐하면 이것은 우리의 궁극적 목적지인 행동의 템포-리듬과 밀접한 관계가 있기 때문이죠.

행동의 템포와 리듬은 우리가 도달해야만 하는 최후의 관문입니다. 물론 이것에 대해서는 차후에 좀 더 구체적으로 언급해야할 때가 있을 겁니다. 오늘 그들의 시연 시 교류의 최정점에서 이러한 행동분절로 말미암아 적확한 템포와 리듬이 발생했다는 것은 논리성과 정당성의 최고조이었다고 평가하고 싶습니다.

논리적이고 적합한 행동을 통한 템포와 리듬은 인위적으로 만들려고 하면 할수록 전혀 흥미롭지 못한 기계주의가 되어버리지만, 배우가 찾은 목표의 정도와 크기에 의해 자연스럽게 수행된 행동들의 템포와 리듬은 교류의 최고점이라고 할 수 있습니다. 다른 말로 하면, 행동의 템포와 리듬은 우리의 궁극적 목적지이지만, 그 자체만을 생각하지 않는 것이 좋다는 것이죠. 그렇다면 그것을 획득하기 위하여 우리가 정작 해야 할 일은 무엇일까요?"

". . ."

학생들은 깊은 생각에 빠져있다. 잠시 후 무신이 침묵을 깬다.

"선생님. . . 결국 목표일 것 같은데요!"

교육자가 고개를 세차게 끄덕인다.

"그렇습니다! 결국 자신의 목표가 무엇인지, 얼마만큼 절실한지 소름끼칠 정도로 명확하고 구체적으로 이해하는 것이 필히 선행되어야겠죠. 이해되나요?"

몇 명의 학생들은 고개를 힘껏 끄덕이고 있고, 또 다른 학생들은 재빠르게 메모하기 시작한다. 교육자가 빙그레 미소를 띠며 다시 자신의 말을 잇는다.

"오케이! 그렇다면 문숙과 정태의 시연에서 그들의 목표는 자신들의 목표달성을 위하여 이제 충돌을 피할 수 없겠죠. 이것은 곧 말을 포함하여 겉행동과 속행동을 서로에게 명확히 전달해야만 가능한 일이고요. 그리하여 그들은 자신들의 목표달성을 위한 전략을 분명 소유한 채, 시시각각 전술을 행동으로, 말로 상대방에게 구사하고 있었습니다. 결국 우리는 그들의 포로가 되어 주의를 가지고 그들에게 집중할 수밖에 없었고요.

한마디로 말해서, 그들은 오늘 시연에서 파트너에게 그들의 목표달성을 위해 무엇을, 어떻게 해야 할지 주의를 가지고 파트너와 함께 주고받기를 명확하게 했다는 것입니다. 이때 말줄임표나 사이, 침묵 등도 이미 행동으로 대체되어 단순한 말없음이 되지 않았다는 사실 또한 우리는 정확하게 주목해야 하고요.

이러한 이유들 때문에 나는 문숙과 정태의 시연이 매우 훌륭하고 멋진 장면이었다고 말했던 것입니다. 동의하나요?"

학생들은 대답대신 고개를 힘차게 끄덕거리고 있다. 교육자는 문숙과 정태의 시연에 대한 평가를 일단락 한 듯 말을 멈추고서 학생들을 한 바퀴 획 둘러보더니 천천히 입을 연다.

"자, 지난 번 공지한 바와 같이 다음 주에 우리의 장면작업 두 번째 공개 발표를 할 테니, 만전을 다하도록 해주세요! 오늘 수업은 여기까지 합시다!"

교육자가 실기실을 나서며 문숙과 정태에게 손가락으로 동그라미를 그려 보인다. 학생들은 자신의 파트너와 함께 삼삼오오 흩어져 이야기를 나누기 시작한다. 문숙과 정태는 실기실 바닥에 나란히 앉아 대화를 나누고 있다.

16

장면연극 두 번째 공개 발표 장소인 소극장에는 배우과 선후배, 연출과 학생, 영화과 학생, 그리고 연기교육자, 화술교육자, 움직임교육자, 연극이론교육자 등의 사람으로 빼곡하다. 담임 연기교육자가 프로그램을 손에 들고 무대로 나간다.

"오늘은 배우과 2학년 학생들의 두 번째 장면연극 공개 발표입니다. 우리는 지난번에 첫 번째 장면연극 작업으로 사실주의 희곡을 텍스트로 인물의 형상화를 통한 교류 작업을 했습니다. 오늘 우리의 두 번째 장면연극 작업은 A. 체홉의 4대 장막극을 텍스트로 공개 발표를 할 것입니다.

익히 아는 바와 같이, 체홉의 장막극은 인물의 섬세하고 구체적인 행동을 찾고 실행해야만 하는 사실주의의 최고봉입니다. 체홉의 등장인물들은 각자의 목표를 가지고 있지만 결코 표면적으로 드러내질 않습니다. 해서 그들은 자신의 목표를 달성하기 위하여 수많은 전술을 구사하고 있습니다. 즉 전략은 숨긴 채 전술만 드러낼 뿐이죠. 이때 그들의 언어는 자신의 목표를 숨긴 쓸데없는 말처럼 들릴지도 모릅니다. 하지만 그들은 자신들의 목표를 위해 내적으로 몸부림치고 있습니다. 다만 가시화되지 않을 뿐이죠. 우리는 이러한 그들의 목표로 향한 행동을 찾아 상대배우와 교류하고자 합니다.

두 번째 장면연극 작업 이후에 우리는 세 번째 장면 연극작업으로써 고전극, 근대극, 부조리극, 코미디극 등을 텍스트로 사용할 것입니다.

그럼, 두 번째 장면연극 공개 발표를 시작하도록 하겠습니다. 오늘 발표할 차례는 프로그램에 적혀 있는 바와 같습니다.”

1. 〈세 자매〉　. . . 마샤(이수정)/베르쉬닌(감무신)
2. 〈벚꽃동산〉　. . . 라네프스카야(권주희)/트로피모프(손기주)
3. 〈바냐삼촌〉　. . . 소냐(김현정)/옐레나(이정하)
4. 〈갈매기〉　. . . 아르까지나(윤문숙)/뜨리고린(박정태)
5. 〈바냐삼촌〉　. . . 옐레나(이소희)/아스트로프(양승욱)

공개 발표를 마치고 학생들은 자신들의 소품과 의상을 챙기며 무대 정리를 하고 있다. 얼추 정리가 다 되어가자 반대표인 무신이 큰소리로 외친다.

“선생님 모셔오겠습니다!”

동료 학생들이 큰소리로 응답하고서는 그들의 일을 서두른다. 잠시 후 교육자가 극장으로 들어와 자리에 앉으면, 학생들은 편하게 앉거나 서서 그에게 주의를 기울이고 있다. 교육자가 학생들을 찬찬히 바라보더니 말문을 연다.

“다들 수고하셨어요! 오늘 공개 발표는 대체로 잘 진행된 듯합니다. 간단하게 총평만 하고 끝내도록 하겠습니다.”

교육자가 뭔가를 빼곡히 적어 놓은 자신의 프로그램을 슬쩍 바라보며 말을 이어간다.

“첫 번째 〈세 자매〉의 마샤와 베르쉬닌 장면에서 그들의 관계는 무척 섬세하게 침묵이나 겉행동으로 드러났다고 평가됩니다. 하지만 몇 가지 점에서 아쉬운 면도 있었습니다. 일례로, 베르쉬닌의 결정적 고백, '사랑합니다'는 마샤에게 적극적으로 영향주기에는 미흡한 말행동이었는데, 그것은 결국 마샤로 하여금 이후의 자신의 행동 계획을 그대로 실행해버린 꼴이 되어버렸죠.

그리고 수정의 마샤는 인물 형상으로써의 행동 찾기가 다소 밋밋한 느낌이었습니다. 이것은 수업시간에도 언급한 것처럼, 마샤라는 인물에 대한 명확한 이해와 확신이 없었기 때문인 듯합니다. 그녀의 현실은 교사의 아내로서 갑갑한 일상의 연속이죠. 하지만 그녀의 이상은 끊임없이 자유를 꿈꾸고 있고 그것을 반증이라도 하듯 그녀는 시를 무척 좋아하는 여성입니다. 그녀는 자신의 현실을 부정하는 이상주의자입니다. 그럼에도 불구하고 그녀는 자신의 꿈을 과감하게 실행하지 못하는 여성이기도 하죠. 그렇다면 지금의 베르쉬닌과의 연정은 그녀를 아마 더욱 답답하게 만들 것임에 틀림없습니다. 이러한 점을 감안한다면 마샤는 교사인 언니 올가, 막내인 이리나와는 분명 다른 행동의 템포와 리듬을 소유한 여자일 겁니다. 그것은 그녀의 대사에서도 충분히 감지되고 있죠. 이러한 이유들로 인해 나는 수정의 마샤로의 형상이 '다소 밋밋하다'라고 말하는 것입니다."

수정과 무신은 고개를 끄덕거리며 자신들의 노트에 부지런히 메모를 하고 있다.

"〈벚꽃동산〉의 라네프스카야와 트로피모프는 수업시간 때의 시연보다는 훨씬 좋아진 듯합니다. 가장 큰 이유는 주희와 기주가 맡은 역할의 문젯거리가 점차 자신의 문젯거리로 변했다는 사실입니다. 누차 말했던 것처럼, 이것은 인물 형상을 통한 교류라는 과제에 대한 첫 출발이어야 합니다. 즉 라네프스카야 역의 주희에게 있어서 '벚꽃동산의 매매'와 트로피모프 역의 기주에게 있어서 '라네프스카야에 대한 여러 가지 불만들'이 비로소 자신의 문제로 이해되고 있는 듯하다는 것입니다.

한 가지 아쉬운 점이 있었다면 발성과 발음의 문제이었습니다. 몇 차례 언급했던 것처럼, 대상에 대한 불명확함, 목표에 대한 이해부족은 말을 흐리게 하거나, 말을 안정되게 하지 못하거나, 말을 서둘러 내뱉게 만들어 이와 같은 현상으로 나타납니다. 그래서 서두르지 말아야 한다는 것이죠. 대상을 끈기 있게 다뤄보세요!"

주희와 기주는 눈을 반쯤 감고 고개를 연신 끄덕거리고 있다.

"세 번째 공개 발표인 〈바냐삼촌〉의 현정과 정하는 새엄마인 옐레나와 의붓딸인 소냐의 갈등과 화해라는 일관된 행동을 차분하게 해냈다고 평가됩니다. 이러한 관계에서 그녀들의 행동과 말 또한 주고받기가 명확해서 무척 흥미로웠습니다. 특히 소냐의 끝 대사, '안 된대요'라는 말은 옐레나에게도 정확한 평가와 속행동을 하게끔 만들어 보는 우리들에게도 충분히 전달되었다고 평가합니다. 결국 그것은 피아노를 치고 싶은 옐레나의 목표를 수정하도록 만들어 그들 간에 침묵의 언어가 정당하게 생성되는 것으로 귀결되었고요."

현정과 정하는 서로 손바닥을 부딪친다.

"〈갈매기〉의 아르까지나와 뜨리고린은 수업 때 보여주었던 훌륭함을 대체로 잘 유지했지만, 다소 기계주의에 빠져버린 듯 했습니다. 몇 번 언급했던 것처럼, '오늘, 지금, 여기'에서 듣고 보고 행해야함을 잊지 마세요! 오늘의 공연이 어제의 공연과 같을 수는 결코 없습니다. 어제의 좋은 컨디션으로 인해 공연이 무척 잘되었다고 자신이나 관객이 평가했다면, 오늘의 공연 또한 그렇게 되리라는 보장은 없는 법입니다. 자신은 무엇 때문에 여기로 오는가, 자신은 파트너와 어떤 관계이며 어떤 문제점을 가지고 있고, 이것을 위해 자신은 무엇을 할 수 있는 것인지 등만이 오늘의 자신을 무대에서 존재하도록 만드는 열쇠입니다. 어제의 좋았던, 나빴던 것들은 몽땅 잊어버리세요! '오늘, 지금, 여기'만이 자신을 무대에 존재하도록 만들어 줄 것입니다. 이것을 명심하고 또 명심하세요!"

문숙과 정태는 서로 바라보며 고개를 연방 끄덕거리고 있다.

"끝으로 〈바냐삼촌〉에서 옐레나 역의 소희와 아스트로프 역의 승욱은 수업 때 보여주었던 것보다 훨씬 많은 것들이 해결된 듯합니다. 우선 옐레나의 인물 형상은 수업의 시연 때보다 상당히 안정적으로 구축되어 있었고, 아스트로프의 인물 형상과 말의 구현 또한 수업 때보다 믿음을 주기에 충분했던 것 같습니다. 그들의 관계도 극의 진행을 통해 더욱 구체적으로 드러났으며, 특히 그들 간의 '말없음'의 정당성은 우리로 하여금 주의를 충분히 가지게끔 만들었습니다.

한 가지 아쉬웠던 점은, 신체적 접촉으로 인한 영향 주고받기가 다소 급하게 행해져 명확한 교류로써 작용을 못했다는 것입니다. 예를 들어, '손을 잡다', '머리를 만지다', '키스하다', '포옹하다' 등과 같은 신체적 접촉은 직접적 교류의 방법으로 결코 서두르지 않아야만 상호행동으로 비로서 작용합니다. 우리의 무대적 행동을 수행하는 데 있어서 '서두름'은 가장 큰 적입니다. 특히 신체적 접촉으로 인한 자극과 영향의 주고받기는 이 점을 잊지 말아야 합니다."

소희와 승욱 또한 동의하듯 고개를 끄덕인다. 교육자가 총평을 끝낸 듯 말을 멈추고는 미소를 띤 채 학생들을 넌지시 바라본다.

"오케이, 오늘 체홉의 4대 장막극 공개 발표는 대체로 수업의 목표치를 달성한 듯합니다. 수고하셨어요!"

"수고하셨습니다!"

학생들도 교육자에게 큰소리로 화답하고는 그들 끼리 포옹하고 수고했음을 전달한다. 잠시 후 교육자가 다시 천천히 말문을 연다.

". . . 체홉은 자신의 작품을 비극이 아니라 희극이라고 강력히 말하고 있어요. 그 이유는 무엇일까요?"

교육자의 질문에 학생들은 주의를 기울이며 생각에 잠긴다.

". . ."

잠시 후 무신이 입을 뗀다.

"제가 생각하기엔, 삶은 비극처럼 보일지 모르지만 누군가 제 삼자가 지켜본다면 희극적일 수도 있는 것 아닐까라고 생각됩니다만. . ."

"제 생각엔, 수업시간에 선생님께서 언급하셨던 것처럼 채플린의 말과 일맥상통한 것 같아요, '인생은 가까이서 보면 비극이지만 멀리서 보면 희극이다'라는."

소희도 무신의 말에 한마디 거든다. 교육자가 고개를 끄덕거리더니 천천히 입을 뗀다.

"동의합니다! 체홉 자신도 그렇게 생각한 듯합니다. 왜냐하면 그의 〈갈매기〉가 ≪모스크바 예술극장≫에서 스타니슬랍스키에 의해 초연되었을 때, 그의 작품을 비극으로 만들어 놓은 것을 보고 절필絕筆했을 정도였다고 기록되어 있기 때문입니다. 그 이유는 그가 비극을 쓴 게 아니라 희극을 썼다고 확신했기 때문일 겁니다.

이것을 다른 말로 해보자면, '거리distance'의 문제라고 할 수 있을 것 같습니다. 어떤 문제가 자신의 상황이라면 비극일 수 있지만, 타인의 입장에서 보면 무신의 말처럼 희극일 테니까요. 일례로, 한 쌍의 연인이 공원의 벤치에서 멀찍이 떨어져 아무 말 없이 앉아 있다면, 지나가는 우리가 보기엔 그들이 전 상황에서 싸웠다는 것을 분명 알 수 있겠죠. 이때 그들에게 있어서 그들의 문제는 당연히 비극이지만, 한 발짝 떨어져서 지켜보는 우리에게 있어서 그들의 문제는 희극으로 와 닿을 수도 있을 겁니다. 확장하면, 신神을 포함한 누군가 우리의 삶을 멀리서 지켜본다면 우리의 삶 또한 비극이 아니라 희극일 수도 있을지도 모르고요. 그렇다면 작가가 자신의 작품이 희극이라고 고집했던 이유는 삶은 '거리'에 의해 희극적일 수도 있다는 것이죠. 동의하나요?"

몇 명의 학생들은 고개를 끄덕거리고 있고, 몇 명의 학생들은 깊은 생각에 잠겨 있다. 그리고 또 다른 학생들은 자신들의 노트에 뭔가 긁적이고 있다. 교육자는 학생들을 한 번 휙 쳐다보고서는 빙그레 미소를 머금으며 다시 입을 연다.

"만일 동의한다면, 체홉은 왜 그렇게 많은 포즈와 침묵, 그리고 '. . .' 등을 애용했다고 할 만큼 사용했을까요?"

". . ."

학생들이 침묵하자, 그가 즉각 침묵을 깬다.

"그건. . . 자신의 일로서 거리적 비극, 타인의 일로서 거리적 희극은 이것들을 필히 동반하기 때문일 겁니다. 즉 '소통의 부재' 말입니다. 우리의 일상에서도 이러한 현상은 늘 있죠. 그래서 작가는 이것을 매우 소중히 다루고 있는 것 같습니다. 그것이 우리의 삶이니까 말입니다. 그런데 이때 '말없음'을 깨는 그 무엇이 항상 등장하죠. 그건 등장인물은 아니지만 등장인물과도 같은 '바람소리, 문이 덜컹거리는 소리, 달빛, 개 짖는 소리' 등입니다. 이러한 이유 때문에 체홉은 분위기와 무드에 무척 능한 작가라고 할 수 있습니다. 그렇다면 우리는 등장인물은 아니지만 우리에게 지대한 자극과 영향을 주는, 마치 등장인물과 같은 것들에 주의를 한껏 기울여야만 하겠죠."

학생들은 고개를 끄덕끄덕 거리며 생각에 잠겨 있다. 무신과 소희는 그들의 노트에 재빠르게 무언가 적기 시작한다. 교육자는 학생들을 한번 바라보더니 다시 입을 연다.

"한 가지만 더 얘기해볼까요?. . . 체홉은 이처럼 비극과 희극의 경계선을 아슬아슬하게 넘나들고 있지만 결국 희망을 노래하고 있다고 할 수 있어요. 그건 이런 단어들 때문일 겁니다. '앎을 통한 포기가 아닌 체념', '무대를 비추는 한 줄기 빛' 등 말입니다."

학생들은 천천히 고개를 끄덕끄덕 거리며 여전히 생각에 빠져있다. 문숙과 승욱도 그들의 노트에 뭔가 쓰기 시작한다. 교육자가 빙그레 미소를 짓더니 학생들을 향해 힘차게 말문을 연다.

"오케이! 자, 우리의 다음 과제로 넘어가 볼까요?"

"선생님, 저희들에게도 휴식을 주세요!"

현정이 큰소리로 너스레를 떤다. 다른 학생들도 일제히 가세하며 아우성치기 시작한다. 교육자는 학생들의 소리가 누그러질 때까지 기다리며 미소를 띠고 있다. 잠시 후 교육자가 천천히 입을 연다.

"오케이!. . . 서울 인근에 지인이 운영하는 펜션이 있는데, 오늘 저녁 뒤풀이는 거기로 갈까요?"

"와!"

학생들은 교육자의 말이 끝나기도 전에 박수치고 서로를 얼싸안으며 고성을 지른다. 교육자가 소리친다.

"한 가지 공지사항이 있습니다! 다음 주까지 각자 파트너를 정해서 작품과 장면을 결정해 오세요. 작품은 고전주의극, 셰익스피어극, 16~18세기극, 부조리극, 코미디극 등의 작품을 읽어보고 가져오도록!"

"선생님, 이전의 사실주의, 체홉극을 제외한 모든 장르의 희곡들이라면 괜찮다는 말씀이시죠?"

정태가 손을 번쩍 들어 큰소리로 질문한다. 교육자가 고개를 힘껏 끄덕인다.

"오케이! 다른 질문 있나요?"

"없습니다!"

학생들은 합창하듯 큰소리로 고함친다.

"자, 나머지 무대 정리를 하고 1시간 뒤에 극장 1층 입구에서 봅시다!"

교육자의 말이 떨어지기 무섭게 학생들은 대도구, 소도구, 소품, 의상 등을 챙기면서 노래 부르고 떠들어댄다. 그들의 일은 이미 자신들의 일상인 듯하다. 학생들의 떠들썩한 소리는 밤하늘의 폭죽처럼 요란하다.

17

몇 명의 학생들은 수업용 노트에 자신들이 발표할 순번을 기입하고 있고, 다른 무리들은 파트너와 함께 이야기를 나누고 있다. 승욱과 무신은 실기실 한편에 앉아 열심히 토론 중이고, 수정과 주희는 등을 맞대고 부비며 몸을 풀고 있다.

교육자가 실기실로 들어와 앉으면 반대표인 무신은 이야기를 멈추고 노트를 교육자에게 내민다. 교육자가 노트를 유심히 들여다보더니 입을 연다.

"다들 작품은 정독했나요?"

"네!"

학생들이 큰소리로 응답한다. 수업용 노트에는 다음과 같은 순서가 적혀 있다.

1. S. 베케트 〈고도를 기다리며〉   . . . 블라지미르(양승욱)/에스트라공(감무신)
2. K. 골도니 〈여관집 여주인〉   . . . 미란돌리나(이정하)/리파프라타(박정태)
3. W. 셰익스피어 〈오델로〉   . . . 오델로(손기주)/데스데모나(이소희)
4. J. 주네 〈하녀들〉   . . . 쏠랑쥬(권주희)/끌레르(이수정)
5. G. 로르카 〈베르나르다 알바의 집〉 . . . 아델라(윤문숙)/마르티리오(김현정)

교육자가 학생들에게 시선을 돌린다.

"이제 우리의 세 번째 장면연극 작업을 위해 작품과 장면, 그리고 등장인물이 결정되었습니다. 다음 시간부터 단락별로 시연을 하거나 아니면 인물의 형상을 가지고 1인 에튜드와 2인 에튜드를 보여주길 바랍니다. 오케이?"

"네!"

학생들이 활기차게 응답한다. 교육자가 승욱과 무신 쪽으로 눈길을 옮긴다.

"베케트의 〈고도를 기다리며〉를 정독하고 난 후 이전의 사실주의 작품이나 체홉극과는 어떤 차이점이 있었나요?"

"이전의 사실주의 작품과는 확연히 달랐습니다. 한마디로 말해서 모든 면에서 모호하고 구체적이질 않다는 것입니다."

무신이 먼저 입을 뗀다.

"구체적이질 않다는 건 어떤 의미이죠?"

교육자가 무신에게 되묻는다.

"우선 공간이 불분명하고, 시간의 경과도 작품을 아무리 뒤져봐도 알 수가 없었습니다. 인물 또한 무엇을 하는 사람인지, 어디에서 왔는지, 왜 여기로 왔는지, 무엇을 원하는지 모든 것이 구체적으로 묘사되어 있질 않았습니다."

승욱이 무신 대신 재빠르게 답변한다.

"그래서 무엇을 해야 할 지 막막했습니다. 그러니까 인물들의 역사와 전 상황이 구체적으로 이해되지 않아 행동 찾기도 퍽 난해한 것 같습니다. 현재까지는요."

무신도 거든다.

"그건 저희들도 마찬가지에요."

옆에 앉아 있던 주희가 대화에 끼어든다.

"그런데 그나마 다행스러운 건, 저희들은 인물들의 직업이 하녀들이라는 사실입니다. 하지만 그것을 제외하고는 무엇 하나 인물들에 대한 정보가 없다고 해도 과언이 아닌 것 같아요."

주희의 파트너인 수정도 난감해한다.

"그렇지만 〈고도를 기다리며〉와는 달리 마담과의 관계만은 분명하게 드러나 있을 텐데?"

교육자가 주희와 수정을 번갈아 바라보며 질문한다.

"네, 마담과 그들은 주종의 관계인 것만은 분명하지만, 그렇지만 그들이 왜,

무엇 때문에 텍스트상의 행동과 말을 하는 지는 정말 모호해요."

주희의 즉각적인 답변에 교육자는 고개를 끄덕거리며 잠시 생각에 잠긴다. 그리고는 학생들을 향해 질문을 던진다.

"부조리, 영어로는 'absurd'라는 말에 대해 들어본 적 있어요?"

학생들은 큰소리로 '네!'라고 응답한다.

"그럼, 이전에 부조리 작품을 읽어 보거나 공연을 본 적은 있나요?"

뒤쪽에 앉아 있던 정태가 손을 들어 큰소리로 외친다.

"해롤드 핀터의 〈생일파티〉를 공연으로 본 적이 있습니다. 그리고 이오네스 코의 〈수업〉도 공연으로 본 적이 있고요."

"저는 〈고도를 기다리며〉와 〈하녀들〉을 공연으로 봤어요. 그리고 〈마지막 테이프〉도 본 적이 있고요."

소희도 손을 들어 큰소리로 말한다.

"지난 학기 〈희곡읽기〉 수업 때, 아라발 작품과 동구유럽권의 부조리 작품을 읽고 발표한 적이 있어요."

문숙도 한마디 거들자 교육자는 고개를 끄덕거리더니 천천히 말문을 연다.

"부조리 작품에 대한 시대적, 철학적 배경에 대해서는 도서관에서 참고자료 나 논문을 찾아보면 아마 이해가 될 것입니다. 우리의 수업에서는 작품에 등장 하는 인물들에 대해 포커스를 맞춰 얘기하도록 해봅시다!

우선 부조리 작품에 등장하는 인물들은 어떤 전형성을 띤 유형적인 인물이 라는 사실에 주목해야 합니다. 즉 그들은 어떤 특별한 개체라기보다 전형적인 인물이라는 것입니다. 하지만 우리에게 있어서 전형적이라는 단어는 그다지 필 요치 않아요. 왜냐하면 우리의 일은 구체적인 개체로 바꾸어야 하는 작업이기 때문이죠. 다른 말로 하면, 배우의 일은 특별하고 있음직한 어떤 인물로 형상화 해야 할 의무가 있다는 것입니다. 그런 의미에서 인물의 전형성을 다분히 내포하고 있는 부조리극은 우선 작품의 역사적, 철학적 배경이나 작가에 대한 조사와 연구가 선행되어야만 해결 될 가능성이 농후할 겁니다.

예를 들어 봅시다. 〈고도를 기다리며〉에서 등장하는 부랑자와 〈하녀들〉에서 등장인물인 하녀들은 당시의 삶에 대한 철학을 반영하고 있는 사람들입니다. 그리하여 당시의 사회와 철학에 대한 연구와 조사는 우리의 직접적인 일은 아니지만, 그 속의 인물들을 이해하기 위해서는 필히 거쳐야 하는 과정이라고 나는 말하고 있는 것입니다. 그것이 선행된다면 이제 우리의 일은 한층 명확해질 것입니다. 그렇다면 이전의 작업과 마찬가지로 상황에 대한, 인물에 대한 자신의 이해로부터 인물의 형상을 모색하면 되는 것이죠. 물론 그렇다고 하더라도 이전의 사실주의 작품이나 체홉의 인물과 비교해보면 훨씬 난해한 것이 사실입니다. 이것에 대해 좀 더 구체적인 이야기는 수업 시간 때 여러분들의 시연을 보고서 언급하도록 하죠."

교육자가 잠시 말을 멈추고 학생들을 한 번 휙 둘러보더니 다시 자신의 말을 이어간다.

"셰익스피어에 대해서도 간단하게 얘기해볼까요?"

교육자가 기주와 소희에게 시선을 돌린다.

"자네들은 셰익스피어의 작품들을 읽어봤니?"

"네! 저희들은 그의 4대 비극과 희극들을 거의 읽었습니다."

기주가 의기양양하게 대답한다.

"오케이, 〈오델로〉가 비극인 이유는 무엇이라고 생각하지?"

교육자가 그에게 재빨리 되묻는다.

"…"

"주인공인 오델로의 파멸로 끝나기 때문이라고 생각해요."

소희가 확신에 찬 어조로 기주를 거든다. 교육자는 동의의 뜻으로 고개를 끄덕거린다.

"그럼, 자네들에게 가장 흥미로운 셰익스피어의 비극 작품은 무엇이었지? 그리고 그 이유는?"

교육자가 그들에게 다시 질문을 던지자 기주와 소희는 잠시 생각에 잠긴다.

". . . 저는 개인적으로 〈오델로〉가 가장 흥미로웠습니다. 그 이유는 한 장의 손수건이 거대하고 용감한 장군인 오델로를 파멸로 이끌고 있기 때문입니다. 즉 부관인 캐시오가 오델로의 아내 데스데모나에게 준 손수건이 이야고의 간계로 말미암아 파멸의 단추가 되고 있기 때문이죠. '나라면 그럴 수 있을까'라고 생각해보았습니다. 아마 충분히 그럴 가능성이 있을 것 같았습니다."

이내 기주가 빠른 속도로 말을 내뱉는다. 교육자와 학생 동료들은 고개를 끄덕거린다.

"소희는요?"

"저는 〈리어왕〉이 가장 재미있었어요. 그건 압도할만한 스케일 때문이었습니다. 특히 리어왕의 광야에서의 독백은 감탄과 탄성을 절로 불러일으켰습니다. 이 장면은 전에 읽었던 그리스 비극인 〈오디푸스왕〉의 광야에서의 대사를 연상시켰고요."

소희의 즉각적인 답변을 듣고서 교육자는 고개를 끄덕이더니 천천히 말문을 연다.

". . . 셰익스피어의 비극적 인물은 하나 같이 영웅이거나 고귀한 신분이죠. 따라서 지금의 우리에게 있어서 그들은 좀처럼 이해되질 않는 사람들입니다. 우선 이러한 사실이 우리에게 골치 아픈 문젯거리입니다. 그렇지만 이러한 고상한 인물들이 우리를 무척 곤혹스럽게 만들기도 하지만 동시에 매력을 제공하는 것도 사실입니다.

고상한 인물인 영웅이거나 왕, 그리고 귀족 신분이라는 인물은 역사적 자료를 통해 우리로 하여금 그들의 형상을 어느 정도 추측하게 만들어줍니다. 그런데 가장 중요한 사실은 그들의 외모나 품위가 아니라, 그들이 지금의 우리와는 다른 세계관을 소유하고 있다는 것을 알아야만 합니다. 이를테면, 지금 우리의 관심사가 '차를 어떤 종류로 바꿀까?', '그 여자는, 그 남자는 무엇을 좋아할까?', '숙제를 해야 하나?', '오늘 점심은 무얼 먹지?', '이 원피스가 사람들의 마음에 들까?' 등이라면, 그들은 국가, 민족, 삶과 죽음, 도덕, 명예 등을 생각하고 있는 인물들이라는 것이죠. 그렇다면 '이러한 인물들의 하루 일과와 일들은 어떨까?', '그들의 취미는 무엇일까?', '그들이 읽는 책은 어떤 것일까?', '그들은 사람들과 무슨 얘기를 어떻게 할까?', '그들의 목소리는 묵직하거나 우렁찰까?' 등에 대한 고민과 이해가 오늘날의 우리에게 해결되어야만 한다는 것입니다.

그러므로 무엇보다도 우선, 지금의 우리가 좀처럼 이해하기 힘든 그 당시 인물들의 삶과 세계관, 행동양식, 매너, 교육 등을 조사, 연구하고 이해할 필요가 있다는 것이겠죠. 그들은 현재의 우리와는 완전히 다른 교육, 생활방식, 사교, 매너, 수사 등을 배우거나 익혔을 겁니다. 그래서 그들의 말, 걸음걸이, 행동거지, 그리고 사고 등은 지금의 우리와는 완연히 다르기에 그것이 우리에게 반드시 필요하겠죠."

교육자는 잠시 말을 멈추고서 학생들을 한번 바라보더니 이내 자신의 말을 계속 이어간다.

"그런데. . . 여기에서 우리가 간과하지 말아야 할 것은, 그들 또한 우리와 같은 인간이라는 사실입니다. 그들도 우리처럼 웃고, 울고, 화내고, 소리 질렀다는 사실 말입니다. 그렇다면 그들의 삶, 세계관과 그것으로부터 행동양식이 오늘날의 우리와는 다르다 하더라도 우리는 그들과 같은 인간이므로 대담하고 용감하게 다가가 보세요. 이러한 이유 때문에 나는 그들을 창조해야 하는 우리의 일이 곤혹스럽고 힘에 부칠 수도 있지만 동시에 매력적이라고 말했던 것입니다.

간단히 말하면, 우리와는 다른 세계관으로 인해 다른 행동양식을 소유하고 있는 당시의 그들을 이해하기 위한 끈질긴 노력과 함께 어린아이와 같은 순수성을 가지고 대담하게 다가가 보라는 것입니다. 왜냐하면 그들 또한 우리와 다름없는 사람이니까요. 이것이 지금 우리에게 절대적으로 필요합니다. 이해되나요?"

"네!"

몇 명의 학생들은 큰소리로 화답한다. 그리고 다른 몇몇은 고개를 끄덕이며 생각에 잠겨 있다. 교육자는 무언가 열심히 적고 있는 수정과 주희에게 눈길을 돌린다.

"장 주네의 〈하녀들〉을 정독했나요?"

"물론입니다!"

주희와 수정은 고개를 들고서 확신에 찬 목소리로 동시에 대답한다.

"어떤 점이 자네들에게 흥미로웠지?"

재빠르게 교육자가 그녀들에게 다시 묻는다.

"저는 〈하녀들〉을 세 번 읽었는데, 처음에는 그들의 정체와 행동이 너무 모호하여 '작품 잘못 골랐다!'라고 생각했어요. 그런데 어제 작품을 세 번째 정독했을 때, 수정과 재미나게 작업을 할 수 있을지도 모르겠다는 생각이 문득 들었습니다."

주희가 두 팔로 제스처를 연방해대며 답변한다.

"자네가 말한 '재미나게'라는 건 어떤 의미이지?"

교육자가 주희의 말을 가로채며 재차 질문을 던진다.

"음. . . 그건 행동 찾기의 다양성이라고 말할 수 있을 것 같아요."

주희는 어깨를 살짝 들썩이더니 빠른 어조로 대답한다.

"좀 더 구체적으로 말해줄 수 있겠니?"

교육자가 다시 주희의 말을 끊으며 빠른 어조로 되묻는다.

"그건. . . 텍스트에서는 작가의 지극히 제한된 행동지시문만 있습니다만, 저희들의 정당성만 찾는다면 얼마든지 적합한 행동으로 가득 채워 넣을 수 있다는 의미이에요."

주희가 음절마다 힘을 주며 말한다.

"그리고. . . 쏠랑쥬와 끌레르의 형상 또한 관찰 작업의 도움으로 저희들의 상상력을 제대로 발휘한다면 무척 흥미롭게 인물 형상 작업을 할 수 있을 것 같구요."

수정도 대화에 끼어든다. 교육자가 그녀들의 답변에 고개를 크게 끄덕거리며 입을 연다.

"오케이! 방금 얘기한 〈고도를 기다리며〉처럼 〈하녀들〉도 부조리극에 해당합니다. 부조리不條理란 조리가 없다는 말이죠. 그것은 상황도, 인물도, 그들의 관계도, 그리고 플롯도, 무엇하나 조리가 있는 것이라곤 하나도 없다는 뜻입니다. 그런데 아까 언급한 것처럼, 작품의 인물들은 시대를 반영하는 전형적인 인간이지만 우리의 일은 살아 있는 인간을 창조하는 일이기에 보다 구체성을 필요로 합니다.

부조리극에 있어서 인물들은 자신의 목표를 꽁꽁 숨긴 채 마치 놀이나 게임을 하고 있는 듯합니다. 하지만 그들은 그 순간만큼은 무척 재미나게 놀고 있죠. 이러한 그들의 모습은 마치 어린아이들이 소꿉놀이나 전쟁놀이를 할 때처럼 아주 진지하게 삶을 모방하며 놀이나 게임을 하고 있는 듯 비춰집니다. 만일 아이들이 놀이를 하며 놀고 있을 때 우리가 한 발짝 떨어져서 그들을 관찰한다면, 아이들은 분명 놀이에 자신을 집어넣어 그들만의 놀이를 즐기고 있다는 것을 알 수 있습니다. 이와 마찬가지로 우리의 삶도 누군가 한 발짝 떨어져서 들여다본다면, 그에게 있어서 우리의 삶 또한 어떤 놀이나 게임을 하고 있는 듯 보일 겁니다. 그렇다면 우리들의 삶도 어린아이들의 모방놀이나 게임과 별반 다르지 않다고 말할 수 있을지도 모릅니다. 해서 놀이는 삶이며, 사실이며, 행동이 될 수 있겠죠.

. . . 그렇지만 우리에게 있어서 정작 중요한 것은 그들이 누구이며, 그들의 관계는 어떠하며, 그들은 왜 이곳에 있으며, 그들은 무엇을 원하는지 등을 명확하게 이해해야만 한다는 것입니다. 만일 그것의 정당성만 제대로 확보할 수 있다면, 주희와 수정이 말한 것처럼 '재미나게 인물의 형상화를 탐구하고 행동 찾기의 다양성'을 획득할 수 있을 것 같은데?'

교육자가 넌지시 수정과 주희를 쳐다보자 그녀들은 동의하듯 고개를 끄덕끄덕 거린다. 교육자가 빙그레 웃는다. 그는 이제 고개를 돌려 벽에 기대고 서서 대화에 주의를 기울이고 있는 문숙과 현정에게 눈길을 준다.

"문숙과 현정에게 있어서 로르카의 〈베르나르다 알바의 집〉을 선택한 계기는 무엇이었지?"

"저희들은 여자들끼리 할 수 있는 작품을 찾고 싶었습니다. 그런데 국내에 번역된 작품 중에서 세 번째 장면연극에 적합한 여자들을 위한 장면을 고르는데 시간이 좀 걸렸어요. 이것저것을 찾아보다가 결국 저희들의 목표에 도움이 될 수 있는 작품으로 로르카의 희곡을 결정하게 되었습니다."

문숙이 교육자의 질문에 또박또박 답변한다.

"저는 최근에 로르카의 〈피의 결혼〉과 〈베르나르다 알바의 집〉을 공연으로 본 적이 있는데 솔직히 그땐 잘 이해가 안 됐어요. 그런데 문숙과 작품을 선택하기 위해 〈베르나르다 알바의 집〉을 정독하고서는 로르카와 그가 창조한 인물의 삶이 조금씩 이해되기 시작했어요. 그래서 문숙과 해보기로 결정했고요."

현정도 자신의 생각을 야무지게 피력한다.

"자네들이 정독한 〈베르나르다 알바의 집〉에서 특히 흥미로웠던 건 무엇이지?"

교육자가 문숙과 현정을 번갈아 바라보며 재차 질문을 던진다.

"폐쇄된 공간에서 여자들만의 삶이었습니다."

"엄마인 베르나르다와 딸들 간의 관계, 그리고 다섯 딸들 간의 관계였어요."

문숙과 현정의 목소리는 확신에 차 있다. 교육자가 고개를 끄덕이며 미소를 짓는다. 그리고 이제 그는 학생들을 향해 시선을 돌린다.

"오케이! 다음 시간에 각 팀은 이제 자신들의 장면을 단락별로 보여주길 바랍니다. 그런데 만일 1단락이 해결되지 않아 시연할 수 없다고 판단되면, 1인 에튜드나 2인 에튜드를 보여줘도 괜찮습니다. 에튜드는 텍스트를 통해 상상되어진 그 어떤 에피소드라도 상관없고요. 오케이? 10분 휴식 후에 코미디에 대해서도 얘기해보죠."

"네!"

학생들은 우렁찬 목소리로 화답한다. 교육자가 실기실을 나서자 기주와 소희가 뒤따라 나간다.

18

수업이 시작되면 교육자가 실기실로 들어와 자리에 앉는다. 그의 책상 위에 놓여 있는 수업용 노트에는 다음과 같은 리스트가 적혀있다.

1. 골도니 〈여관집 여주인〉 1단락/총3단락
   . . . 미란돌리나(이정하)/리파프라타(박정태)
2. 베케트 〈고도를 기다리며〉 1단락/총5단락
   . . . 블라지미르(양승욱)/에스트라공(감무신)
3. 장 주네 〈하녀들〉 1단락/총3단락
   . . . 쏠랑쥬(권주희)/끌레르(이수정)

4. 셰익스피어 〈오델로〉 1단락/총5단락

   . . . 오델로(손기주)/데스데모나(이소희)

5. 로르카 〈베르나르다 알바의 집〉 1단락/총3단락

   . . . 아델라(윤문숙)/마르티리오(김현정)

"준비되면 시작하세요!"

교육자가 무대를 바라보며 외친다. 무대는 이미 골도니의 〈여관집 여주인〉 장면으로 세팅되어 있다. 무대의 세 면은 가림막으로 가려져 있고, 무대 오른쪽 앞에 등퇴장로 문으로 만들어놓은 프레임이 세워져 있다. 무대 왼쪽에 가로로 긴 침대가 놓여 있고, 무대 중앙에는 둥근 테이블 위에 푸른 색 덮개가 씌워져 있다. 테이블 주위에는 고풍스러운 등받이 의자가 2개 놓여 있다. 그리고 무대 오른쪽 벽면에는 등받이 없는 작고 둥근 의자 2개가 나란히 위치해 있다.

리파프라타 역으로 분한 정태가 씩씩 소리를 내며 무대를 왔다 갔다 하고 있다. 그는 흰색 상의 블라우스에 밑단이 불룩한 군청색 7부 바지를 입고 있다.

"준비되면 시작하겠습니다."

정태는 여전히 씩씩대며 소리친다. 학생들과 교육자는 그의 이런 모습을 바라보며 소리 내어 웃는다. 리파프라타로 분한 정태는 이내 빠른 걸음으로 문 쪽으로 다가가더니 문 밖을 살핀다. 그리고 아직도 분에 못이기는 듯 구시렁대며 무대를 돌아다닌다. 그러더니 그는 의자에 털썩 앉으며 손바닥으로 탁자를 세게 두어 번 내리친다. 그는 여전히 계속 중얼댄다.

그때 양손에 시트를 정중히 받쳐 든 미란돌리나 역의 정하가 등장한다. 그녀는 프레임 바깥에 서 있다. 미란돌리나로 분한 정하는 가슴이 푹 파인 푸른색 블라우스를 입고 소매는 걷어붙였으며, 나풀거리는 붉은색의 긴 치마를 입고 있다. 정하는 문밖에서 꼿꼿한 자세로 정면을 향한 채 서 있다.

"나리, 들어가도 될까요?"

마침내 그녀가 나지막하게 읊조린다. 그녀의 목소리는 나긋나긋한 듯하지만 비장함이 살짝 깃들여 있다.

리파프라타 기사 역의 정태가 깜짝 놀란다. 그는 문 쪽으로 한 번 휙 쳐다보고 재빨리 평정심을 찾으려 한다. 그리고는 아무렇지도 않은 듯 근엄하게 대꾸한다.

"무슨 일이오?"

미란돌리나 역의 정하는 살짝 눈살을 찌푸리며 잠시 머뭇거리는 듯하더니 안으로 들어온다. 그리고는 여전히 정면을 향한 채 정중하게 말을 내뱉는다.

"여기, 최고급 시트를 가져왔는데요."

정태는 아예 정하를 쳐다보지도 않고 퉁명스럽게 응답한다.

"좋아요, 거기 두시오."

미란돌리나 역의 정하는 다시 잠시 머뭇거린다. 그리고는 천천히 호흡을 들이마시더니 최대한도로 차분한 목소리로 말한다. 그녀의 상체는 여전히 정면을 향해 있다.

"송구합니다만, 취향에 맞는지 한번 봐주셨으면 해요."

기사가 무뚝뚝하게 내뱉는다.

"그 물건 어디 거요?"

이때 미란돌리나는 재빨리 한걸음 앞으로 걸어 나온다. 그리고 만면에 환한 미소를 머금으며 리파프라타를 쳐다보지 않고서 정중하게 말한다.

"프랑스제 린넨 천이예요."

기사의 조금 놀란 듯한 '프랑스제 린넨?'이라는 되물음에 미란돌리나는 애교 섞인 목소리로 화답한다.

"예, 나리. 한 마에 6파올리짜리랍니다. 한번 보시죠."

그는 여전히 앉아서 그녀에게는 눈길도 주지 않고 대꾸한다.

"난 비싼 걸 요구한 게 아니오. 먼젓번에 당신이 줬던 것보다 나은 거면 충분한데."

그녀는 마침내 기사 쪽으로 방향을 틀어 그를 똑바로 쳐다본다. 그리고 느리지만 힘 있는 목소리로 또박또박 말한다.

"이 시트는 제가 귀한 분들을 위해 따로 만들어둔 거예요. 이 물건을 충분히 알아보실만한 그런 분들이요. 고명하신 나리, 사실 당신이니까 드리는 거예요. 다른 분들한텐 드리지 않아요."

포즈pause. 기사는 갑자기 빠른 템포로 관객석 쪽으로 얼굴을 돌리더니 비꼬는 듯한 목소리로 속삭인다. 방백aside.

"의례적인 말이지!"

그가 다시 아무 일도 없었던 것처럼 이전의 자세로 돌아오자, 그녀는 천천히 기사 쪽으로 팔을 한껏 쭉 뻗으며 말한다.

"이 식탁보와 냅킨 세트를 좀 보시지요."

그녀의 목소리는 콧소리가 조금 섞여 있다. 드디어 그가 마지못해 천천히 일어선다. 그리고 그녀의 팔에 들려 있는 식탁보와 냅킨을 훔쳐보듯 곁 눈길로 쳐다본다. 갑자기 그가 탄성을 내지른다.

"오, 이건 플랑드르 산 모직천이 아니오! 나 때문에 괜히 이 천을 더럽힐 필요는 없소이다."

미란돌리나는 이제 노골적으로 기사 면전에 서서 그를 빤히 쳐다본다. 그녀의 목소리는 아까보다 훨씬 나긋나긋하다.

"기품 있는 신사 분을 위해서라면, 전 그런 하찮은 것쯤은 개의치 않는답니다. 제겐 이런 물건이 몇 개 더 있어요. 고명하신 나리를 위해 따로 보관해둔 거죠."

포즈. 기사는 또다시 객석 쪽으로 고개를 신속하게 돌리더니 눈을 최대한 동그렇게 뜨고서 속삭인다. 방백.

"이 여자의 친절은 인정해줘야겠는데."

포즈. 이번에는 여관집 여주인이 객석 쪽으로 고개를 휙 돌리고서 얼굴을 한 껏 찡그리며 속삭인다. 방백.

"무뚝뚝한 인상으로 봐선 정말로 여자들을 좋아할 것 같지가 않네."

리파프라타로 분한 정태는 아주 천천히 의자에 앉으며 아까와는 사뭇 다른 목소리로 미란돌리나로 분한 정하에게 말한다. 하지만 여전히 그의 시선은 그녀 를 외면하고 있다.

"시트를 내 하인에게 맡겨 두시오. 아니면 거기 한쪽 구석에다 놓든지. 그것 때문에 불편을 겪어서야."

미란돌리나는 재빠르지만 품위 있게 기사 쪽으로 한 발 쑤욱 다가선다. 그녀 는 극히 부드럽게 아양 떨 듯 소리를 내뱉는다.

"오, 전 전혀 불편하지 않아요. 지체 높으신 신사 분을 모시는 일인데요, 뭘."

기사 역의 정태는 이전보다 훨씬 빠르게 객석 쪽으로 고개를 돌린다. 포즈. 그의 인상은 잔뜩 구겨져 있고, 목소리는 거의 힐난조이다. 방백.

"나한테 아양을 떠는군! 하여튼 여자들이란! 다 똑같다니까!"

그가 이전의 자세로 천천히 돌아가면 여관집 여주인 역의 정하는 천천히 침 대 쪽으로 걸어가더니 기사를 쳐다보지 않은 채 말을 툭 던진다.

"그럼, 이걸 침대에다 두죠."

갑자기 정하는 스톱 모션을 취하고서 고개만 객석으로 홱 돌리더니 크고 굵 직한 남저음의 목소리로 외친다. 방백.

"오, 만만치가 않아. 이거 계획이 어긋나지나 않을까 슬슬 걱정되네."

동료들이 소리 내어 웃는다. 이때 정태도 고개를 객석 쪽으로 홱 돌리더니 큰소리로 외친다. 방백.

"멍청한 인간들은 저런 사탕발림 소리에 쉽게 속아 넘어가곤 한다니까."

시연을 마친 듯 정태와 정하는 쑥스러워하며 자신의 본모습으로 되돌아와 자리에 앉는다. 정하가 배시시 웃으며 소곤댄다.

"여기까지 준비했어요."

교육자가 고개를 천천히 끄덕거리고 있다. 그들의 시연을 바라보고 있던 동료들은 조금 상기된 표정으로 교육자에게 주의를 기울인다.

"수고하셨어요."

교육자가 그들을 쳐다보고 말하고는 빙그레 웃고 있다. 정태와 정하는 연신 머리를 쓸어 넘기고 있다. 이윽고 교육자가 그들에게 질문을 던진다.

"이 장면의 에피소드를 총 몇 단락으로 나누었나요?"

"세 단락으로 나누었습니다."

정태가 분명한 어조로 답변한다.

"그럼, 지금 보여준 것은 1단락까지 입니까?"

"네."

정하가 짧게 답변한다.

"1단락에서 각자의 전 상황과 목표에 대해 간단하게 말해줄래요?"

교육자가 그들에게 답을 요구한다.

"이전의 1막 13장에서 후작이 제 방으로 찾아와 돈을 빌려갔습니다. 그는 저의 금화와 동전 몇 푼을 거의 빼앗다시피 가져가서 저는 화가 무지 나있는 상태이고요.

그리고 1막 15장인 이 장면에서 저의 목표는 미란돌리나에게 그 어떤 관심이나 주의를 주지 않는 것입니다. 왜냐하면 저는 여자를 좋아하지 않을 뿐만 아니라 혐오하기 때문입니다."

정태가 자신의 생각을 또박또박 교육자에게 전달한다.

"저는 후작과 백작을 통해 기사의 인간성에 대한 정보를 얻은 후, 그가 무례하게 요구한 침대 시트와 탁자보, 냅킨 등을 직접 챙겨 교체하러 가기로 결심했습니다. 그래서 여성혐오주의자인 그의 태도와 생각을 불식시키고, 나아가 만물의 영장인 여자에게 굴복시키기 위해 그의 방을 처음으로 방문하는 것이고요."

정하 또한 그녀의 생각을 거침없이 교육자에게 전달한다.

"오케이!"

교육자가 그들의 답변에 고개를 끄덕이며 동의의 목소리로 외치고서는 잠시 생각에 잠긴다. 학생들은 그들의 대화에 주의를 기울이고 있다. 이윽고 교육자가 천천히 말문을 연다.

"... 까를로 골도니의 〈여관집 여주인〉은 중세 이태리의 코미디 델아르트에 강한 영향을 받은 코미디극이죠. 즉 그것은 희극입니다. 코미디에 대해 중요한 몇 가지를 이야기해보도록 할까요?

... 시대를 불문하고 코미디에는 풍자와 해학이 담겨 있습니다. 그것은 시대상을 반영하고 있는 풍자와 해학입니다. 즉 코미디는 동시대의 사회제도와 구조, 신분, 인물 등을 직접적, 간접적으로 비꼬아 우스꽝스럽게 만들고 있는 것이죠. 이러한 특성으로 인해 코미디의 인물들은 어떤 전형성을 확실히 확보하고 있다고 할 수 있습니다.

이태리의 코미디 델아르트도 예외는 아닙니다. 골도니의 후기 작품인 〈여관집 여주인〉에서도 이와 같은 속성은 여실히 드러납니다. 여관집 여주인인 미란돌리나는 당시의 남성중심의 사회, 남성중심의 사랑관에 대해 비꼬고 폭로하고 있습니다.

당연히 우리에게 있어서 정작 중요한 것은 코미디의 인물들이겠죠. 우선 코미디의 인물 형상을 획득하기 위해서는 변신이 필요합니다. 이것은 우리의 전前 작업에서 도움을 받을 수 있을 겁니다. 관찰 작업 말입니다. 코미디의 인물 형상은 관찰 대상의 신체기관들에 대한 섬세한 관찰과 모방을 통해 변형의 극대화를 달성할 필요가 있어요. 이때 전형성은 인물의 외적 특징의 극대화를 전제로 합니다. 그렇다면 코미디 인물의 전형성 확보를 위해 우리의 첫 단계는 인물로의 외형을 구축하는데 전력을 기울여야만 하는 것이겠죠. 전형성을 갖춘 인물로의 외적 변신, 이것은 나아가 인물의 내적 성격을 구축하도록 만들어줍니다."

몇 명의 학생들은 재빠르게 메모를 하고 있다. 또 다른 몇 명의 학생들은 고개를 끄덕끄덕 거리며 생각에 잠겨 있다. 교육자는 멘트를 멈추고 정태를 바라본다.

"자네는 현재 리파프라타 기사를 어떤 사람으로 이해하고 있지?"

"어떤 과거의 사건이 그로 하여금 여성혐오주의자로 만들었는지는 아직까지 생각 중입니다만, 현재 그는 대단한 여성혐오주의자인 것만은 분명한 듯합니다. 그래서 여성과는 가까이 하지도 않을 뿐만 아니라, 여성의 말과 태도 또한 듣지도 신뢰하지도 않습니다.

아울러 저는 그를 대단한 한량이라고 생각하고 있습니다. 왜냐하면 그의 전재산을 먹고 마시고 노는데 쓰고 있기 때문입니다."

정태는 교육자의 질문에 힘 있게 답변한다.

"오케이! 인물의 형상화를 위해 자네의 관찰 작업은 어떻게 진행되고 있는지 말해주겠니?"

교육자는 정태의 답변에 고개를 끄덕이더니 재차 질문을 던진다.

"아직까진. . ."

정태가 머뭇거리며 말꼬리를 흐린다.

". . . 그렇다면 지금 리파프라타의 형상에 대해 생각해보고 해보도록 할까? 우선 그의 걸음걸이를 위해 관찰대상 동물이 있다면 어떤 것이 있을까?"

교육자가 즉흥적으로 그에게 과제를 요구하자, 정태는 잠시 생각하다가 입을 뗀다.

". . . 길들여지지 않은 말이 좋을 듯합니다."

"왜지?"

교육자가 그의 답변에 흥미로운 듯 즉시 되묻는다.

"음. . . 절도 있는 동작, 자신감 있는 걸음걸이, 기사로서의 우아한 자태 등으로 미루어 보건대 말이 연상됩니다."

교육자와 동료 학생들이 고개를 끄덕거린다.

"오케이, 나도 동의하네. 그렇다면 야생말의 형상을 기억하며 기사인 리파프 라타로서 한 번 걸어보겠니?"

정태는 살짝 당황한 듯하더니 이내 몸을 흔들어 긴장을 풀기 시작한다. 그는 우선 허리를 곧추세운다. 그리고 목을 위로 길게 뻗더니 무릎을 절도 있게 폈다 굽혔다 하며 천천히 걷기 시작한다. 교육자와 학생들은 그의 변형을 유심히 바라보고 있다.

"이제 조금 빨리 걸어 볼 수 있을까?"

교육자의 요구에 정태는 그 자세를 유지하고서 조금 빨리 걷기 시작한다. 교육자와 학생들은 그의 모습을 보며 고개를 끄덕인다.

"자, 이제 걷다가 그 형상을 유지하고서 의자나 탁자에 앉아 볼까요?"

교육자가 재차 그에게 과제를 제시하자, 정태는 형상을 유지한 채 이리저리 걷더니 천천히 의자에 앉는다. 그리고 한쪽 다리를 높이 들어 천천히 내리고서는 다리를 꼬고 앉는다. 교육자와 동료 학생들이 소리 내어 웃는다. 그는 이내 벌떡 일어나 빳빳한 자세를 유지하면서 다시 천천히 걷기 시작한다.

"오케이! 그 자세와 행동의 템포와 리듬을 유지하면서 대상인 말의 눈으로 바꿀 수 있다면 바꿔 볼 수 있을까요?"

교육자가 정태에게 또 다른 과제를 제시한다.

"···"

정태는 잠시 머뭇거리더니 이내 우아하게 목을 쭉 뽑고 서서 손등을 허리춤에 걸치고 잠시 생각에 잠겨 있다. 그러더니 눈을 크게 확장시켜 깜박거린다. 그리고는 잠시 눈을 크게 뜨고 있다가 또 다시 서너 번 눈을 크게 깜박거린다. 이제 그는 천천히 두 눈을 뜨고 감고를 반복하며 이전의 형태를 가지고 걷기 시작한다.

"눈을 깜박거리는 이유는?"

정태의 시연을 흥미롭게 지켜보던 교육자가 그에게 말을 건넨다.

"그는 경계심과 의심이 많은 것 같아요."

정태는 형상을 유지한 채 교육자의 질문에 답변만 하고 있다.

"오케이! 그와 같은 자세와 걸음걸이, 눈을 유지하면서 이번에는 어떤 목표를 가지고 행동을 해볼 수 있을까?"

"···"

정태는 다시 잠시 생각에 잠긴다. 그러더니 이내 허리와 목을 한껏 곧추세우고 천천히 걷다가 빠르게 걷다가를 반복한다. 그러다가 뒷허리춤을 차고 천천히 걷는다. 갑자기 그는 눈을 빠르게 깜박거리더니 문 쪽으로 빠른 걸음으로 간다. 고개만 쭉 빼고 바깥을 보다가 아주 천천히 뒤돌아선다. 다시 눈을 천천히 깜박거린다. 이제 그는 뒷허리춤을 차고 의자 쪽으로 간다. 그리고는 엉덩이를 쭉 빼며 천천히 앉는다. 여전히 그의 눈은 느릿하게 깜박거리고 있다. 이어 테이블 위에 놓여 있는 주전자와 컵 쪽으로 눈을 깜박거리며 쳐다본다. 교육자와 학생들은 흥미로운 듯 그의 행동을 주의 깊게 바라보고 있다.

"오케이, 이번에는 리파프라타의 소리도 찾아볼까요? 이러한 형상을 유지하고서 무슨 말이든 좋으니 해볼 수 있겠니? 즉 형상에 어울리는 소리를 찾아서 해보세요."

교육자가 그에게 재차 과제를 던진다.

"﹒﹒﹒"

정태는 여전히 형상을 유지한 채 테이블에 앉아 생각에 잠겨있다. 잠시 후 그는 탁자 위에 놓여 있는 종이를 잡더니 펼친다. 그는 나지막하지만 힘 있게 단어마다 끊어 읽는다. 한 문장을 읽고 눈을 깜박거리며 생각에 잠겨 있다. 그러더니 벌떡 일어나 이리저리 왔다 갔다 한다. 그리고 다시 종이를 펼치고서 중저음의 스타카토 식 발성을 구사하며 읽기 시작한다. 갑자기 그는 종이를 구겨 집어 던지고는 허리를 곧추세운다. 의자 쪽으로 발걸음을 천천히 옮긴다. 그리고는 엉덩이를 쭉 빼고 의자에 앉는다.

동료 학생들은 정태의 변신에 웃음을 머금고 있다. 정태의 즉흥 과제를 유심히 보고 있던 교육자가 마침내 입을 연다.

"수고했어요! 제법 믿을만한 인물 형상에 대한 작업이 시작된 것 같은데."

교육자는 연신 고개를 끄덕이고 있는 학생들 쪽으로 고개를 돌리더니 자신의 말을 이어간다.

"코미디 인물 형상을 위한 전형성 확보는 우리의 첫 번째 일이지만 이것은 지속적으로 해내어야만 하는 작업이기도 합니다. 코미디의 인물 형상에 있어서 이러한 전형성은 외형의 특징을 통해 인물됨이나 성격을 단박에 드러내는 그 어떤 것이어야 합니다. 그것을 위해 지체 없이, 망설임 없이 과감하고 대담하게 해보세요. 과장도 두려워하지 마세요. 더구나 우리는 이미 인물, 동물, 사물 등의 관찰 작업을 통해 인물의 외적 성격을 창조한 경험이 있기에 용감하게 이 일을 해보라는 말입니다. 오케이?"

학생들이 고개를 힘차게 끄덕이며 큰소리로 응답한다. 교육자가 시계를 쳐다본다.

"오늘 수업은 여기까지만 하고 다음 시간에 계속해보도록 합시다!"

교육자가 정태에게 엄지손가락을 높이 치켜들며 실기실을 나선다. 몇 명의 학생들이 정태 주위로 몰려든다.

19

교육자가 실기실로 들어와서 의자에 앉으면 책상 위에 놓여 있는 수업용 노트에는 다음과 같은 차례가 적혀있다.

1. 베케트 〈고도를 기다리며〉 2단락/총5단락
   . . . 블라지미르(승욱)/에스트라공(무신)
2. 로르카 〈베르나르다 알바의 집〉 2단락/총3단락
   . . . 아델라(문숙)/마르티리오(현정)
3. 장 주네 〈하녀들〉 2단락/총3단락
   . . . 쏠랑쥬(주희)/끌레르 (수정)
4. 셰익스피어 〈오델로〉 3단락/총5단락
   . . . 오델로(기주)/데스데모나(소희)
5. 골도니 〈여관집 여주인〉 2단락/총3단락
   . . . 미란돌리나(정하)/리파프라타(정태)

교육자가 노트를 훑어보고서는 말문을 연다.

"지난 주 정태와 정하의 시연에서 몇 가지만 더 언급하고 〈고도를 기다리며〉를 보도록 할까요?"

학생들이 교육자에게 주의를 기울이자, 그는 이내 자신의 말을 이어간다.

"그것은 코미디에 있어서 사건과 평가, 목표 그리고 행동의 모색과 실행 등에 관한 것입니다. 코미디에 있어서 사건과 평가는 비극과는 다른 특별한 것이 있습니다. 즉 코미디에 있어서 사건의 크기와 정도는 특별하게 평가되어 절대치의 목표를 가지고 행동의 과장으로 나아가야 한다는 것이죠. 그러므로 코미디에 있어서 사건은 결코 어중간한 크기와 정도를 허용하지 않습니다. 사건에 대한 평가 또한 깊고 넓어야 합니다. 해서 자신의 목표는 마치 삶이냐 죽음이냐 정도의 크기로 자리 잡아야 한다는 것이죠. 그것은 결국 행동의 과장으로 이어지고요.

한마디로 말해서, 코미디에 있어서 사건과 평가는 매우 특별하여 목표는 삶이냐, 죽음이냐의 크기로 직결된다고 할 수 있습니다. 따라서 이러한 사건과 평가는 극도의 목표를 가지고 결국 과장의 행동을 실행하도록 만들어야 한다는 것입니다.

정태와 정하의 시연을 통해 예를 들어 볼까요? 수업 때 정하가 보여준 미란돌리나의 기사 방으로의 첫 방문은 기사인 리파프라타에게 있어서는 분명 사건입니다. 기사의 전 상황은 후작의 쩨쩨한 돈 빌리는 수단에 의해 지극히 화가 나 있는 상태였고요. 이때 미란돌리나는 침대시트와 탁자보 등을 가지고 기사 방을 방문하죠. 물론 여관집 여주인인 미란돌리나는 기사의 여성에 대한 오만함을 짓뭉개기 위한 목표를 가지고 방문합니다. 이때 미란돌리나의 이 목표는 반드시 달성해야만 되는 최극도의 목표이어야 합니다.

그리고 난 후 그녀는 기사 방으로 진입하여 자신의 목표를 달성하기 위해 몇 가지의 전술을 구사하지만, 리파프라타는 퉁명스럽게 대꾸만 할 뿐 그녀에게 전혀 관심을 보이지 않습니다. 그러자 그녀는 '이 시튼 제가 귀한 분들을 위해 따로 만들어 둔 거예요. 이 물건을 충분히 알아보실만한 그런 분들이요. 고명하신 나리, 사실 당신이니까 드리는 거예요. 다른 분들한텐 드리지 않아요'라고 기사에게 말합니다. 이때 이 말은 미란돌리나에게는 최극의 목표를 가진 말행동이며, 동시에 기사로 하여금 흔들어 놓기에 충분하고도 특별한 사건으로 작동되어야 합니다. 왜냐하면 이후의 기사의 '포즈'가 그것을 증명해주는 행동지시문이기 때문이죠. 그리하여 그 다음의 기사의 방백, '의례적인 말이지!'는 여성혐오주의자인 기사의 속내를 여실히 드러내주는 과장의 언어가 되어야 하고요. 이후의 포즈 또한 기사에게 있어서는 대단한 사건으로 작동되어 포즈로 인한 기사의 방백, '이 여자의 친절은 인정해 줘야겠는데.'는 자신도 모르게 그녀에게 마음이 열리는 순진한 언어가 되어야 합니다.

미란돌리나 또한 자신에게 전혀 관심을 보이지 않고 있는 이 여성혐오주의자인 남자에게 '무뚝뚝한 인상으로 봐선 정말로 여자들을 좋아할 것 같지가 않네.'라고 말하는데, 이것은 이전의 기사의 태도와 말이 미란돌리나에게 특별한 사건으로 작동되어야만 이 대사가 과장의 언어로 성립되는 것이죠.

그리하여 이러한 행동 단위들은 자연스럽게 희극적 템포와 리듬을 형성하도록 만듭니다. 그것은 여자에 대한 태도가 결코 바뀔 것 같지 않던 여성혐오주의자인 리파프라타가 미란돌리나의 전술에 의해 마치 빗장이 풀리는 것과 같은 형태로 진행되어 그의 형상의 변화가 우리로 하여금 웃음을 자아내기 때문입니다."

몇 명의 학생들은 고개를 끄덕이며 생각에 잠겨 있고, 또 다른 몇 명의 학생들은 자신들의 노트에 메모를 하고 있다. 교육자는 잠시 생각하는 듯하더니 다시 말을 이어간다.

". . . 이처럼 코미디는 사건의 크기와 정도가 특별하여 자신과 상대배우로 하여금 엄청난 주의를 끌게 만듭니다. 그리하여 이러한 사건은 특별한 목표를 가진 말과 행동으로 직결되겠죠."

교육자는 말을 끊으며 다시 잠시 생각하는 듯하더니 이내 말을 잇는다.

"허나. . . 이제 이것을 생각해봅시다. 목표의 크기나 정도와 어울리지 않게 행동하거나, 목표와 비례하지 않는 행동으로 말미암아 어딘가 비어 있는 듯하거나, 엇박자이거나 또는 예상치 못한 행동의 템포와 리듬을 발생시킨다면, 그 간극으로 인해 웃음은 유발될 수도 있다는 사실 말입니다. 이것을 우리는 코미디에 있어서 '비예측성'이라고 말합니다. 이것은 배우로 하여금 대단한 감각, 순발

력, 재치, 엉뚱함 등을 요구하기도 하죠. 그래서 어떤 사람들은 '희극의 기질은 타고나는 것이지, 훈련으로 이루어지지 않는다'라고 말하는 지도 모릅니다.

아울러 코미디에 있어서 대상에 대한 주의력은 순식간에 무지막지하게 깊어지거나 'o(제로)'가 되기도 하고, 그리고 대상으로의 주의 이동은 찰나적으로 빠르거나 매우 느려지기도 하여 행동의 템포와 리듬을 거의 예측하기가 힘들게 하기도 하죠. 이 말은 대상으로의 주의 집중과 이동이 예측하기가 매우 힘든 행동의 템포와 리듬을 형성한다는 의미입니다.

그렇지만 코미디에 있어서 무엇보다도 가장 중요한 요소는 과장입니다. 이것은 코미디에 있어서 필수 항목이지만, 피상적이고 과장을 위한 과장이 아니라 속이 꽉 찬 과장이어야 한다는 점을 반드시 유념해야 합니다. 방금 언급한 것처럼, 코미디의 과장은 특별한 목표(최극의 목표)를 전제로 하고 있죠. 이러한 목표는 결국 과장의 말, 행동으로 나아가게끔 하는데, 이때 과장의 말과 행동은 자신의 목표 달성을 위한 극도의 것이기에 속이 꽉 찬 형태라고 말할 수 있습니다. 그렇다면 이것은 과장을 위한 과장이 아니라 속이 꽉 찬 과장이어야만 하죠. 해서 형식만 과장으로 나타나는 것이 아니라 내용이 꽉 들어차 있는 과장이어야 한다는 것입니다.

결국 코미디에 있어서 행동은 사건과 평가, 그리고 목표가 매우 특별하여 말을 포함한 행동의 양태 또한 그것과 어울릴 수 있는 매우 특별한 것임과 동시에 대상으로의 주의와 이동이 예측할 수 없는 비예측성과 템포와 리듬의 낯섦 등으로 순열 조합되어, 그것은 억양의 상승과 하락, 소리의 크고 작음, 인물의 행동 찾기의 다양성—아크로바틱, 마임, 슬로우 모션, 스톱 모션, 슬랩스틱 등—과 뒤섞인 행동의 템포와 리듬을 발생시키고 있죠. 이것이 바로 비극과 다른 코미디의 행동이라고 나는 말하고 있는 것입니다."

교육자는 학생들을 한번 휙 둘러보더니 다시 말을 이어간다.

"그러나 코미디에 있어서 정작 내가 말하고 싶은 것. . . 어린아이와 같은 순진함, 순수함, 대담함, 용감함 등을 요구하기에 과장을 겁내지 말라는 것입니다. 즉 코미디에 있어서 과장은 절대 조건이지만, 인물의 전형성, 사건과 평가, 목표 그리고 행동의 특별성이 계획되었다면, 나무 주위에서 맴돌지 말고 나무꼭대기 까지 힘차게 올라가야만 한다는 것이죠. 이해되나요?"

몇 명의 학생들은 고개를 끄덕이며 깊은 생각에 잠겨 있고, 몇 명의 학생들은 자신들의 노트에 뭔가를 계속 적어 내려가고 있다. 교육자는 빙그레 미소를 띠고서 승욱과 무신 쪽으로 시선을 옮긴다.

"오케이, 10분 휴식 후 성욱과 무신의 〈고도를 기다리며〉를 볼까요?"

20

휴식 후 교육자가 들어와 자리에 앉는다. 무대의 세 면은 가림막으로 가려져 있고, 무대 왼쪽은 작은 큐빅을 사용하여 양쪽으로 두 단을 세우고 위에 가로로 긴 큐빅을 놓아 사각 구멍이 나 있다. 그리고 무대 오른쪽 구석에는 지지대 형태로 밑 받침대를 만들어 세워 놓은 앙상한 나무가 보인다.

블라지미르 역의 승욱과 에스트라공 역의 무신은 나무 밑에 널브러져 있다. 그들은 낡은 양복차림에 구겨진 넥타이를 매고 있고, 다 떨어진 군화 비슷한 신발을 신고 있다. 그리고 두 사람은 색이 한참 바란 중절모자를 쓰고 있다.

"준비되면 시작하겠습니다."

무신은 널브러진 자세를 취한 채 힘없이 말한다.

"네!"

교육자가 미소를 띠며 활기차게 대답한다. 학생들은 흥미로운 듯 무신과 승욱에게 시선을 보내고 있다. 무신은 눈을 감고 있고, 승욱은 아래위, 그리고 옆으로 두리번거린다. 승욱의 한 손에는 또 다른 중절모가 들려져있다. 그는 손에 들려진 모자를 쳐다본다.

잠시 후 그는 팔을 땅에 짚고 힘겹게 일어나더니 객석 쪽으로 걸어 나와 뭔가를 쳐다본다. 그리고는 가림막 뒤쪽으로 가더니 기웃거리며 쳐다본다. 그는 이러한 행동을 두어 차례 반복한다. 승욱의 걸음걸이는 한쪽 다리가 불편한 듯 절뚝거린다. 그러더니 이제 그는 나무 밑에 널브러져 눈을 감고 있는 에스트라공을 바라본다. 그는 에스트라공 쪽으로 다가가 모자를 내민다. 여전히 에스트라공 역의 무신은 눈을 감고 있다. 승욱은 모자로 그를 툭 친다. 무신은 눈을 부스스 뜨고 블라지미르를 쳐다본다. 블라지미르 역의 승욱이 다시 모자를 무신에게 쑥 내민다. 무신은 모자를 마지못해 받는다. 승욱은 자신이 가지고 있던 모자를 머리에 쓴다. 에스트라공은 블라지미르가 내민 모자를 이리저리 살펴보다가 자기 것을 벗더니 쓴다. 그리고는 자기 모자를 블라지미르에게 준다. 블라지미르는 에스트라공의 모자를 받으며 자기 모자를 에스트라공에게 준다. 에스트라공은 블라지미르의 모자를 자기 머리에 쓴다. 그들은 이와 같은 행동을 십여 차례 반복한다. 이제 그들은 일어서서 모자 돌려쓰기 게임을 반복한다. 차츰 그들은 이 놀이를 즐긴다. 그들은 큰소리로 웃어대며 신나게 놀이를 계속한다. 갑자기 블라지미르 역의 승욱이 모자를 땅에 내던지더니 에스트라공에게 묻는다. 그의 얼굴 표정은 무척 진지하다.

"이것이 내게 잘 맞아?"

에스트라공 역의 무신이 블라지미르 역의 승욱을 이리저리 살핀다.

"내가 어떻게 알겠어?"

에스트라공은 관심 없다는 듯 대답하고는 땅바닥에 털썩 앉는다. 블라지미르는 그의 옆에 바짝 붙어 앉는다. 그리고 재촉한다.

"그래? 그렇지만 내가 이것을 쓴 모양이 어떤가?"

에스트라공은 잠시 그를 똑바로 쳐다보더니 '소름이 끼쳐.'라고 말하고 자리에서 일어서려고 하자, 블라지미르가 에스트라공을 부축하며 다시 재촉한다.

"그래? 보통 때보다 더하지는 않지?"

"더하지도 않고 덜하지도 않고."

에스트라공은 여전히 퉁명스럽게 대답한다. 블라지미르가 기뻐하며 외친다.

"그럼, 난 이걸 가질 수 있어. 내 것은 갑갑했거든. . . (모자를 쳐다보며) 뭐라고 할까?. . . (여전히 모자를 쳐다보며) 가려웠어."

그는 모자 안을 이리저리 살피고는 턴다. 그리고 머리에 쓴다. 이 모습을 묵묵히 지켜보던 에스트라공이 불쑥 한마디 한다.

"난 가겠네."

그는 발을 질질 끌며 사각구멍 쪽으로 가서 빠져나가기 위해 엎드린다. 블라지미르는 여전히 모자를 썼다가 벗었다가 반복하고 있다. 그리고는 빠르게 에스트라공 쪽으로 돌아서서 큰소리로 외친다.

"놀지 않겠어?"

에스트라공은 구멍을 빠져 나가며 외친다.

"무엇을 하고 놀아?"

"포조와 럭키의 놀이를 할 수 있지."

블라지미르가 즉각 큰소리로 응답하자 에스트라공은 빠져 나가던 것을 멈추고 뒷걸음질로 엉덩이를 씰룩거리며 엉금엉금 기어 나온다. 이 모습을 지켜보던 동료들이 웃어댄다.

"그런 소린 들어 본 적이 없는데."

블라지미르는 절뚝거리며 에스트라공에게 빠른 걸음으로 다가가더니 호기심 가득한 눈으로 외친다.

"나는 럭키가 될 테니 자네는 포조가 되어 보게."

블라지미르가 무거운 짐을 진 듯한 축 늘어진 행동을 취하며 에스트라공에게 요구하자 그는 블라지미르를 가만히 쳐다보고만 있다. 그러자 블라지미르가 재촉한다.

"다음은 자네 차례야."

에스트라공은 힘없이 대꾸한다.

"내가 무얼 해야 되지?"

블라지미르가 즉각 '날 저주해보게!'라고 말하자, 에스트라공은 잠시 생각하다가 작은 소리로 '고약한 놈!'이라고 말한다. 그러자 블라지미르가 자세를 유지한 채 큰소리로 외친다.

"더 크게!"

에스트라공은 양 손으로 허리춤을 쑥 올리고 나서 큰소리로 '임질! 매독!'이라고 외친다. 블라지미르가 갑자기 축 늘어진 몸을 마구 이리저리 흔들어댄다. 그리고 다시 에스트라공에게 주문한다.

"나더러 생각해보라고 해봐."

에스트라공이 알아듣지 못하고 '뭐!'라고 되묻자 블라지미르는 여전히 몸을 이리저리 마구 흔들어대며 큰소리로 외친다.

"돼지야, 생각해 봐! 이렇게 말해 봐!"

에스트라공은 즉시 큰소리로 외친다.

"돼지야, 생각해 봐!"

갑자기 블라지미르가 스톱한다. 그리고는 움직이지 않는 자세로 천천히 입을 연다.

"생각은 못하겠어!"

에스트라공이 재미없다는 듯 두 팔을 흔들며 한마디 내뱉는다.

"이제 그만."

그리고 그는 사각구멍 쪽으로 가려고 돌아선다. 그때 갑자기 블라지미르가 부동의 자세를 유지하고서 엄청나게 큰소리로 외친다.

"날더러 춤을 추라고 해봐."

에스트라공은 사각구멍으로 나가기 위해 몸을 굽히며 외친다.

"나는 가겠어."

블라지미르가 큰소리로 고함친다.

"돼지야, 춤을 춰!"

그리고는 재빨리 에스트라공 쪽을 쳐다본다. 하지만 그는 이미 구멍을 빠져나간 뒤다. 블라지미르는 빠른 걸음으로 사각구멍 쪽으로 가서 엎드리더니 에스트라공이 나간 곳을 이리저리 살피기 시작한다. 잠시 후에 그는 일어서서 절뚝거리며 천천히 걸어 다닌다. 그는 무언가를 곰곰이 생각하더니 빠르게 걷기 시작한다. 여전히 절뚝거리는 걸음걸이다. 갑자기 블라지미르로 분한 승욱은 걸음을 멈추더니 몸을 곧게 편다.

"여기까지 준비했습니다."

승욱이 시연이 끝났음을 알리자 무신이 사각 구멍을 통해 엉금엉금 기어 나온다. 동료들이 큰소리로 웃어댄다.

"오케이, 수고했어요!"

교육자가 빙그레 미소를 띠고 있다. 무신과 승욱은 바닥에 앉아서 교육자에게 주의를 기울인다. 동료 학생들도 교육자에게 시선을 돌린다. 교육자는 잠시 생각하는 듯하더니 천천히 말문을 연다.

"장면은 총 몇 단락으로 나누었으며, 시연은 몇 단락까지 보여주었나요, 무신?"

"저희들은 장면을 총 5단락으로 나누었고, 오늘은 2단락까지 시연했습니다."

무신은 정확하고 또박또박한 발음으로 답변한다.

"인물 형상화 작업과 연습과정에 대해 우리에게 간단히 말해주세요, 승욱!"

승욱이 잠시 생각하더니 답변한다.

"…무신 형과 몇 작품을 읽어보고 난 뒤에 최종적으로 베케트의 〈고도를 기다리며〉가 이 시점에서 저희들에게 도움이 될 거라고 생각했습니다. 그리고 도전해보고 싶은 욕심도 났고요. 그러고 난 후 저희들은 베케트의 희곡들을 죄다 찾아서 거의 다 읽어본 것 같습니다. 그랬더니 부조리극의 구조와 인물들이 어렴풋이 이해되기 시작했습니다."

"베케트의 어떤 작품들을 읽어 보았지?"

교육자가 승욱의 말을 끊으며 빠르게 질문한다.

"〈게임의 끝〉, 〈크랩의 마지막 테이프〉, 〈행복한 나날들〉, 〈플레이〉, 〈나는 아니야〉입니다."

옆에 있던 무신이 승욱 대신 또박또박 대답한다. 교육자가 고개를 끄덕거리며 승욱에게 시선을 옮긴다.

"오케이! 계속해서 얘기해보겠니? 승욱."

"그리고…일전에 선생님께서 말씀하신 놀이로써의 부조리극을 주제로 한 논문이나 잡지도 몇 권 읽었습니다. 그랬더니 텍스트에 대한 이해가 훨씬 깊어져 재미가 생기기 시작했습니다. 그러고 난 후에 무신 형과 저는 블라지미르와 에스트라공의 형상작업을 위해 동물원을 다시 찾았습니다. 저희들은 인물 형상을 위해 도움이 될 만한 동물들을 동영상으로 찍어 와서 본격적으로 관찰 작업에 착수했고요."

승욱의 목소리는 비교적 차분하다.

"오케이, 관찰 작업의 진행과정에 대해서도 우리에게 간단히 얘기해주겠니?"

교육자가 이번에는 무신에게 시선을 돌리자 그는 자신의 작은 노트를 들추더니 입을 연다.

"…저는 에스트라공 역을 위해 펭귄을 선택했습니다. 그리고 승욱은 블라지미르 역을 위해 오소리를 선택했고요. 관찰 작업 때처럼 그들의 신체기관을 모방한 뒤에 걷거나 앉거나 움츠리거나 어떤 대상을 보는 것 등을 수행한 다음 물건을 다뤄보기도 했습니다. 이후에 저희들은 직립하여 관찰한 동물의 신체적 특징을 신체부위에 입혀서 천천히 걷거나 빨리 걷거나 앉거나 눕는 등의 행동을 해보았습니다. 이러한 과정을 거쳐 서서히 인물 형상으로 탈바꿈시켜 나갔고요.

그런데 관찰 작업을 통해 인물의 형상을 창조하는 데 있어서 가장 힘들었던 부분은 소리 찾기였습니다. 그 이유는 외형을 바꾸고서 그 형상에 적합한 인물의 소리를 찾아 이렇게 저렇게 해보면서 억지스러움이 느껴져 내 것이라는 확신이 서질 않았기 때문입니다."

교육자가 고개를 연신 끄덕이더니 다시 질문을 던진다.

"오케이, 인물 형상화 과정에 대해 조금 더 구체적으로 얘기해줄 수 있을까?"

무신은 잠시 생각하더니 천천히 입을 연다.

"음.. . . 저의 예를 들면, 펭귄의 목, 팔, 걸음걸이, 눈 등을 관찰하여 몸에 입혔는데, 특히 펭귄의 걸음걸이와 눈을 집중적으로 관찰하여 인물 형상으로의 주재료로 삼았습니다. 이 상태에서 자연스러운 소리를 찾고자 했는데, 짧게 끊어지는 듯한 음절, 한참의 포즈 후에 갑작스럽게 터져 나오는 말, 낮은 음보단 비교적 높은 음역대에서 말하기 등이었습니다. 그런데 막상 행동과 함께 소리를 내거나 블라지미르인 승욱과 대화할 때는 어색하고 불편함을 다소 느꼈습니다."

"그 이유는 무엇이라고 생각했죠? 그리고 해결책은 찾았나요?"

교육자가 흥미로운 듯 그에게 재차 질문한다.

"계속 해결책을 찾고 있습니다만 현재까진 이렇게 생각하고 있습니다. 형상에 어울리는 소리에만 초점을 맞춰 말을 내뱉다보니, 파트너와의 교류 없이 소리만 낸 꼴이 되어버려 소리를 위한 소리로 전락해 버린 것 같았습니다. 그래서 찾고자 하는 소리는 생각과 계획만 할 뿐, 블라지미르와의 교류에 모든 주의를 기울이며 말을 하기 시작하다 보니 조금씩 제가 믿을 수 있는 소리가 저의 입을 통해 발화되는 듯 했습니다."

무신의 답변에 교육자와 학생들은 고개를 끄덕거린다. 잠시 후 그는 학생들을 향해 시선을 돌리더니 말문을 연다.

". . . 부조리극의 등장인물은 이해하기 쉽지 않은 사람들입니다. 특히 형상화작업에 있어서는 무척 난해하죠. 그런데 아마 독자로서 텍스트를 읽으며 그들을 상상한다면 조금 쉬울지도 모릅니다.

그렇지만 우리의 일은 구체적이고 생생하게 살아 있는 인물의 구현에 있어요. 전에도 언급한 것처럼, 관찰 작업은 인물 형상화를 위한 용이하고 구체적인 방법입니다. 아울러 그것은 인물의 외적 성격을 통해 내적 성격을 모색하는 데 적합하다고 할 수 있습니다. 특히 비사실적인 인물을 구현하는 데 있어서는 사람보다 동물이나 사물이 관찰의 대상으로 유용할 수 있고요. 왜냐하면 그것은 상상력을 더욱 필요로 하기 때문이죠."

"선생님, 무신 형과 저는 이번 장면 작업을 위해 또 하나의 대상을 지속적으로 관찰했는데, 바로 아이들이었습니다."

승욱이 교육자의 말을 가로채자 교육자는 고개를 끄덕거리더니 자신의 말을 계속 이어간다.

"아이들의 관찰은 우리에게 있어서 매우 유용한 재료이자 공부죠. 그들의 모방력은 자신의 감각기관을 거의 무의식적으로 발휘하도록 합니다. 그것은 마치 흡수력 좋은 스펀지로 비유될 수 있어요. 즉 아이들은 몸으로 느끼고, 몸으로 이해하여 결국 행동으로 옮겨낸다고 할 수 있죠.

머리가 아니라 몸으로 이해한다는 것은 정말이지 불가사의한 일입니다. 어른들의 행동경로가 머리로 이해되어 이행되는 것과는 차원이 다르다고 할 수 있어요. 분명 우리들도 어린 시절에는 그러했을 겁니다. 하지만 커가면서 몸과 머리가 독립적으로 발전하게 되었다고 할 수 있을 겁니다. 그런데 몸으로 하는 일을 직업으로 택한 사람들은 아마 머리와 몸이 덜 독립적이라고 할 수 있겠죠. 신체를 주로 사용하는 예술가들이 그 좋은 예가 될 수 있어요. 운동선수도 마찬가지일 거고요.

아무튼 아이들의 이러한 놀라운 능력은 여러 곳에서 증명되는데, 일례로 아이들의 외국어 습득과정과 수행능력을 보면 확연히 드러납니다. 아이들은 외국어 단어와 문장의 구조, 의미를 전혀 모르지만 며칠 반복해서 외국어로 된 어떤 이야기를 들려주면, 그들은 거의 완벽할 정도로 외국어의 발음, 억양, 운율, 템포와 리듬 등을 구사합니다. 이때 아이들의 외국어 말을 녹음해서 들어보면 외국인인지 아닌지 구분이 안 될 정도죠. 그저 놀랄 따름입니다. 그리하여 아이들에 대한 관찰은 우리들에게 있어서는 보물과 같은 관찰 대상일 필요가 있겠죠."

학생들은 연신 고개를 끄덕거리며 경청하고 있다. 교육자가 승욱과 무신을 바라본다.

"오케이, 승욱과 무신은 아이들의 관찰을 통해 무엇을 얻었는지 이제 우리에게 얘기해주세요!"

승욱이 무신을 힐끔 쳐다보더니 먼저 입을 연다.

"관찰 작업 때 아이들을 관찰한 적이 있습니다. 그때도 아주 흥미롭게 관찰했습니다만, 이번 장면연극 작업을 통해 아이들을 다시 관찰하면서 더욱 흥미로웠던 것은 그들의 주의에 대한 엄청난 집중력이었습니다. 조심스럽게 그들을 관찰하면서 '쓸데없는 긴장을 제거한 상태에서 오로지 대상으로의 온전한 집중이 어떻게 가능하지?'라는 생각을 끊임없이 하게 되었습니다."

승욱은 제스처를 해대며 조금 흥분한 듯 답변을 해댄다.

"저는 유치원생 또래의 아이들을 관찰했는데, 그들이 유치원 선생님인 듯한 사람의 소리와 행동을 모방하며 놀이를 하는 것을 보고는 무척 흥미롭게 지켜봤습니다. 저는 그들에게 방해되지 않게 조금 떨어져서 관찰했습니다. 그런데 그들이 모방하고 있는 유치원 선생님의 형상과 성격인 듯한 사람이 제 눈에 선명하게 펼쳐졌습니다. 그 중에 어떤 아이는 유치원 선생님의 버릇인 것 같은 급작스럽게 올라가는 말 어미의 특징을 구사했는데, 저는 그 다음날 유치원으로 가서 그 선생님을 확인해 봤을 정돕니다."

무신 또한 다소 과한 몸짓을 해대며 답변한다. 학생 동료들과 교육자는 연방 고개를 끄덕인다.

"오케이, 이제 자네들이 관찰한 아이들과 이번 장면연극 작업은 어떤 연관성이 있었는지 조금 더 구체적으로 말해주겠니?"

교육자가 흥미로운 듯 그들에게 재차 질문을 던진다.

"저는 펭귄의 잰 걸음과 빠른 목놀림을 관찰하고서 아이들에게서 대상이 바뀜에 따라 발생하는 순간 집중력과 행동들을 응용해서 인물의 형상을 구축하려고 했습니다. 하지만 현재는 정확하게 몸에 붙이질 못해 아직까진 미흡합니다만. . ."

"저는 오소리의 느릿한 움직임과 지면을 질질 끌면서 걷거나 앉는 행동을 유심히 관찰하고 난 뒤, 아이들이 주의할 수 있는 아무런 대상을 가지지 않았을 때 오소리과 동물에게 보이는 흐느적거림과 같은 행동양식을 인물의 형상화에 적용하려고 했습니다."

무신과 승욱의 답변에 교육자가 동의하듯 고개를 끄덕인다. 기주와 문숙은 눈을 반쯤 감고 그들의 대화를 들으며 연신 고개를 끄덕거리고 있다. 교육자가 학생들에게 시선을 돌린다.

"오케이! 무신과 승욱의 인물 형상화 작업은 현재까지 무척 잘 진행되고 있는 듯합니다. 해서 오늘의 시연은 충분한 성과가 있었다고 생각됩니다. 아직까지 형상이 무르익지는 않은 듯하지만, 현재까지 자신들이 관찰한 동물과 아이들로부터 중요한 신체적 특징을 차용하여 구체적으로 몸에 입히는 과정이기에 만족하고 동의하는 바입니다. 그들의 소리에 대한 모색 또한 인물의 외형작업과 더불어 진행과정의 연속선상에 있는 듯합니다."

학생들은 교육자의 의견에 동의의 뜻으로 고개를 힘껏 끄덕인다. 교육자가 무신과 승욱 쪽을 향해 고개를 돌린다.

"계속해서 형상에 어울리는 소리를 찾아 파트너와 적극적으로 교류해보도록 하세요!"

무신과 승욱이 고개를 힘껏 끄덕거리자 교육자는 잠시 생각에 잠기는 듯하더니 자신의 말을 다시 이어간다.

". . . 오늘 승욱과 무신의 시연에 있어서 나에게 특히 흥미로웠던 점은, 그들의 행동이 자신들의 현 상황에서 지루함을 달래줄 정당성 있는 놀이로 작동하고 있다는 점입니다. 예를 들어, 두 사람의 '모자 바꿔 쓰기 놀이'는 무척 신이 나는 그들만의 시간 때우기였으며, 이것은 지금 이 순간만큼은 그들의 절대 놀이로 행동화되고 있었다는 것입니다.

또한 그들의 속은 잘 알 수 없지만 어떤 대상을 가진 흐름이 지속적으로 진행되고 있어서 우리들로 하여금 계속 주의를 기울이게 만들고 있었습니다. 이것은 아주 중요한 '속채우기'로 그들의 목표는 잘 감춘 채, 상대배우로 하여금 자극과 영향을 말로, 행동으로 전달해내고 있는 것입니다. 즉 그들의 놀이 행동은 숨겨진 목표로써가 아니라 당면한 목표로써의 행동이었다고 평가됩니다. 그런데 인물의 형상을 가진 채 그들의 행동 주고받기는 어딘가 모르게 불합리하게 보여 우스꽝스럽게 만들고 있었습니다. 이러한 면의 최절정은 '욕하기 놀이'였다고 평가됩니다. 결국 이러한 그들의 놀이는 아이들의 '소꿉놀이'나 '전쟁놀이'와 유사한 형태로 유감없이 발휘되어 우리로 하여금 매우 흥미로운 주의를 끌게끔 했습니다."

학생들은 교육자의 평가에 고개를 끄덕이며 깊은 생각에 잠겨있다. 무신과 승욱은 자신들의 노트에 뭔가를 빠르게 메모하기 시작한다. 교육자가 다시 잠시 침묵하더니 이내 자신의 말을 계속 잇는다.

". . . 부조리극에 있어서 등장인물의 행동은 지독히 조리가 없는 듯합니다. 하지만 우리가 그것들을 조리 있게 해결하지 못한다면 어떤 인물 형상을 가진 그들의 행동은 무척 재미없는 것이 되고 말 것입니다. 그런데 방금 무신과 승욱의 시연에서 그들의 조리는 아주 깊은 곳에 잘 감추어져 있었으며, 단지 외형적으로 조리가 없거나 부조리하게 보일 뿐이었습니다. 그렇다면 인물들의 조리를 위해 그들의 상황, 관계, 사건, 목표 등을 구체적으로 계획하여 수립하지 않는다면, 부조리에서의 인물은 지극히 추상적이 되거나 아예 사라지게 될 가능성이 많다는 것이죠."

교육자가 평가를 일단락 한 듯 학생들을 한 번 빙 둘러 보더니 입을 뗀다.

"자, 2주 후에 우리는 장면연극 작업의 세 번째 공개 발표를 가질 예정입니다. 공개 발표를 위한 연습과 준비에 만전을 기하도록 하세요! 오케이?"

"네!"

학생들은 큰소리로 화답한다. 교육자가 실기실을 나서면, 학생들은 자신들의 파트너와 이야기를 나누기 시작한다.

21

공개 발표 날, 극장에는 화술, 움직임, 리듬, 연극이론 그리고 연기교육자들이 자리하고 있고, 배우과衤 선후배, 연출과, 영화과 학생들도 객석에 앉아 있다. 무대는 이미 첫 번째 공개 발표인 사무엘 베케트의 〈고도를 기다리며〉가 세팅되어 있다. 담당 연기교육자가 프로그램을 손에 들고 무대로 나온다.

"익히 아는 바와 같이, 그동안 우리는 공연에 앞서 배우가 준비해야 할 학업 단계들을 차근차근 학습해 왔습니다. 그러한 과정을 거쳐 우리는 지속적으로 공개 발표를 통해 여러분들과 만나왔고요.

우리는 첫 번째 공개 발표인 '대상없는 행동'을 거쳐, '1인 에튜드', '2인 에튜드', '관찰 작업', '인물 형상화 작업', 두 번의 '장면연극'을 지나 이제 최종 목적지인 공연을 앞둔 마지막 장면연극을 발표하려고 합니다.

다음 학기가 되면 오늘 공개 발표를 한 학생들은 그동안 장면연극을 확장시켜 졸업공연을 하거나 새로운 텍스트를 가지고 본격적으로 졸업공연 작업에 임하게 될 것입니다. 이처럼 학생들은 입학하여 체계적인 학업단계를 성실하게 거쳤기에, 저는 그들에게 그동안의 수고와 노력, 의지에 박수를 보냅니다. 졸업공연 때도 많은 선생님들과 선후배들은 그들의 교육성과를 지켜봐 주시고 격려와 조언을 아낌없이 부탁드립니다.

첫 번째, 두 번째 장면연극이 사실주의극, 체홉극이었다면, 오늘 세 번째 발표할 장면연극은 시대극을 포함한 비사실주의극, 그리고 코미디 등입니다. 오늘 공개 발표할 장면연극은 이전 두 번의 장면연극 공개 발표와 마찬가지로 인물 형상을 구축하여 역할로서의 교류가 목표입니다. 그렇지만 그것은 배우 자신으로부터 출발한 인물로서의 행동 찾기와 실행이라는 대원칙에 근거합니다. 오늘 장면연극 작업을 이전의 장면연극과 굳이 비교하자면 장르와 양식의 차이점만 있을 뿐입니다. 하지만 그 차이점은 학생배우들에게 있어서는 무척 중요한 또 다른 공부임에 틀림없습니다.

차치하고, 지금부터 세 번째 장면연극을 발표하도록 하겠습니다. 발표순서는 다음과 같습니다."

1. 사무엘 베케트 〈고도를 기다리며〉
   . . . 블라지미르(양승욱)/에스트라공(감무신)
2. 페데리코 가르시아 로르카 〈베르나르다 알바의 집〉
   . . . 아델라(윤문숙)/마르티리오(김현정)

3. 윌리엄 셰익스피어 〈오델로〉
　. . . 오델로(손기주)/데스데모나(이소희)
4. 장 주네 〈하녀들〉
　. . . 쏠랑쥬(권주희)/끌레르(이수정)
5. 까를로 골도니 〈여관집 여주인〉
　. . . 미란돌리나(이정하)/리파프라타(박정태)

공개 발표가 끝나고 학생들은 소도구와 소품, 의상 등을 정리하고 극장을 청소하고 있다. 이제 이런 일들은 그들에게 있어서 아주 익숙한 듯 일사천리로 진행된다.

"선생님 모셔오겠습니다!"

반대표인 무신이 동료들에게 외치자 학생들은 "오케이!"라고 외치며 자신들의 일을 마무리하고 있다.

잠시 후 연기교육자가 극장 안으로 들어와서 객석에 앉는다. 학생들은 여느 때와 마찬가지로 편하게 의자에 앉거나, 마룻바닥에 앉거나, 벽에 등을 기대고 서 있다. 교육자는 학생들을 한 번 훑어보고서는 빙그레 미소를 띤다. 그리고는 천천히 입을 연다.

"세 번째 장면연극 작업을 충실히 수행한 여러분들에게 축하의 박수를 아낌없이 보냅니다!"

학생들은 고함을 지르며 자축의 박수를 서로에게 열광적으로 보낸다. 교육자도 학생들에게 힘찬 박수를 보낸다. 잠시 후 교육자가 다시 말문을 연다.

"발표 전에도 얘기했던 것처럼, 이제 우리의 초목표인 공연을 제외한 모든 세부단계의 공개 발표는 끝났습니다. 드디어 우리에게는 종착지, 즉 공연만이 우리를 기다리고 있습니다."

학생들은 살짝 긴장한 듯한 표정이다. 교육자가 이내 자신의 말을 계속 이어간다.

"일전에도 언급했지만, 공연은 불특정 다수인 관객이라는 대상을 만나는 축제의 자리여야 합니다. 여러분들은 그동안 갈고 닦은 배우의 기술로 무장하여 그들을 기꺼이 맞이하길 바랍니다. 장담컨대, 틀림없이 그들은 여러분들을 환대할 것입니다. 여러분들은 그들을 정중하면서도 대담하게 맞이해야 합니다. 그들에게 영합하지 않으면서 그들을 여러분들의 예술세계로 정중하게 인도해야 합니다. 여러분들은 무대라는 특수한 공간에서 여러분들의 할 일을 소름끼칠 정도로 명확하고, 정확하고, 구체적으로 수행하기만 하면 족합니다. 그 외의 모든 몫은 관객에게 맡기세요.

아울러 오늘 공연에서 설령 실수가 있었다 할지라도 내일의 공연에 집중하길 바랍니다. 중요한 것은 자신이 왜, 무엇 때문에 무대로 등장해야 하며, 자신은 무엇을 할 수 있으며, 상대배우와 자신과의 관계, 그리고 교류의 흐름은 지속되고 있는지 등을 극장에서 매순간 유념하고 체득하길 바랍니다. 오케이?"

"네!"

학생들은 큰소리로 화답한다. 교육자가 미소를 띠며 그들을 바라본다.

"자, 오늘 공개 발표한 것에 대해 총평을 해보도록 할까요?"

학생들은 눈동자를 똘망똘망 굴리며 교육자에게 주의를 기울인다. 그때 조교가 극장으로 들어와서 손님이 찾아오셨다고 전한다. 잠시 수업은 중단되고 학생들은 자신들의 의상이나 소품 등을 챙기며 마무리 정리를 하기 시작한다.

22

잠시 후에 교육자가 다시 극장으로 들어와서 자리에 앉으면 학생들은 그에게 주의를 기울인다.

"다음 학기에 여러분들과 졸업공연을 위해 작업을 같이 할 연출가 선생님이 찾아 오셔서 잠시 갔다 왔습니다."

학생들은 웅성거리기 시작한다.

"오케이, 일단 오늘 공개 발표한 것에 대해 총평을 해볼까요?. . . 우선 첫 번째 공개 발표인 승욱과 무신의 〈고도를 기다리며〉는 수업시간에 보여주었던 시연보다 한층 해결된 것들이 많았다고 생각됩니다. 동물 관찰을 통한 인물의 외형 찾기와 실행은 더욱 구체적으로 해결되었고, 이것으로부터 소리를 찾아 수행한 말 또한 명확하게 행동으로 작동하여 군더더기가 없는 것으로 변모했습니다.

그리고 '사이'와 '포즈', '침묵'은 그들의 내면을 들여다보게끔 하기에 충분했으며, 이후의 상호행동은 우리들의 주의를 한 순간도 허튼 데로 돌리지 못하게 했습니다. 그래서 그들의 무의미한 듯한 게임과 놀이는 어떤 상징과 비유를 내포하기에 이르렀다고 판단되고요. 또한 그들만의 놀이는 우리로 하여금 웃음을 자아내게 만들었습니다. 그리하여 승욱과 무신의 공개 발표는 베케트의 의도를 배우의 몸 행동으로 입체화시킨 수작이었다고 평가합니다."

무신과 승욱은 손바닥을 힘차게 마주친다. 교육자가 미소를 띠며 그들을 바라보더니 입을 뗀다.

"나는 승욱과 무신의 〈고도를 기다리며〉를 다음 학기 졸업공연의 레퍼토리로 포함시키고자 합니다. 물론 블라지미르와 에스트라공은 무신과 승욱이 참여할 것이고, 그 외의 또 다른 배우, 즉 럭키와 포조, 소년이 필요합니다. 그들은 졸업공연 오디션을 통해 선발할 것입니다."

동료들은 함성을 지르며 무신과 승욱을 향해 엄지손가락을 치켜든다. 무신과 승욱은 다시 한 번 손바닥을 크게 부딪치고는 부둥켜안는다. 교육자는 만면에 미소를 머금고 있다.

"선생님, 그러면 저희들의 졸업공연은 몇 개나 됩니까?"

정태가 손을 높이 들어 큰소리로 질문한다.

"졸업공연은 아마 2~3개 정도로 진행될 겁니다. 어떤 선생님이 연출을 하실지는 선생님들 간의 논의를 통해 결정될 것이고, 어떤 학생들이 무슨 작품에 참여할지는 졸업공연 오디션을 통해 결정될 것이고요. 졸업공연 중 하나는 여러분의 담임인 내가 연출로 참여할 것입니다. 그리고 나머지 한두 개는 다른 연출선생님께서 맡게 될 것이고요."

학생들은 웅성거리기 시작한다. 교육자가 다시 말문을 이어간다.

"오케이, 평가를 계속해보도록 합시다! 로르카의 〈베르나르다 알바의 집〉에서 문숙과 현정의 인물 형상화는 수업시간보다 훨씬 견고해졌다고 판단됩니다. 하지만 조금 아쉬웠던 점은, 수업시간에도 몇 번 언급했던 것처럼 인물의 전사前史로 인한 목표의 크기와 정도가 자신들로서 다소 이해되지 못했다는 것입니다. 그래서 특히 그들의 말은 약간 느슨하거나 그냥 내뱉는 꼴이 되어버렸습니다. 로르카의 텍스트를 자신으로서 명확하게 이해하여 자기화 한다는 것은 〈베르나르다 알바의 집〉에서는 결코 쉽지 않습니다."

문숙과 현정은 고개를 끄덕이며 생각에 잠겨 있다.

"세 번째 공개 발표 〈오델로〉에서 기주와 소희의 시연은 나무랄 데 없었다고 평가됩니다. 거무스름하게 분장한 오델로 역의 기주는 분명 분장의 도움을 받아 인물 형상화를 성공적으로 이루고 있었고, 데스데모나 역의 소희 또한 의상과 분장의 도움으로 인물로 접근하는데 무리가 없었다고 생각됩니다. 특히 큐빅과 가림막을 이용한 무대는 인상적이었습니다. 이것 또한 배우에게 큰 도움을 주었다고 생각됩니다.

그들의 시연 중에서 데스데모나의 기도장면은 장면연극에서 단연 압도적이었어요. 소희의 대사는 데스데모나로서의 충분한 울림과 깊이까지도 느껴지게 만들었기 때문이죠. 셰익스피어의 〈오델로〉 또한 졸업공연 중 하나로 검토해볼까 합니다."

기주와 소희는 서로 손을 꼬옥 잡는다. 동료들은 부러운 듯한 시선을 그들에게 보낸다. 교육자가 계속해서 평가를 이어간다.

"주희와 수정의 장 주네 작 〈하녀들〉은 매우 까다롭고 어려운 장면임에도 불구하고 그들의 놀이행동은 우리들에게 충분히 설득력 있게 다가왔습니다. 특히 마담을 흉내 내고 모방하여 게임을 하며 노는 부분에서의 행동 찾기와 실행은 주희와 수정이 가지고 있는 장점인 유연하고 율동적인 움직임을 부각시키기에 충분했어요. 스타카토식의 그들의 말 형식 또한 장면과 인물에 무척 잘 부합했다고 평가됩니다."

주희와 수정도 서로를 꼭 껴안는다.

"끝으로 골도니의 〈여관집 여주인〉에서 미란돌리나 역의 정하와 기사 역의 정태 또한 큰 무리 없이 발표가 이루어진 듯합니다. 조금 아쉬운 부분이 있었다면, 미란돌리나의 여성성만이 강조되어 행동화되었다는 점과, 기사 역의 기주에게 있어서 내적 갈등이 다소 충분히 외적으로 행동화되지 못했다는 점이었습니다. 수업시간에도 몇 차례 말했던 것처럼, 미란돌리나의 터프하고 과감한 남성성으로서의 겉행동과 말행동 찾기, 그리고 기사의 내면을 외적 행동으로 과감하게 실행하라는 과제 말입니다. 그럼에도 불구하고 정하와 정태의 인물로서의 교류는 부족함이 없었다고 평가됩니다."

교육자는 총평을 일단락 한 듯 잠시 말을 끊고는 학생들을 한번 쭉 둘러보더니 천천히 다시 말문을 연다.

"다들 수고하셨어요! 하지만 이 시점에서 내가 정작 하고 싶은 말은, 여러분들은 2년 동안 배우로서의 작업을 단계별로 거쳐 우리의 최종 목적지인 공연을 하기에 충분한 자격과 능력을 갖추었다는 사실입니다. 여러분들의 의지와 노력, 인내에 진심어린 박수를 보냅니다."

학생들은 일제히 일어서서 교육자에게 뜨거운 박수를 보낸다. 몇몇의 여학생들은 눈시울을 붉히고 있다. 교육자도 일어나서 환한 미소를 지으며 학생들에게 힘찬 박수를 보낸다. 이윽고 그가 또박또박한 목소리로 외친다.

"자, 이제 항구가 눈앞에 보입니다. 우리의 궁극적 목적지인 공연 말입니다. 공연을 위해 매진해주길 바랍니다!"

"네!!"

학생들은 큰소리로 화답한다.

"오늘 저녁은 내가 쏘겠습니다!"

교육자의 말이 떨어지기 무섭게 극장은 학생들의 고함소리에 무너질 듯하다.

23

수업이 시작되자 교육자가 들어와 자리에 앉는다. 동료들과 이야기를 나누고 있던 학생들이 대화를 멈추고 그에게 주의를 기울인다. 교육자는 학생들을 주욱 바라보더니 천천히 입을 연다.

"며칠 전 내가 항구가 보인다고 말했던 것은 우리들의 목적지인 관객과의 만남인 공연을 뜻합니다. 그동안 우리는 이 항구를 위해 항로를 결정하고 항해해 왔어요. 때로는 수많은 암초와 거센 파도, 해무, 더위 등을 헤치며 넓은 대양을 유유히 가로질러 우리는 곧 정박지에 다다를 겁니다. 이러한 항해를 묵묵히 참고, 견디며 자신의 일을 묵직하게 수행해 온 선원인 여러분을 나는 진심으로 수고했다고 말했던 것입니다."

학생들은 고개를 힘차게 끄덕인다. 교육자는 다시 한 번 학생들을 한 번 휙 바라보고서는 자신의 말을 이어간다.

"이 시점에서 공연을 앞둔 여러분들이 어떤 항로를 헤쳐 왔는지 간략하게나마 점검해볼까요?

처음의 단계로 여러분들은 입학하자마자 무대라는 허구의 공간에 '있기' 위하여 일상의 몸에서 배우의 몸으로 탈바꿈하기 위한 작업부터 시작했죠. 그것은 무대에 적합한 몸만들기였다고 장담합니다. 즉 이것은 일상의 자연 상태인 자신의 몸이 아니라 허구 속에서 자연스러운 배우의 몸이었습니다. 무대는 이미 알고 있는 시공의, 상황의 공간이기에 여기에 적합한 몸을 요구합니다.

합리적이고 적당한 긴장만 유지한 채 자신의 몸을 이완시키는 훈련은 그 첫 번째 단계에 해당하는 항목이었습니다. 주의와 집중은 무엇이며 어떻게 이루어지는지, 집중하여 상상력의 발동과 발휘는 어떻게 가능한가는 이후의 중요한 과제였고요. 또한 공간과 시간의 치환 연습과제, 그리고 오감의 활용은 상상력과 긴밀히 연관되어 있었어요. 이러한 모든 요소들은 결국 행동으로 귀결되어 자신으로서 행동한다는 것이 무엇인지 여러분들은 차츰 인지하기에 이르렀고요.

두 번째로, 여러분들은 본격적인 대상 다루기를 통해 자신의 몸 행동 방식을 터득했습니다. 즉 '대상없는 행동', '물체(사물) 없는 행동', '상상의 사물을 다루는 행동', '빈 물건 다루기', '신체적 행동의 기억'이라 불리는 것이 그것이었죠.

'대상없는 행동'은 이전까지의 가시적인 대상을 눈앞에서 제거함으로써 자신의 몸 행동을 인식하기 위한 최적의 훈련이었다고 확신합니다. 이때 여러분들은 비로소 대상을 통한 자신의 몸 행동이 무엇이고, 어떻게 해결되는지 명확하게, 구체적으로 인식했다고 판단합니다. 결국 '대상없는 행동'을 통해 여러분들은 자신이 누구인지 알아가는 또 다른 철학법을 소유하게 되었습니다. 직접적이 아니라 우회적으로 말입니다.

세 번째로, 여러분들은 '에튀드'라는 교육도구를 통해 상황을 만났습니다. 이때 여러분들은 자신의 목표를 가지고 자신의 행동을 찾고 실행하는 단계에 접어들었습니다. 여러분들 자신에 의해 제시된 상황은 사건과 평가를 통해 목표를 달성하기 위해 수많은 행동을 하도록 했으며, 때로는 방해물을 만나 자신의 목표가 수정되기도 하여 또 다른 행동을 모색, 실행하게끔 했습니다. 이것이 '1인 에튜드'였습니다.

그러나 '2인 에튜드'는 조금 더 복잡한 것을 전제로 하고 있었습니다. 즉 자신과 대치되는 목표를 가진 유기체-상대배우와의 투쟁, 조율 등을 통해 행동을 찾고 실행하는 과정이었어요. 그러므로 '2인 에튜드'에서 가장 중요한 과제는 상호행동, 즉 교류였으며, 그것은 무엇을 주고 받느냐 하는 것이었다고 생각됩니다. 우리의 작업 단계는 여기까지를 '배우 자신으로서의 작업'이라고 명명합니다.

우리의 다음 작업 과정은 '역할로서의 작업'이었죠. 그 첫 번째 단계가 바로 몸 바꾸기 작업이었습니다. 이것을 우리는 '관찰 작업'이라고 부르는데, 그것은 인물, 동물, 사물 관찰이라는 작업을 통해 자신의 몸을 변형시켜 변형된 몸을 통해 행동을 찾고 실행하는 것이었습니다.

'관찰 작업'은 모호하고 추상적인 인물의 정신세계로 발을 직접적으로 들여놓는 것이 아니라, 자신의 오감을 활용하여 관찰대상의 신체기관, 즉 외형을 모방, 복사하여 우회적으로 인물의 정신세계로 다가가는 완곡한 방법이었습니다. 어쩌면 이 방법이야말로 인물로의 변신을 위한 용이하고 편리한 방법임과 동시에 비록 우회적이지만 지름길이었을 겁니다. 그것은 확신컨대, 우리에게 한층 구체적으로 인물의 형상을 찾기 위한 방법이었다고 생각합니다.

이후의 단계는 드디어 텍스트의 등장이었습니다. 비로소 우리는 작가를 만나게 되었지만 아직까지는 희곡작가에 의한 희곡작품은 아니었습니다. 그래서 우리는 희곡이 아니라 작품 속의 시간, 공간, 인물, 상황 등을 비교적 친절하게 묘사해 놓은 소설을 일차적으로 접하는 작업에 들어섰습니다.

소설 속의 등장인물을 형상화시키기 위해 우리는 재차 에튜드를 무기로 작업을 시작했어요. 즉 인물 형상화를 위하여 '관찰 작업'의 도움으로 '1인 에튜드', '2인 에튜드', '무리 에튜드' 등이 그것이었죠. 이것을 우리는 '문학작품 인물 교류 에튜드'라고 부릅니다.

그러고 난 후 우리는 희곡작가에 의한 희곡작품을 만나 작가의 사상과 의도, 세계를 연구하여 본격적으로 '장면연극'으로 돌입했습니다. 장면연극 작업 단계에 이르러 우리는 여태껏 수학한 모든 것들을 활용하여 작업을 총망라하는 과정을 거쳤고요."

학생들은 고개를 연신 끄덕이며 생각에 잠겨 있다. 교육자가 잠시 말을 끊는 듯 하더니 이내 자신의 말을 계속 이어간다.

". . . 우리의 항해는 이러한 항로를 따라 진행되었으며 이제 그 목적지 항구인 공연만을 남겨 놓게 되었습니다. 분명한 것은, 이 모든 항로의 단계는 항구로 가기 위한 과정으로써 결코 독립적인 단계가 아니라는 사실입니다. 즉 전 단계는 다음을 위한 필수적인 과정이고, 다음은 다다음을 위한 전단계라는 것입니다. 한마디로 말하면, 이러한 모든 단계는 유기적이라는 사실을 명심해야 합니다. 지나온 항로가 기억납니까?"

"네!"

학생들은 자신들이 거쳐 온 작업과정을 회상하며 큰소리로 화답한다. 교육자가 빙그레 웃으며 '10분만 쉬었다가 계속해볼까요?'라고 말하고는 자리에서 일어난다.

24

휴식 중에 몇 명의 학생들은 몸을 풀고 있고, 또 다른 몇 명의 학생들은 담소를 나누고 있다. 교육자가 들어와서 자리에 앉는다. 그는 학생들을 한번 빙 둘러보고 나서 말문을 연다.

"방금 말했던 것처럼, 다음 학기부터 여러분들은 본격적으로 우리의 궁극적 목적지인 공연 작업으로 들어갈 것입니다. 이제 여러분들은 더 이상 공개 발표를 통해 여러분들의 선생님, 동료, 선배, 후배들을 만나는 것이 아니라, 공연을 통해 불특정 다수인 관객을 정식으로 만나게 됩니다.

우리의 최후의 대상은 바로 관객입니다. 우리는 이 대상을 만나기 위해 여태까지 많은 대상들을 만나왔습니다. 관객이라는 대상은 우리가 여태껏 만났던 사물, 상황, 상대배우, 작가에 의해 탄생한 인물과는 또 다른 성질의 대상입니다.

관객은 우리의 작업과정에서 아직까지 한 번도 만난 적이 없는 대상이었습니다. 각 작업 단계마다 우리가 만났던 사람은 우리의 동료, 선후배, 선생님 등으로 구성된 준관객이었다고 말해야 합니다.

우리가 이제 만나게 되는 궁극적 대상인 관객은 불특정 다수입니다. 그것은 오늘 관객이 우리의 동료, 선생님이었다면, 내일 관객은 우리의 일과는 전혀 관계없는 사람들일 수도 있다는 뜻이죠. 분명 우리는 그들을 위해 상당기간 훈련과 연습을 해 왔습니다. 만일 그들이 없다고 생각한다면, 우리의 일 또한 무의미한 일이겠죠. 다시 말하면, 그들이 있기에 우리가 있는 것입니다. 하지만 우리가 있기에 그들 또한 있는 것이고요. 어느 날 그들은 우리의 편이 될 수 있겠지만, 또 어느 날은 우리의 비판자가 될 수도 있습니다. 그러나 우리는 그들과의 관계를 아군과 적군으로 구분 지을 필요는 전혀 없어요. 왜냐하면 우리는 우리의 일이 있기 때문이죠. 따라서 그들에게 아부를 할 필요도 없지만 오만할 필요도 없습니다. 우리는 우리의 작업을 통해 정중하게, 우아하게, 겸손하게 그들을 맞이하면 되는 것입니다. 그 외의 모든 판단은 그들의 몫입니다. 부디 여러분의 명확한 일로써 그들과의 멋진 만남을 준비하길 바랍니다. 오케이?"

"네!"

학생들은 우렁찬 목소리로 외친다. 교육자가 고개를 끄덕이며 계속 말을 잇는다.

"연습실에서 극장으로의 이동은 우리를 분명 설레게 만들 것입니다. 극장에는 상상했던 것보다 훨씬 많은 것들이 우리의 눈앞에 존재해요. 무대장치, 조명기구, 소품, 분장실, 객석 등이 그것입니다. 몇 달을 연습실에서 연습하고 난 후, 극장에서 만나는 이러한 것들은 우리를 통해 구체적으로 작동할 것입니다.

한편 극장에는 그동안 연습실에서는 보이지 않던 많은 스태프들이 드디어 모습을 드러내는 공간입니다. 당연히 극장에서 그들과의 관계는 무척 중요합니다. 그들은 오랜 시간 우리를 지켜보며 자신의 일을 차근차근 준비해 왔을 겁니다. 그들이 준비한 모든 것은 우리를 위한 것이었다고 감히 말할 수 있어요. 그러므로 우리는 그들의 작업을 존중해야 할 것이며, 그들의 작업 결과는 우리를 통해 가치를 발하는 것이기에 우리는 무대에서 우리의 일을 정확하고, 명확하게 해야만 결국 그들의 작업이 완수되는 것임을 명심하고 또 명심해야 합니다."

학생들은 연신 고개를 끄덕이며 교육자의 말을 경청하고 있다. 그는 잠시 말을 멈추고 학생들을 찬찬히 훑어본다. 그리고는 다시 말문을 연다.

". . . 2학년 겨울방학이 끝날 무렵에 졸업공연을 위한 작품과 참여할 배우들, 스태프, 그리고 연출가 선생님이 공지될 것입니다. 어떤 학생은 두 작품에 참여할 수도 있습니다. 그때 그 학생은 두 작품에서 주요 배역을 맡는 것이 아니라, 한 작품에서는 주요 배역이지만 다른 한 작품에서는 작은 배역을 맡을 겁니다.

이러한 방법은 여러분들에게 두 가지 역할을 맡김으로써 부담을 주려고 하는 것이 아니라, 오히려 여러분들을 도와주는 일이 될 것입니다. 왜냐하면 이제 여러분은 공연에 적극 참여해야 할 시점이고, 많은 작가와 동료배우, 스태프, 연출가를 만나야하기 때문입니다. 그런데 두 개의 작품에서 주요 배역을 맡는다면 그것은 분명 힘들고 과중한 일이 될 것임에 틀림없겠죠. 그래서 어떤 학생이 두 개의 작품에 참여해야 한다면, 하나는 비중이 큰 배역이지만 또 다른 하나는 작은 배역이어야 한다고 말하는 것입니다. 이때 명심해야 할 점은, 작은 배역이라 할지라도 작품에서는 중요한 역할임에 틀림없기에 우리의 작업방법에 따라 창조과정을 결코 소홀히 해서는 안 된다는 것입니다. 우리의 선배인 스타니슬랍스키의 '작은 배우는 있어도 작은 배역은 결코 없습니다'라는 말은 여기에 어울리는 말일 겁니다.

누차 강조한 바와 같이 배우의 일은 창조 작업입니다. 창조자의 자세로 여러분들은 작업에 임할 필요가 있음을 한 순간도 잊어서는 안 됩니다. 창조 작업은 권한과 책임을 동시에 가지고 있습니다. 그러기에 나는 다시 한 번 이 점을 강조하고자 합니다."

1. 나는 무엇 때문에 이곳으로 등장하는가?
   나는 무엇을 할 수 있는가?
   나는 왜 이 말을 하는가?
   나는 상대배우로부터 무엇을 받고 무엇을 주어야 하는가?
2. 우리는 극장에서 동료와 함께 무엇을 하고자 하는가?
3. 무대에서 우리의 일은 관객들로 하여금 무엇을 주기 위한 것인가?
   우리의 소통의 장인 극장에서 우리는 무엇을 말하고자 하는 것인가?

교육자는 말을 멈추고 학생들을 향해 미소를 띠고 있다. 학생들은 여전히 그에게 주의를 기울이고 있다. 이윽고 그가 입을 뗀다.

"오케이, 이제 겨울방학 때 세 번째 자율 작업을 준비해볼까요?"

"선생님!!!"

학생들은 여기저기서 고래고래 고함을 지른다. 교육자는 미소를 띤 채 아랑곳 하지 않고 자신의 말만 늘어놓는다.

"일전에도 언급한 것처럼, 자율 작업은 여러분들의 창의적이고, 대담하고, 신나는 작업이 되길 바랍니다!"

교육자가 빙그레 웃으며 자리에서 일어나 실기실을 나서자, 학생들의 함성과 탄식으로 실기실은 가득 차있다.

4부

관객을 만나다!

1

교육자가 정시에 실기실로 들어와서 자리에 앉으면 학생들은 평상시처럼 편한 자리에 앉아 있거나 서 있다. 그는 학생들을 한 번 쭉 바라보더니 말문을 연다.

"일전에 말했던 것처럼, 우리는 공연을 통해 우리의 궁극적 대상인 관객을 만나기 전에 연출가라는 사람을 만나야 할 시점에 이르렀습니다. 물론 우리는 이전의 작업인 '장면연극'을 통해 연출가를 피상적으로 만났지만, 이제 공연을 통해 본격적으로 그를 만날 것입니다."

교육자는 말을 잠시 끊더니 학생들에게 질문을 툭 던진다.

"연출가는 누구이며, 무엇을 하는 사람이죠?"

". . ."

학생들은 생각에 잠겨 있다.

"공연의 전 과정을 수립하고 실행하는 선장과 같은 사람이라고 생각합니다."

정태가 먼저 말문을 튼다.

"가정으로 비유하자면 아버지나 어머니와 같은 역할을 하는 사람일 듯해요."

현정도 가세한다.

"배우의 일과 스태프의 일을 연결해주는 고리 같은 역할을 하는 사람 아닐까요?"

문숙도 한마디 거든다.

"자신의 예술세계를 배우와 스태프의 협력으로 완성하는 또 다른 예술가입니다."

승욱도 자신의 생각을 피력한다. 학생들의 답변에 교육자는 고개를 끄덕끄덕 거리더니 천천히 입을 뗀다.

"여러분들의 생각에 전적으로 동의합니다. 우리는 배우 작업을 위한 첫 단계로 자신을 만났고, 그리고는 상대배우를 만났으며, 그리고 난 다음 작가를 만났습니다. 이제 우리는 또 다른 한 사람을 만나야만 합니다. 바로 연출가입니다.

무엇보다도 우선 우리는 그를 믿어야 합니다. 왜냐하면 그는 여러분과 함께 고민하고, 논의하며 작품의 한 방향을 향해 초지일관 작업을 해야 할 또 다른 연극 동료이기 때문이죠. 이처럼 우리의 작업에 있어서 상대배우에 대한 믿음, 스태프에 대한 믿음, 연출가에 대한 믿음은 절대 전제이어야 합니다. 이러한 믿음을 기본 전제로 우리는 우리의 일을 계획적이고, 구체적이며, 논리적으로 수행해 왔습니다. 스태프나 연출가에 있어서도 작업을 위한 이러한 전제 조건은 마찬가지이어야 하고요. 나는 이것이야말로 연극예술에 대한 대전제이어야 한다고 말하고 있는 것입니다. 작업 동료에 대한 믿음 말입니다. 그런데 이것은 자신의 작업에 대한 책임이 당연히 전제되어야 한다는 사실을 반드시 유념해야 합니다. 왜냐하면 그러할 때 작업 동료에 대한 믿음이 효력을 발휘되기 때문이죠.

연출가는 나무를 보면서 동시에 숲을 볼 수 있는 사람이어야 합니다. 해서 그는 숲을 이루고 있는 나무들을 항상 꼼꼼하게 살피고 가꾸어야 할 사람이죠. 왜냐하면 나무들이 숲을 이루기 때문입니다.

아울러 연출가는 건축가입니다. 그는 우선 어디에 집을 지을 건지 모색하고, 그리고는 지을 집을 디자인하고, 집의 재료는 무엇으로 해야 할지, 집의 공간은 어떻게 분할할지, 그리고 집의 속공간은 어떤 기자재를 사용하여 어떻게 채워 넣어야 할지를 구상하는 사람이기 때문이겠죠.

또한 연출가는 행정가이자 기획자이기도 합니다. 그것은 텍스트를 공연화하기 위해 모든 제반사항을 수립, 조율하여 마침내 관객과 만나는 일을 총체적으로 운영, 관리하는 사람이기 때문이죠.

그러나 가장 중요하고도 분명한 사실은, 연출가는 배우를 위한 예술가임을 고집해야 한다는 것입니다. 그렇다면 무엇보다도 그는 배우의 일을 꿰뚫고 있어야 하는데, 그러기 위해서 배우와의 작업을 위한 소통의 언어를 공유해야 하는 일을 최우선시해야만 합니다. 이때 그는 배우예술을 위한, 배우를 통한 공연예술가가 되는 진입로를 확보하게 되는 것입니다."

교육자는 잠시 말을 멈추고서 생각에 잠긴다. 학생들이 그에게 주의를 기울이자 그는 그들을 바라보더니 다시 천천히 입을 연다.

". . . 한편의 문학작품을 공연화 하는 데 있어서 우리는 크게 두 개의 작업군으로 나눌 수 있어요. 배우와 스태프가 그것이죠. 연출가는 스태프에 속하는 사람이며, 스태프를 운영하여 총괄하는 총사령관 격인 사람입니다.

그의 주 작업은 평면적인 문학작품을 구체적으로 입체화하여 형상화시키는 일입니다. 배우가 문학작품 속에 등장하는 인물을 형상화하여 공연작품에 조력한다면, 연출가는 인물, 무대, 조명, 의상, 소품, 음악 등을 통합하여 문학작품을 형상화하는 사람입니다. 그런데 이러한 요소 중 무엇보다도 중요한 그의 작업은 인물 형상화라고 할 수 있습니다. 그러므로 인물 형상화 작업을 위해 그 외의 모든 작업은 조력한다고 할 수 있을지도 모릅니다.

그런데 인물 형상화 작업은 배우의 고유 권한이기도 합니다. 이것은 배우에게 권한과 아울러 책임 또한 부여하고 있어요. 그래서 어떤 배우가 인물 형상화 작업에 게으르거나, 능력이 부재하다면 연출가로서는 가히 답답하다고 할 수 있겠죠. 이러한 의미로 보건대, 연출가의 권한이자 책임인 캐스팅 작업은 실로 중요한 일이라고 할 수 있습니다.

우선 배우의 인물 형상화 작업은 지극히 개인적인 작업인 듯하지만 사실은 그렇지 않습니다. 왜냐하면 그는 공연작품을 위해 상대 배우의 인물 형상 또한 자신의 작업을 위해 고려의 대상으로 필히 잡아야하기 때문입니다. 능숙하고 영리한 배우라면 능히 이것을 염두에 두고 있죠. 그럼에도 불구하고 배우의 인물 형상화 작업은 공연작품에 있어서 분명 작은 카테고리임에 틀림없습니다. 반면 연출가에게 있어서 인물 형상화 작업은 문학작품에 등장하는 모든 인물에 대한 보다 큰 카테고리입니다. 그리하여 그는 공연 연습 과정에서 각각의 인물 형상 작업을 조율하고 구조화시켜 마침내 공연의 비전을 제시하는 사람입니다.

한편 연출가라는 연극예술가의 등장은 비교적 최근이었습니다. 아주 오래전 에는 연극예술 작업군 중에서 경험 많은 사람이 이 역할을 대신했습니다. 당시 연출적인 역할을 맡은 사람은 배우로도 참여했고요. 그러다가 문학작품을 더욱 명확하고 구체적으로 형상화시킬 필요성이 대두되었습니다. 아울러 공연작품에 대한 객관적인 시각도 필요했을 테죠. 아마 시대상황 또한 그의 출현에 막대한 영향을 주었을 겁니다. 그래서 작업에 참여하며 경험이 풍부한 배우 중에서 날 카로운 문학작품 해석과 인물분석, 작품의도를 제시하여 공연작품의 비전을 명 확하게 전달해줄 수 있는 사람이 전면에 나서게 되었습니다. 결국 그는 공연작 품을 위해 모든 요소들을 방향 잡게 하거나, 인도하거나, 제시해줄 수 있는 사람 이 되었습니다. 이 사람을 우리는 연출가direct+or라고 부르게 되었습니다. 이러 한 과정을 거쳐 직업으로써의 그의 등장은 불과 100여 년 전이었습니다.

. . . 방금 말했던 것처럼, 연출가의 일 중 가장 중요한 작업은 배우의 인물 형상화에 관여하여 공연작품을 수립, 조율하고 구조화시키는 일이지만, 인물 형 상화 작업은 배우의 주요 임무이기도 합니다. 그렇다면 이제 이러한 관점에서 배우와 연출가의 관계에 대해 이야기를 해봐야 합니다. 이러한 측면에서 볼 때 배우에게 있어서 연출가 또는 연출가에게 있어서 배우는 어떤 관계일까요?"

교육자가 학생들에게 시선을 돌리며 질문을 툭 던진다.

"연출가는 공연을 위하여 배우와 한 배를 탄 동반자입니다. 그런데 선생님께 서 말씀하셨던 것처럼, 무엇보다도 우선 배우와 함께 인물 형상화를 위해 소통 할 수 있는 언어를 공유해야 할 듯합니다."

무신은 힘찬 목소리로 답변한다.

"인물 형상화를 위해 그는 배우에게 있어서 절대적인 협력자, 조력자이어야 할 것 같아요."

"연출가는 무대에서는 드러나지 않지만, 그의 생각이나 사상이 배우를 통해 나아가 공연작품을 통해 드러나야만 합니다."

문숙이 손을 번쩍 들어 또박또박한 발음으로 대답하자, 뒤이어 소희도 자신의 생각을 분명하게 드러낸다. 교육자가 고개를 힘껏 끄덕거린다.

"무신과 문숙 그리고 소희의 답변에 동의합니다. 그런데 근래에 이르기까지 그는 작업의 실질적인 경영자, 기획자, 연출가로 자처하며 전제군주로 군림해 왔던 것도 사실입니다. 그리하여 배우의 창조 작업을 창조적이지 못한 일로 전락시키거나, 마치 인형과 같은 도구로 다루어 왔던 것도 사실이죠. 이러한 일로 인해 그는 배우의 창조 작업 과정을 몰라도 한참 모르는 무지한 사람으로 내몰리기도 했습니다.

나는 세계적으로 유명한 연출가의 공연을 보면서 많은 경우에 있어서 공연을 위한 외적 창조 작업에는 놀라움을 금치 못했지만, 무대에서 배우가 투명인간이 되어버린 것에는 더욱 놀랐던 적이 있습니다. 단언컨대, 그것은 연출가의 비전이 너무나도 선명하게 작품 곳곳에서 드러났지만 정작 무대에서 창조자인 배우가 없어져 버렸다고 말하고 싶습니다. 다시 말하면, 배우가 아니라 연출가가 무대 전면에 등장했다는 의미이겠죠.

문학작품을 공연예술로 전환하는 데 있어서 연출가의 비전은 배우를 통해 드러나야 한다는 것은 지극히 당연한 일입니다. 아울러 연출가의 공연작품에 대한 비전은 배우라는 사람을 통해 녹녹히 스며들어 있어야 합니다. 그래서 한 편의 공연작품에 대한 비전은 연출가가 무대에 전면으로 나서는 것이 아니라 배우를 통해, 배우에 의해, 배우로 하여금 그의 의도가 드러나야만 합니다. 이 사실을 간과한다면 연극예술은 배우예술에서 벗어나 연출예술, 나아가 무대예술, 조명예술, 음악예술 등이 되어 버릴 것입니다.

따라서 연출가의 공연작업 중 무엇보다도 중요한 일은 인물 형상화를 위한 배우와의 의사소통이고, 이것은 배우의 몸 언어를 공유하는 것으로서의 올바른 제시이자 방향이라고 할 수 있습니다. 그렇다면 배우의 기술에 대한 언어를 공유하는 것이야말로 연출가의 우선적인 과제라고 할 수 있겠죠. 이러할 때 연극 작업은 앙상블 예술로 진입하게 될 토대를 갖출 것입니다. 물론 문학작품에 대한 해석과 분석, 그리고 문학작품을 구조적으로 형상화하기 위하여 철학, 역사, 음악, 미술, 건축 등의 인접 학문에 대한 사전 지식은 그에게 있어서는 기본이 되어야 하고요."

몇 명의 학생들은 고개를 끄덕끄덕 거리며 눈을 똘망똘망 굴리고 있고, 몇 명의 학생들은 눈을 느리게 떴다 감았다하기를 반복하고 있다. 교육자가 빙그레 미소 지으며 시계를 들여다본다.

"잠시 쉬었다가 계속 해볼까요?"

2

휴식 후 교육자가 실기실로 다시 들어오면 학생들은 전과 달리 눈을 말똥말똥 굴리며 그에게 주의를 기울이고 있다.

"자, 계속 해볼까요?"

교육자는 자리에 앉으며 학생들을 찬찬히 바라보더니 천천히 말문을 연다.

"문학작품인 텍스트를 구조적으로, 입체적으로 형상화하기 위해 연출가의 실제적인 일은 무엇일까요?"

" . . . "

학생들은 생각에 잠겨있다. 뒤쪽에 앉아 있던 승욱이 소리친다.

"당연히 맨 처음은 작품분석과 인물분석이겠죠. 그래서 연출가의 작품해석이 명확하고 구체적이어야 공연의 의도가 분명할 테니까요."

교육자가 고개를 끄덕인다. 뒤이어 문숙도 큰소리로 말한다.

"문학작품에서 드러나고 있는 작가의 의도를 연출가의 공연의도로 재구성하는 것 아닐까요?"

교육자가 문숙의 답변에도 동의를 표하듯 고개를 끄덕이자 이번에는 소희가 활기찬 목소리로 답변한다.

"배우와 함께 인물 형상화 작업에 대해 논의함과 동시에 그를 합리적으로 설득하는 일 또한 매우 중요한 일 같아요."

"문학작품을 공연작품으로 만듦에 있어서 구조적인 도면도와 같은 것이 필요할 듯합니다."

연이은 기주의 답변에 교육자가 재빨리 되묻는다.

"무슨 의미인지 좀 더 구체적으로 말해줄 수 있나요? 기주!"

"예를 들면. . . 텍스트의 막과 장에 대한 템포와 리듬 같은 것 말입니다."

기주의 즉각적인 답변에 교육자는 고개를 끄덕거리더니 잠시 생각에 잠긴다. 이윽고 그가 다시 말문을 연다.

"오케이! 여러분의 생각에 얼추 동의합니다. 연출가는 한편의 공연을 형상화하기 위해 배우, 스태프들과의 미팅 전에 이미 자신의 공연플랜과 공연의도를 계획할 필요가 분명 있을 겁니다. 이것은 그가 문학작품을 공연화하는 데 있어서 연출적 프레임frame과도 같은 것이죠. 즉 이것은 문학작품을 형상화하기 위해 배우와 스태프에게 작품에 대한 연출적 틀을 제시하는 것이라고 말할 수 있습니다. 그것은 여러분들이 말했던 것처럼 아마 다음과 같은 요소들일 것입니다.

1. 문학작품에 대한 연출가의 공연의도와 방향성

2. 인물 형상화를 위한 실제적인 방법
3. 막과 장의 구조적 작업과 그것의 템포와 리듬
4. 배우의 등퇴장로와 위치 그리고 이동선
5. 말에 대한 디렉션
6. 교류를 위한 템포와 리듬
7. 스태프 작업과의 연결성
8. 미장센 작업

이와 같은 요소들은 '책상작업' 시 '읽기reading'의 단계에서 연출가에 의해 대부분 제시되거나 토의되는 항목들입니다. 하지만 그가 정작 염두에 둬야 할 것은 일어서서 연습할 때 발생하는 배우들의 움직임과 행동, 말에 대한 뉘앙스 등을 면밀히 체크해 그들과 논의하고 토의한 후 한 방향으로 나아가는 일이겠죠.

나의 연출 작업을 예로 들면, 나는 연습실에서 연습하기 전에는 그 어떤 것도 고정시키지 않으며, 연습 시 배우와 그들 간에 발생하는 모든 것 — 위치, 행동선, 억양, 말의 템포와 리듬, 뉘앙스, 분위기 등 — 을 세밀히 관찰하여 그 다음날 연습 계획과 일정을 잡습니다. 그렇지만 이러한 연습 계획과 세부사항들도 다음날 연습 시 배우들에 의해 재검토되죠. 해서 나는 인물 형상, 인물들 간의 충돌에 의한 템포와 리듬의 상승과 하락, 그들의 초목표, 일관된 공연작업 방향, 그리고 스태프적 요소들에 대한 큰 그림만 가지고 있을 뿐, 연습실에서 연습하기 전에는 그 어떤 것도 결정하지 않는다는 것입니다."

교육자가 말을 잠시 멈추고서 생각에 잠기더니 이내 학생들을 한 번 바라보고는 다시 말을 이어간다.

"위의 요소들 중 '미장센 작업'은 무대라는 공간감각에 대한 것으로 연출가의 일 중에서 특히 중요한 항목입니다.

미장센의 일차적인 의미는 무대의 대도구, 소도구, 소품, 조명, 의상, 분장,

그리고 인물들을 적절하게 배치하여 작품 의도를 구체적으로 형상화시키는 기술입니다. 그러나 미장센의 더 넓은 의미는 인물들 간의 위치와 거리, 높낮이, 그룹화, 이동선, 그리고 스태프적인 요소와 배우 행동과의 결합에 있어서 순열과 조합 등으로, 이것은 연출가에 의해 치밀하게 고려되어야만 하는 상당히 복잡한 일입니다.

무대에서 배우의 위치에 따른 높낮이와 자세, 형태 등은 공연작품을 위해 효과적인 측면에서뿐 아니라 인물의 성격, 사고의 흐름, 그리고 작품의 주제와도 긴밀히 연관되어 있죠. 그리고 배우들 간의 무대에서의 거리는 시각적 거리와 심리적 거리로 나눌 수 있는데, 그것은 대사에도 영향을 줄 뿐 아니라 그들 간의 관계변화에도 지대한 영향을 줍니다. 또한 무대에서의 인물들의 그룹화 작업은 무리의 이동선, 분산과 집합 등으로 나타나는데, 결국 이것은 무리의 행동 템포와 리듬에 대한 연출적 기법으로 표현됩니다. 그래서 이것은 장면의 의도를 효과적으로 시각화할 뿐만 아니라, 극적 흐름에 있어서도 중요한 기능을 담당하고 있죠.

한편 연출가의 작업 중 중요한 요소인 블로킹blocking이라 불리는 행동선(이동선) 1인 행동선, 2인 행동선, 무리 행동선 등 이 있는데, 이러한 행동선은 배우의 위치에 따른 행동의 템포와 리듬, 스태프적인 요소와의 결합 등으로 매우 복잡할 수밖에 없습니다. 블로킹 작업은 대체로 경험으로 숙련되기도 하지만 타고난 공감각적 기질에 의해 연출적 기술로 발휘되기도 합니다. 하지만 이때 간과하지 말아야 할 것은, 행동선에 대한 연출적 기법이 단순한 이동선이 되어서는 결코 안 된다는 사실입니다. 이 말은 배우의 행동선이 되어야지 무대적 그림을 위한 테크닉이 되어서는 안 된다는 의미이죠.

그런데 이러한 일련의 연출가의 일에 있어서 내가 정작 말하고 싶은 것은, 그의 작업이 자신의 해박한 지식이나 선천적인 친화력과 언변 그리고 리더십, 작품의 형상화를 위해 잘 계산된 구조화 등에 의해 이루어지기보다는 연습 시

배우들의 움직임과 컨디션, 그들의 배우적 기질로서의 장단점, 공연의 완성도를 위해 그들이 인물로서 진화시키는 능력 등에 모든 주의를 기울여야 한다는 사실입니다. 왜냐하면 배우는 공연 작업을 위한 가장 중요한 재료이지만, 자연인이기 때문이죠. 배우를 자연인으로 대하지 않고 재료로 취급한다면 연출가는 그를 인형이나 마리오네트로 대하는 것과 다름없으며, 그때 배우는 무대 위의 도구나 소품으로 전락됩니다.

나의 경우를 예로 들면, 나는 연출가로서 나만의 시간을 가지고 작품의 구조를 디자인하기 보다는 배우와 함께 작업하는 연습 시간을 절대 중요하게 생각합니다. 그 이유는 배우가 자연인으로서 온전히 연습에 참여할 때 연출가로서의 영감이 찾아올 수 있다고 확신하기 때문이죠."

학생들은 고개를 끄덕끄덕 거리며 생각에 잠겨 있거나, 메모를 하며 교육자에게 주의를 기울이고 있다. 교육자는 계속해서 자신의 말을 이어간다.

"이처럼 연습실에서 연출가와 배우의 실제적 작업을 통해 드디어 우리는 극장으로 이동을 하게 되죠. 극장으로의 이동은 마침내 우리의 궁극적인 대상, 즉 관객과의 만남을 뜻합니다. 그 곳에서 우리는 잠시나마 역할로써의 삶을 살아가게 되고요.

그렇지만 우리는 관객과의 만남에 앞서 극장에서 해야 할 일이 있습니다. 그 것은 연습실에서 그동안 연습해왔던 것들을 극장무대에서 실현시키는 일입니다. 이미 무대는 무대디자이너에 의해 우리가 살아가야 할 무대장치가 준비되어 있고, 조명디자인에 의해 씰링ceiling에 걸려 있는 많은 조명기는 우리를 알맞게 노출시켜 극적 효과를 배가시킬 것이며, 작곡가에 의해 창조된 음악과 음향효과는 극적 분위기를 한껏 고무시켜 무대에서 배우의 일을 십분 도와줄 겁니다. 또한 의상디자이너가 제작한 무대의상은 배우로 하여금 역할로 살아갈 수 있도록 만들어 줄 것이고, 분장사는 우리의 머리와 얼굴 등에 인물의 영혼을 실어주기에 여념이 없을 것입니다. 이러한 스태프들의 노력과 협력으로 우리는 마침내 공연을 위한 리허설을 하게 되고, 이때 연출가는 배우와 스태프들의 작업을 최종 점검하죠. 이렇게 하여 우리는 궁극적인 대상 관객을 만나게 될 모든 준비를 마치게 되는 것입니다.

이처럼 우리가 연습실에서 극장으로 이동하여 배우로서의 작업을 최종 점검할 무렵, 우리는 마침내 스태프들의 실체를 만나게 됩니다. 그들은 한 편의 공연을 위해 우리들에게 있어 최대의 협력자들이며, 아울러 배우를 통해 작품을 완성시키고자 하는 우리의 조력자들입니다. 그러므로 우리는 그들에게 경외심을 가져야 할 뿐만 아니라 그들과 협력하여 우리의 최종적 작업을 극장에서 해나가야만 합니다. 오케이?"

"네!"

학생들은 한 목소리로 교육자에게 화답한다. 교육자는 잠시 생각에 잠기는 듯하더니 이내 다시 말을 잇는다.

"드디어 우리는 불특정 다수인 관객의 실체를 극장에서 만나게 됩니다. 그들은 연극평론가, 연기교육자, 연출가, 직업 배우, 배우과科 학생, 배우 지망생, 다른 장르의 예술가, 연극 애호가, 그리고 일반인 등으로 구성된 그야말로 불특정 다수입니다. 이제 우리는 그들을 우리의 예술세계로 정중하게 초대해야 합니다."

학생들은 고개를 힘차게 끄덕거리고 있다. 교육자는 학생들을 한 번 휙 둘러보더니 질문을 툭 던진다.

"흔히들 말하는 연극의 3요소는 무엇인가요?"

"무대, 배우, 관객입니다."

정태가 즉각 큰소리로 또박또박 답변한다. 동료들이 그에게 시선을 돌리자 그는 어깨를 으쓱한다.

"그렇습니다. 건물 내에 있는 극장이든 건물 외에 있는 어떤 장소이든 무대라는 공간이 없다면 연극공연은 이루어 질 수 없을 겁니다. 그런데 이처럼 광의의 공간인 무대에서 무엇을 하며 놀고 있는 배우라는 사람이 없다면 연극공연 또한 성립될 수 없겠죠. 이제 무대라는 '터'가 있고, 그곳에서 놀이play나 게임을 하고 있는 사람이 있다 하더라도 '터'에서 놀이를 하고 있는 사람을 봐줄 사람이 없다면 연극공연은 무용지물이 될 겁니다. 즉 이러한 놀이터에서 놀고 있는 사람을 봐줄 사람이 없으면 연극공연 행위는 이루어지지 않는다는 것이죠. 그러므로 놀이 행위를 봐줄 사람, 즉 관객은 연극에 있어서 최종적으로 필요한 절대적 요소라고 할 수 있습니다. 그렇다면 우리는 그들과의 관계에 대해 이제 한번 생각해봐야 합니다. 그들과 우리는 도대체 어떤 관계일까요?"

"질책과 격려를 동시에 하는 사람이겠죠."

현정이 큰소리로 답변한다.

"배우를 통해 자신의 삶을 돌이켜 보는 사람이라고 생각해요."

소희도 자신의 생각을 꺼내놓는다.

"문학작품이 어떻게 공연으로 이루어질지 흥미롭게 관람하는 사람이기도 합니다."

"공생관계라고 생각합니다."

정태의 답변에 이어 승욱도 한마디 거든다.

"그 말은 어떤 의미인지 좀 더 구체적으로 말해줄 수 있나요, 승욱?"

교육자가 승욱을 바라보며 되묻는다.

"관객은 배우를 통해 자신의 삶을 반추하여 삶의 활력을 얻고 그들의 일상생활을 정화시킬 수 있다면, 그리고 배우 또한 자신의 역할을 통해 관객에게 자신의 의도를 전달하여 예술적 성취를 느낀다면, 그들의 관계는 공생관계일 수도 있을 것 같습니다."

"우와!"

승욱의 제법 논리적인 답변에 동료들은 일제히 그를 쳐다보며 소리친다. 승욱은 어깨를 들썩거리며 그 정도쯤이야 라는 표정이다. 교육자가 빙그레 미소를 띠며 승욱에게 엄지손가락을 치켜든다. 그리고는 천천히 말문을 연다.

"여러분의 생각에 전적으로 동의합니다. 방금 말한 것처럼 관객은 연극의 요소 중 없어서는 안 되는 절대 존재입니다. . . 그런데 관객은 불특정 다수이기에 그들의 반응에 의해 우리의 일이 좌우되어서는 안 된다는 사실도 인식해야 합니다. 이를테면 어제의 관객과 오늘의 관객은 분명 다르며, 오늘의 관객과 내일의 관객 또한 다를 것이 틀림없습니다. 그렇다면 우리는 우리의 명확한 일로써 그들을 만나야만 합니다. 즉 이 말은 우리의 일로써 그들을 감화시켜야지 그들의 반응으로써 우리의 일을 변경하지 말라는 의미입니다.

우리의 예술세계로 그들을 정중하게 초대하세요. 그들은 우리를 격려할 수도 있고, 우리로 인해 그들의 세계관이 바뀔 수도 있지만, 때로는 우리에게 조언하기도 하고, 우리를 질책하기도 할 것입니다. 그러니 우리는 자만할 필요도 없고, 그들과 영합할 필요는 더욱 없으며, 단지 우리의 몇 달에 걸친 예술 작업의 성과물인 공연예술로 정중하게 모시기만 하면 족합니다. 우리의 작업에 대한 그 외의 모든 판단은 오로지 그들의 몫입니다. 귀를 활짝 열어 그들의 관심어린 조언을 경청하되 우리의 예술세계에 대한 자존심과 긍지, 그리고 믿음은 결코 잃지 않길 바랍니다. 오케이?"

"네!"

학생들은 큰소리로 합창하듯 외친다. 교육자는 빙그레 미소 지으며 학생들을 찬찬히 훑어본다. 그리고는 힘주어 말한다.

"오케이! 이제 항구에 도착하기 위한 항해는 끝났습니다. 드디어 닻을 내려 배를 정박하고 본격적으로 어떤 미지의 대륙에 있는 불특정 다수인 사람을 만나야 할 때입니다. 우리를 맞이할 관객을 만나러 말입니다!"